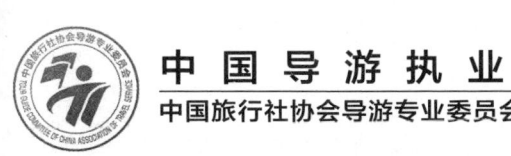

中国导游执业宝典
中国旅行社协会导游专业委员会推荐用书

总 主 编：韩玉灵　熊剑平
副总主编：李岑虎　伍　欣　曹明洋　孙树伟
专家指导委员会主任：李　健
副 主 任：杨　磊

Yanxue Lüxing Daoyou Fuwu
研学旅行导游服务

李岑虎　李婷　钱钧　主编

北京·旅游教育出版社

图书在版编目（CIP）数据

研学旅行导游服务 / 李岑虎，李婷，钱钧主编. -- 北京：旅游教育出版社，2025.1

（中国导游执业宝典）

ISBN 978-7-5637-4642-2

Ⅰ. ①研… Ⅱ. ①李… ②李… ③钱… Ⅲ. ①教育旅游－教学研究－中小学 Ⅳ. ①G632.429

中国国家版本馆CIP数据核字(2024)第016579号

中国导游执业宝典

研学旅行导游服务

李岑虎　李婷　钱钧　主编

策　　划	丁海秀　李荣强
责任编辑	何　玲
出版单位	旅游教育出版社
地　　址	北京市朝阳区定福庄南里1号
邮　　编	100024
发行电话	（010）65778403　65728372　65767462（传真）
本社网址	www.tepcb.com
E - mail	tepfx@163.com
排版单位	北京旅教文化传播有限公司
印刷单位	北京柏力行彩印有限公司
经销单位	新华书店
开　　本	710毫米×1000毫米　1/16
印　　张	16.5
字　　数	274千字
版　　次	2025年1月第1版
印　　次	2025年1月第1次印刷
定　　价	68.00元

（图书如有装订差错请与发行部联系）

《中国导游执业宝典》
编委会、专家指导委员会

编委会

总 主 编：韩玉灵　熊剑平
副总主编：李岑虎　伍　欣　曹明洋　孙树伟

专家指导委员会

主　　任：李　健
副 主 任：杨　磊
委　　员：（按姓氏笔画为序）
　　　　　田　莹　李　刚　李　娌　张楗让　徐慧慧

《研学旅行导游服务》
编委会

主　编：李岑虎　李　婷　钱　钧
副主编：孔凡平　杨乃桂　李子尚　刘　玉　杨　香
编　委：（按姓氏笔画为序）
　　　　丁　炜　卫美佑　王东琴　王明忠　刘桂彬
　　　　刘智勇　刘翠娟　孙方方　麦　静　李　健
　　　　李　颖　李丛辉　李荣强　李梅乐　何　涛
　　　　张建军　张晓旭　罗长珍　单立华　施云峰
　　　　赵　扬　赵芳鋆　郝滢屹　姜绪军　贾宝华
　　　　夏　军　康园园　甄鸿启　廖延斌　潘进忠

出版说明

新时代新征程，旅游发展面临新机遇新挑战。导游作为旅游行业的重要组成部分，其专业素养和服务水平直接关系到旅游者的旅游体验和旅游业的整体形象。为了满足广大导游从业者提升自身专业能力的需求，同时也为了推动中国旅游行业的高质量发展行稳致远，加快建设旅游强国，让旅游业更好服务美好生活、促进经济发展、构筑精神家园、展示中国形象、增进文明互鉴，我社与中国旅行社协会导游专业委员会合作，推出了"中国导游执业宝典"系列丛书。

本丛书包括《研学旅行导游服务》《导游服务案例选评》《导游服务心理实战秘籍》《导游语言实战秘籍》《从0到1成为旅游网络红人》等。从总体上看，本丛书具有以下特色：

一、作者权威，知识准确

本丛书的作者或是来自各大院校导游行业的专家，或是各地的特级导游、国家金牌导游及其他知名导游。他们均拥有丰富的一线实践经验和扎实的知识功底，保证了丛书内容的准确性。

二、内容新颖，实用性强

丛书内容新颖，紧密围绕导游执业的实际需求，注重与导游行业的人才培养接轨，与旅游服务行业发展趋势保持一致。

一是丛书内容既体现了习近平总书记对旅游工作做出的重要指示，也体现了国家最新颁布的导游规范的相关要求，如《导游服务规范》（GB/T 15971—2023）、《出境旅游领队服务规范》（LB/T 084—2022）等。

二是丛书内容力求一目了然，一看就懂，一学就会，能模仿，拿来就能用，力避晦涩理论，力避学究气息，为一线导游提供实实在在的技术指导。无论是新入行的导游还是经验丰富的资深导游，都能从中获得有价值的知识和技能。

三、案例教学，操作性强

为方便使用，本丛书引入了大量案例。这些案例均来自导游一线，参考性强，真正做到以案例导入学习，以案例增进理解，以案例引导实操。

四、资源丰厚，拓展性强

本丛书以二维码的形式嵌入视频和拓展文字、图片，为读者提供了更加丰富的学习资料和更加直观的学习体验。读者可以通过扫描二维码，观看相关视频、阅读拓展资料，进一步加深对书中内容的理解。

本丛书不仅可以作为一线导游的实战宝典，还可以作为旅游培训机构的用书，以及大中专院校教师学生的参考材料。

旅游教育出版社

2025 年 1 月

前 言

2021年7月，由旅游教育出版社与中国旅行社协会导游专委会共同主办的"中国导游执业宝典"丛书编写研讨会在延安召开。会上旅游教育出版社副社长丁海秀先生做了鼓舞人心的主题发言，中国旅行社协会导游专委会秘书长李健同志做了重要讲话，全国知名研学旅行教育专家、丛书副总主编李岑虎等嘉宾相继提出建设性意见。会议决定组织编写一套"中国导游执业宝典"丛书，打造导游数字化图书，讲好"中国故事"，传播"中国奇迹"，赋能中华民族伟大复兴。李岑虎领衔主编《研学旅行导游服务》，及时组织全国18个省（市）67位导游、教师、护士、警察、研学旅行指导师等岗位专家参考2024年新版《导游服务规范》（GB/T 15971—2023）共同编写本书。

一、编写目的

本书坚持目标导向，面向全国导游、讲解员和研学旅行工作者，全面落实习近平新时代中国特色社会主义思想，全面贯彻党的教育方针，落实立德树人根本任务，培养德智体美劳全面发展的社会主义建设者和接班人，普及大中小学教育教学知识和研学旅行专业知识，弥补导游、讲解员等人员专业知识的不足和遗憾，为开展研学旅行活动提供方法技术支持，提升新时代中国导游研学旅行服务技能。

二、内容结构

根据导游工作实际需要，全书共设研学旅行职业素养篇、研学旅行基本常识篇和研学旅行带团技能篇三个部分，包含研学旅行指导师职业道德和职业素养、中小学教师职业道德和行为准则、研学旅行政策与法律法规知识、研学旅行教育教学基本知识、研学旅行备课技能、研学旅行上课技能、研学旅行导游带团服务规范、突发事件和常见问题的处理技能八个方面的内容。

在这些内容的编写上，我们全面梳理研学旅行导游服务的困难与问题，注重对带团实际问题的有效回应，注重研学旅行和导游服务一体化设置，促进研学旅行和导游服务两个专业的有机衔接，增强本书对研学旅行导游服务的指导性和可操作性。

三、编写特色

本教材从导游带团一线实际出发，采用"理论＋案例＋评析"的编写方式，重点突出代表性实操案例，注重案例点评，力求让导游一看就懂、一学就会、一点就明白，打开就能用，努力做到易学、易懂、易模仿，力避晦涩理论，力避学究气息，为一线导游开展研学旅行服务提供实实在在的技术指导。同时，本书使用导游喜闻乐见的数字化技术，把相关图片和视频以嵌入二维码的形式，展示中国导游的美好形象。

本书编写坚持创新导向，采用文化和旅游部新版《导游服务规范》、人力资源和社会保障部关于研学旅行指导师规定要求，力求反映研学旅行导游服务发展新变化，积极运用旅游教育、基础教育和数字化科学技术进步新成果，体现研学旅行导游服务的时代性。

我们注重前瞻性，对国家没有明确要求，但是实践中又备受导游欢迎和推崇的做法，也适量采用、吸纳了不同流派研学旅行实践先进成果。同时我们对刚刚出现、尚未大规模推广的好的做法，也进行了初步的尝试，保证本书的前瞻性和行业引领作用。

本书"案例评析"作者权威，大多是横跨旅游教育、研学旅行、中小学教育三个领域的国内知名专家，他们既有一线实操经验，又有行业高端理论水平，其评析力求实事求是、精准客观，既指出案例中导游服务可供借鉴的优点，同时也客观地指出导游服务的不足。他们对没有前期理论铺垫的案例，也按国家有关规定插入了一些服务规范和服务要点，使理论、案例、评析浑然一体，提升了本书的科学性和系统性。

四、使用对象

本书主要面向各级导游员、讲解员、研学旅行指导师、人民教师，高等院校旅游管理专业、研学旅行专业和劳动教育专业在校大学生，也可作为各级各类旅游教育培训机构、旅游风景区、研学旅行基地、劳动实践基地培训教材使用。

五、参编专家

本书编写专家团队既有研学旅行领军人物、文化和旅游部研学旅行指导师，也有全国知名导游大师、全国导游大赛冠军、全国少数民族导游大赛冠军、全国及省级导游大赛评委、全国中小学研学旅行专家库专家，还有高等院校及中小学基层教育专家、教学能手，另有著名的研学实践基地管理专家，同时邀请了一些资深的医生护士、警官法官，党史教育、文物考古等特殊行业专家参与本书的编写。作者团队能紧紧按照教育部、文化和旅游部的要求，写出反映国家声音的篇章，也能跨领域、跨行业编写相应领域专业技术内容，减少错误。

本书由李岑虎、李婷、钱钧担任主编，孔凡平、杨乃桂、李子尚、赵杨、杨香担任副主编，丁炜、卫美佑、王东琴、王明忠、刘桂彬、刘智勇、刘翠娟、孙方方、麦静、李健、李颖、李丛辉、李荣强、李梅乐、何涛、张建军、张晓旭、罗长珍、单立华、施云峰、赵芳鋆、郝滢屹、姜绪军、贾宝华、夏军、刘玉、康园园、甄鸿启、廖延斌、潘进忠担任本书编委。李岑虎负责全书的大纲拟定、统稿和相关内容的编写。本书作者除了编委会成员以外，还有高霞、高德、吕明波、张双军、周中见、袁继旺、孙童童、叶耀玲、王晓燕、朱颖燕、王远志、朱泽文、李柳丽、杜乃云、王亚娇、杨显毅、阮习珍、龙海燕、吕进杰、刘辉、闫维纳、余俊鑫、黄涛、黄甜甜、刁淦辉、王小珠、朱军、李亚琳、李芬、李丽、罗则勇、景荣、吴竹清、程秋云、赵树文、韩昌焕等同志参加了写作。他们长期工作在导游服务、研学旅行教育、中小学教育、旅游教育的最前沿，既有着丰厚的理论基础，又有来自教学一线的实操案例和鲜活经验，为本书的最终完成付出了不少心血。

在本书编写过程中得到了中国旅行社协会导游专业委员会、中国关心下一代工作委员会教育中心、山东省教育科学研究院、桂林旅游学院、中国旅游协会研学旅行分会、湖南广播电视台"跟着课本去旅行"栏目、山西德行天下研学教育科技有限公司、邹城市教育和体育局、辽宁省旅游教育中心、河南省旅游行业协会研学旅行分会、邹城市博物馆、浙江省旅行社协会导游分会、山西省研学旅行协会、福建省三明市综合实践学校、河南省濮阳市示范性综合实践基地、济宁学院、孟府孟庙景区、鲁西南战役纪念园、焦裕禄纪念园、国家金牌导游广西联合工作室、惠州城市职业学院、晋城市文物保护中心、广西武鸣区五彩壮乡研学基地、山东弘道研学教育服务有限公司、江苏群翔旅游文化发展有限公司、三明少共研学文化传播有限公司、龙岩市永定区孝善研学营地、新四军江南指挥部纪念馆、苏州华夏游学教育科技有限公司、邯郸市研学旅行协会、山西新方向国际旅行社等单位专家的大力支持。特别是旅游教育出版社丁海秀副社长、李荣强主任对本书付出无数的心血，在此一并表示衷心的感谢！

编写本书的时段，我们国家研学旅行和导游服务政策新旧交替，再加上疫情肆虐，很多优质的案例和优秀导游事迹未能及时收录，且由于作者水平所限，本书缺点和错误在所难免，敬请批评指正，把您的修订意见和典型事迹发到邮箱 siteven@163.com 或微信 siagelzy 里，让中国导游的青春之花在全面建设社会主义现代化国家的火热实践中绽放。

编委会
2024 年 9 月 28 日

Contents 目 录

研学旅行职业素养篇 / 1

第一章　研学旅行指导师职业道德和职业素养 / 2
第一节　研学旅行指导师的职业道德 / 3
第二节　研学旅行指导师的职业素养 / 8
第三节　研学旅行指导师的工作任务和知识体系 / 13

第二章　中小学教师职业道德和行为准则 / 20
第一节　教师的职业道德 / 22
第二节　教师的基本义务 / 27
第三节　教师执业行为准则 / 31
第四节　教师违法违纪处理 / 35

研学旅行基本常识篇 / 39

第三章　研学旅行政策与法律法规知识 / 40
第一节　研学旅行政策与服务规范 / 42
第二节　研学旅行教育法律法规 / 56
第三节　研学旅行相关课程指导纲要 / 68

第四章　研学旅行教育教学基本知识 / 86
第一节　研学旅行课程主题 / 87
第二节　研学旅行教学目标 / 94
第三节　研学旅行教学内容 / 102
第四节　研学旅行教学方式 / 108
第五节　研学旅行教学方法 / 120

研学旅行带团技能篇 / 133

第五章　研学旅行备课技能 / 134
　　第一节　备课的基本要求 / 135
　　第二节　编写主题课程方案 / 142
　　第三节　编写专题课程方案 / 156

第六章　研学旅行上课技能 / 172
　　第一节　研学准备，设置问题 / 174
　　第二节　研学导入，提出问题 / 177
　　第三节　研学新课，解决问题 / 179
　　第四节　研学总结，拓展问题 / 190
　　第五节　研学评价，反思问题 / 192

第七章　研学旅行导游带团服务规范 / 198
　　第一节　接待前的准备 / 199
　　第二节　接待中的服务 / 204
　　第三节　接待后的工作 / 214

第八章　突发事件和常见问题的处理技能 / 220
　　第一节　学生走失的处理技能 / 221
　　第二节　学生丢失证件或物品的处理技能 / 224
　　第三节　学生丢失行李或行李损坏的处理技能 / 226
　　第四节　学生遭遇自然灾害的处理技能 / 228
　　第五节　学生伤病的处理技能 / 234
　　第六节　学生食物中毒的处理技能 / 240
　　第七节　学生遭遇传染病疫情的处理技能 / 242
　　第八节　接待师生及家长纠纷的处理技能 / 245

参考文献 / 249

研学旅行
职业素养篇

- 第一章　研学旅行指导师职业道德和职业素养
- 第二章　中小学教师职业道德和行为准则

研学旅行导游服务

第一章

研学旅行指导师职业道德和职业素养

● **本章导读**

本章采用"理论＋案例"的方式，向导游重点介绍了研学旅行指导师的职业道德、基本素养，以及研学旅行指导师应具备的知识体系。提示导游要从事研学旅行教育教学工作，完成从旅游行业向研学旅行行业"跨界"、从导游职业向研学旅行指导师职业"转型"，必须加强研学旅行指导师的职业道德教育，培养研学旅行指导师的职业素养，同时除了掌握导游必备的旅游知识以外，还要掌握中小学教育教学知识和研学旅行行业知识，提升自己的研学旅行服务能力。

 导游之花

最美研学旅行之花在太行上盛开

——全国导游大赛冠军、文化和旅游部研学旅行指导师高级考评员张晓旭事迹

张晓旭，女，山西荣时旅行社有限公司总经理。2019年她在第四届全国导游大赛中一举夺冠，家喻户晓；2020年文化和旅游部人才中心聘为研学旅行指导师高级考评员，双星并耀。

十多年的导游职业生涯里，她接待过几百个旅游团，服务过几万名游客和师生。带团的过程中她把每一次带团都当作第一次，始终坚持"游客至上""学生第一"的服务理念，将自己的理想和国家文旅发展、教育发展融为一体，从一名向导、讲解员、研学旅行指导师，成长为历史文化的传播者、文明旅游的倡导者、游客安全的守护者、学生思想的引领者，在多种角色转换中扛起导游职业的使命和担当，用实际行动发扬和践行导游"工匠精神"，讲述和传播着中国故事。她用坚实的脚步书写着导游职业的精美篇章，她用实际行动刻画了中国优秀导游员最美的模样，树立了中国研学旅行指导师考评员的高大形象，赢得了导游职业的尊严和天下的敬仰。

2020年8月参编了中国第一套高等院校研学旅行管理与服务专业教材《研学旅行课程设计》，2021年3月参编了《中小学研学旅行教师指导用书》，2021年5月参编了《研学旅行案例选评》，2021年7月参加了由旅游教育出版社与中国旅行社协会导游专委会共同主办的"中国导游执业宝典"系列丛书编写研讨会。她认为导游人员应该加强研学旅行知识学习，集导游员和研学旅行指导师素养于一身，全面提升

个人修养，更好地为游客和大中小学生服务，推动国家全域旅游、全民研学的大发展。

张晓旭给学生上研学旅行课　图片来源：张晓旭

第一节　研学旅行指导师的职业道德

 案例导入

导游对学生说"我就是以前学习不好才干的导游"而被投诉

杭州某旅行社接待了北京某机构的一个研学团，杭州东站接团，后去西湖进行研学活动。从东站出发，到灵光停车场停车，30多分钟车程，导游需要做第一次沿途讲解。接团的女导游小何开场白这么讲："各位同学大家好，我是本次研学团的导游，我叫×××……我就是以前学习不好才干的导游，所以你们要好好学习，不要像我一样……导游起得比鸡早，睡得比狗晚，吃得比猪差……我学习时候最怕的就是学历史和地理……"学生们哄堂大笑，校长正好坐在车上，听了导游如此讲解，再看看同学们笑得前仰后合，脸色十分难看，对导游的讲解非常不满，便投诉到旅行社，要求立即更换导游。到了西湖，旅行社责令该导游给同学们赔礼道歉，并对导游小何做出停职三个月、扣发6个月绩效工资的处理。

（本案例由杭州征途国际旅游有限公司袁继旺编写）

 案例思考

1. 为研学旅行服务的导游应该具备什么样的职业道德和职业素养？
2. 在学生面前导游应该树立什么样的形象？

一、基本要求

2024年5月24日，人力资源和社会保障部发布公告，将"研学旅行指导师"职业名称变更为"研学旅游指导师"。同时将职业定义变更为"策划、制订、实施研学旅行方案，组织、指导开展研学体验活动的人员"。由于目前正处于过渡时期，本书暂时还是把研学旅游指导师称为研学旅行指导师。

李梅乐谈研学旅行指导师职业道德

我们认为，研学旅行指导师既然是组织、指导中小学生开展研学旅行体验活动的人员，除了要具有合格的研学旅行指导师职业资格、较强的研学旅行教学能力、过硬的研学旅行服务技能以外，更要像人民教师一样，有高尚的思想品德、良好的职业道德，才能履行神圣的研学旅行教育教学职能。具体要求如下：

（一）爱国守法，恪尽职守

研学旅行指导师首先要像导游一样遵守《导游服务规范》（GB/T 15971—2023），热爱祖国，践行社会主义核心价值观；恪守职业道德，爱岗敬业；坚持研学对象为本、服务至诚；秉承契约精神，按合同的约定提供导游服务，维护旅游者和旅行社的合法权益。其次要热爱研学旅行事业，热爱教育工作，坚定对学生的责任感，在研学旅行活动中贯彻落实党的教育方针，坚持为党育人、为国育才。

（二）为人师表，立德树人

研学旅行指导师应对自己的职业定位有明确的认识，树立正确的价值观，养成良好的道德习惯，一言一行都要给学生做表率，起到正面的示范作用。自觉落实教师的职业道德、职业理想和敬业精神，不受名利影响，始终专注并认真对待教学工作，遵循"立德树人"的教育目标，以饱满的情感投入研学实践教育。

（三）关爱学生，保障安全

青少年处于身心发展不成熟、不稳定的阶段，对未知事物有相当大的好奇心，心思也会更加敏感，这就要求研学旅行指导师给予他们充分的关爱，用专业知识去引导学生、用积极态度和人格魅力去感染学生。研学旅行是一个开放性的课堂，风险因素相对校内增多，研学旅行指导师必须时刻具备安全防控意识，针对可能存在的安全隐患，天气、交通、食品卫生、疾病等突发事件，提前熟记应急预案，适时对学生进行安全教育，及时准确处理研学旅行过程中的突发事件，保障学生安全。

（四）耐心细致，团结协作

研学旅行指导师在与学生建立师生关系的同时，也建立了共同进行研学实践活动的学习伙伴关系。在整个研学实践过程中，要耐心细致全面地了解学生的基本情况和特点、关注学生的内心感受，团结、带领、协助他们完成研学目标。

研学旅行涉及教育主管部门、学校、交通、住宿、餐饮、基地、营地等多方关联机构和从业人员，研学旅行指导师是研学实践活动和服务的组织者，需要通过团结协作的精神和合作共赢的理念来协调研学实践过程中各个方面的关系，与各方保持良好的沟通，全面保障学生的学习和生活。

（五）探索实践，开拓创新

研学旅行指导师要把握研学旅行以学生为主体的总体方向。在不断的实践中深入思考、主动作为、开拓创新。积极探索、不断创新教学方式方法，为学生提供方法和技术指导、引导学生主动发现和解决问题，帮助和鼓励学生积极参与、勇于探索，同时针对学生个体差异因材施教，充分给予学生自主创新、合作交流、分析思考的空间，注重学生自身的提升与成长。

（六）知行合一，共同成长

研学旅行指导师需要不断整理和反思评价研学课程，不断进行知识的重组融合与课程的分析提升，本着与学生共同成长的职业信念感，以知行合一的教育情怀潜移默化地影响学生。在轻松愉快的真实情境中有机融合游与学，和学生反思、总结与分享，引导他们敞开心扉、畅所欲言，学会倾听与反思，促进身心发展和认知发展。

二、典型案例

案例呈现

案例1-1：2020年优秀特岗教师事迹材料

优秀特岗教师杨承事迹

杨承，男，回族，1987年10月出生，中共党员，2009年远离家乡甘肃省天水市，成为河南省首批农村特岗教师，现任教于河南省濮阳县徐镇镇昆吾社区小学。2014年被评为河南省先进工作者，2016年被评为河南省最美教师，2018年入选全国优秀乡村青年教师培养奖励计划，2019年被评为全国优秀教师。作为独生子的他远离从小生长的繁华都市，成为特岗教师扎根于黄河滩区。在学校语数外等课程一人包班教学，为只有五位教师而且教师老龄化严重的河南省濮阳县徐镇镇六市小学注入了新鲜血液。几年来，他与孩子们、家长们之间建立了深厚的感情。这份鱼水深情，激励着他克服了许多难以想象的困难，并坚定信念为了理想不抛弃、不放弃。随着黄河滩区移民搬迁计划，他带着孩子们先后来到三所学校，努力让孩子们不仅仅感受到学校位置的变化是他的目标。经过努力付出，他和孩子们一次次见证了学校的发展、农村教育的发展。个人事迹先后被光明日报、中国教育报、河南卫视等媒体报道。

优秀特岗教师江真事迹

江真，男，汉族，1993年1月出生，本科学历，入党积极分子，2016年特岗教师，现任江西省上饶市弋阳县港口镇上坊村上坊小学校长。先后在市级课件评比、课例评比中获奖。作为一名革命老区的乡村教师，在教书育人的过程中，他注重革命精神和红色文化的传承与渗透。他积极推进学校特色石头画课程，让孩子们结合乡村的生活进行绘画，使学生在创作中发现家乡的美丽，感受祖国的繁荣富强。他用自己的力量努力使家乡的孩子们成为"可爱的学生"，收获可爱的未来。同时，他也努力使自己成为"最可爱的老师"。

优秀特岗教师王杨颖事迹

王杨颖，女，黎族，1991年7月出生，2018年9月参加特岗教师计划，现任海南省琼中黎族苗族自治县红毛希望小学音乐教师。2019年获得海南省琼中县"优秀少先队鼓号队指导老师"称号。励志在教育的田园里耕耘幸福，她组建乡村少儿合唱队，鼓励孩子们积极加入，孩子们从起初的不喜欢不愿意，到后来的主动参与积极表现。为了传承民族文化，王杨颖老师变着法地教孩子们唱黎族的儿童歌曲，孩子们开始喜欢上了自己的黎族传统文化。她说："这些孩子的变化让我骄傲，和孩子们在一起久了，感觉总有做不完的事，唱不完的歌。"这两年，每想到孩子们的进步和改变，她总觉得不是孩子们需要她，而是她需要孩子们，她想给孩子们最好的陪伴。谈到未来，她充满希望和憧憬，并且会继续在教师岗位上砥砺前行。

（2020-09-08　来源：教育部网站）

案例评析

本材料三个案例均来源于教育部，特岗教师是中央实施的一项对中西部地区农村义务教育的特殊政策，通过公开招聘高校毕业生到中西部地区"两基"攻坚县、县以下农村学校任教，引导和鼓励高校毕业生从事农村义务教育工作，创新农村学校教师的补充机制，逐步解决农村学校师资总量不足和结构不合理等问题，提高农村教师队伍的整体素质，促进城乡教育均衡发展。国家实施为中西部农村地区补充优秀师资的"特岗计划"，2006年以来为中西部地区补充特岗教师百万余名。时至今日"特岗教师"已成为我国农村中小学校教师补充的重要途径，一项为农村教育事业"持续换血"的惠民工程、惠教工程。

在国家使命的召唤下，众多高素质、高学历、激情四射的大学毕业生，积极响应国家号召，到基层去、到祖国最需要的地方去，扎根农村地区从事教育工作，给广大农村学校注入了新的生机和活力。特岗教师们秉承教育情怀，用自己的青春和智慧、爱和责任，默默奉献于乡村教育事业，他们不忘立德树人的教育初心，牢记为党为国育才的责任使命，用自己的言行践行着"有理想信念、有道德情操、有扎实学识、有仁爱之心"的四有好老师标准，影响并改变着千千万万农村孩子的命运，成为让每一个学生都有人生出彩机会的筑梦人。他们爱国守法，恪尽职守；为人师表，立德树人；关爱学生，保障学生安全；耐心细致，团结协作；探索实践，开拓创新；努力做到知行合一，与学生共同成长。他们在乡村孩子的健康成长中收获自己的幸福与快乐，在三尺讲台上实现着自己的人生价值，为乡村播撒着希望。新一代特岗教师阳光美丽、爱岗敬业、无私奉献,用实际行动点燃乡村孩子的梦想,将最美好的青春奉献给了山村教育。

案例中的每一名优秀特岗教师的事迹平凡却见伟大,语言质朴亦显真情,字里行间无不沁透特岗教师的辛勤付出,只言片语彰显人民教师的高尚情怀。我们每一位研学旅行指导师要以他们为榜样,努力提升研学旅行指导师职业道德,成为学生"最可爱的老师"。

（本案例由文化和旅游部人才中心研学旅行指导师考评员李岑虎点评）

案例1-2：

教育部追授李保国"全国优秀教师"荣誉称号

本报北京5月26日讯（记者 李澍）记者今天从教育部获悉,教育部日前公布了关于追授河北农业大学林学院教授、博士生导师李保国"全国优秀教师"荣誉称号的决定。

李保国,男,汉族,河北省武邑县人,1958年2月出生,1975年8月参加工作,1989年7月加入中国共产党,1975年至1978年先后在武邑县怀甫公社广播站、武邑县机电局工作,1978年3月至1981年2月就读于河北林业专科学校桑蚕专业,毕业后一直留校任教,2005年1月获得中南林学院森林培育学博士学位,系河北农业大学林学院二级教授、博士生导师。2016年4月10日凌晨突发心脏病,经抢救无效去世,享年58岁。

李保国同志热爱党的教育事业,热爱学生,坚持立德树人,成为深受学生爱戴的良师益友。他35年如一日,矢志于山区开发与治理,先后取得28项研究成果,推广36项实用技术,让140万亩荒山披绿,使山区增收35.3亿元。打造了"富岗"苹果、"绿岭"核桃等全国知名品牌,探索出一条生态改善、产业发展、农民脱贫致富的山区发展之路,把自己最好的论文和科研成果写在太行山上,镌刻在山区人民群众的心中,被誉为"太行新愚公"。

李保国同志患有重度糖尿病、冠心病,每天要吃10多种药,但他始终坚守在教学、科研第一线。2016年4月10日,因心脏病突发抢救无效,不幸去世,年仅58岁。为表彰李保国同志的先进事迹,教育部决定追授李保国同志"全国优秀教师"荣誉称号。教育部号召全国广大教师和教育工作者要以李保国同志为榜样,学习他把责任扛在肩上,为党和人民教育事业献出全部心血的忠诚品格；学习他爱岗敬业、潜心育人的高尚师德；学习他淡泊名利、甘于奉献、坦荡无私的人格风范；学习他生命不息、奋斗不止的太行新愚公精神,为教育事业改革与发展做出应有的贡献,为全面建成小康社会、实现中华民族伟大复兴的中国梦而努力奋斗。

（根据《中国教育报》2016-05-27《教育部追授李保国"全国优秀教师"荣誉称号》整理）

案例评析

李保国同志是新时期中国优秀教师的楷模、全国人民教师的表率，是广大教育工作者学习的榜样。他时刻牢记人民教师身份，自觉践行人民教师义务，把教育事业看真、把学生看重，教书育人、为人师表，心系学生，立志教学、科研第一线，在平凡的岗位上做出不平凡的业绩，赢得广大师生的尊敬和信任。他热爱教育事业，在学习上对学生严格要求，在生活上对学生关心爱护，从不缺课、不误课。他重视教学科研与生产实践的结合，把田间地头作为课堂，把广阔天地作为实验室，带领学生和科研团队，先后主持完成国家级、省级科研课题多项。他淡泊名利、坦荡无私，不图回报、不计得失，保持了人民教师的清正廉洁、无私奉献的高贵品质。

李保国同志一颗红心向党的政治品格，始终听党话、跟党走，矢志不渝地为党和人民的教育事业而奋斗；他一门心思干事的苦干实干精神，立足岗位、履职尽责，创造出经得起实践、人民、历史检验的实绩；他一心一意为民的百姓情怀，时刻把群众的利益挂在心上，真心实意为群众干实事谋福利；他一尘不染做人的高尚情操，不贪名、不图利，用模范行动和人格力量彰显人民教师的优秀本色。我们每一个研学旅行指导师要充分发挥李保国同志先进典型的示范带动作用，以先进模范为榜样，强化为学生服务的意识，践行党为人民服务的宗旨，弘扬担当精神，锐意开拓进取，为中小学研学旅行事业做出新的更大贡献。

（本案例由李岑虎点评）

第二节　研学旅行指导师的职业素养

 **案例导入**

某新华书店下属的研学旅行社系统不允许职工参加研学旅行图书编写
——在安徽省旅游培训中心研学旅行指导师培训班上的讲话摘要

某新华书店下属的研学旅行社有限公司，是一家国有的专业从事中小学生研学旅行的大型旅行社。该公司依托新华书店系统庞大的生源优势、教材发行优势，利用其广泛的人脉资源和新华书店的公益资源，成立了省、市、县为一体的研学系统机构，市市成立子公司，县县成立营业部，研发了系列中小学生的研学课程、研学线路等，形成了一整套的管理操控体系。在当地研学活动形成一定的影响力，甚至一时间取代了其他研学旅行机构，很多学校踊跃报名跟随该公司参加活动，大有行业领导品牌之阵势。本人感觉该公司如此之大，研学旅行教学理论研究和教学实操应该有独特之处，便有了邀请该公司职工参加研学旅行教材编写的想法。

第一章 / 研学旅行指导师职业道德和职业素养

2019年3月因开展研学旅行教学研究的需要，编写一本中小学研学旅行读本，我向公司下属县级研学旅行社分公司发出邀请，拟邀请该公司研学业务负责人辛老师参与研学旅行教学研究，并参加研学旅行实操案例读本的编写工作。2天后辛老师回复，上级公司领导不同意，理由：本系统职工不能参与任何图书的编写，不能把自己工作的情况公布出去，只管带团带学生就行。辛老师因此错过了参加研学旅行教材读物的编写工作。

2020年5月，因为对新华书店的热爱和信赖，我再次向该省另一县的分公司研学业务负责人粟老师发出研学旅行调研邀请，请她以个人的名义参加研学旅行教学案例的编写，为国家、为学生做贡献。她当场婉言谢绝，理由是：上级公司领导三令五申不允许系统内部职工参加任何图书的编写，不得把研学工作方法泄露出去，组织好生源，带好团，做好学生的安全就行。她还说，参加研学旅行研究、参加编书要经过层层审批，结果都是不同意。

后来经过多方调查，该公司以新华书店的名义宣传组团，到各校组织学生参加研学旅行，合同签订后，再转包给其他旅行社，让其他旅行社以新华书店研学公司的名义带领学生参加旅游活动。该公司选派给学生讲课的研学旅行指导师大都是由旅行社导游领队直接上岗，研学团忙时公司保安、旅行社成员家属也换上指导师服装担任研学旅行教学任务，这些所谓的"研学导师"没有经过任何研学旅行职业技能的培训，缺乏研学旅行指导师应有的职业素养。在活动中学校和教育主管部门发现该公司的"研学导师"传授的研学旅行课程很不规范，很多是旅游产品或者是旅游线路的翻版，不是宣传时说的研学旅行课程，研学导师的教学方法不符合中小学教育规律，于是学校纷纷相约解除同该公司的研学旅行服务合同。

案例思考

1. 研学旅行指导师的职业素养包括哪些方面？
2. 提升研学旅行指导师的专业知识和技能的途径有哪些？
3. 对该新华书店下属的研学旅行社系统不允许职工参加研学旅行图书编写的做法您有什么看法？

一、基本要求

人力资源和社会保障部虽然公布了"研学旅行指导师"新职业，但是目前还没有制定出研学旅行指导师职业标准或评价规范。教育部和文旅部目前也没有权威的解释。但是在研学旅行实践中，大家普遍认为：研学旅行指导师不仅要具备高尚的思想素养、精深的专业素养、丰厚的文化素养，还要有综合服务能力等多方面的职业素养。

（一）思想素养

在研学旅行活动中，研学旅行指导师是"掌舵人"，引领着学生们的前进方向。

"打铁还需自身硬",指导师必须在思想上牢牢把握坚定的政治方向,树立为人民服务、为社会主义服务的信念,在工作中追求真理、恪守职业道德、厚植爱国爱党爱社会主义的情怀,才能保证言传身教的作用,达到培养学生成为社会主义合格的建设者和接班人的目的。

(二)专业素养

高级导游李梅乐老师才艺表演

从事过导游工作的研学旅行指导师在专业素养方面具有明显优势,但是研学旅行的课程内容与旅游相比更加注重教育性,教学方式方法也更加灵活多变,这就要求研学旅行指导师必须在熟练掌握导游业务的基础上,通过不断提升自己的教育教学专业水平来补齐短板,形成适应新职业的必备专业素养。

(三)文化素养

研学旅行指导师是一个综合性的新兴职业,对于从事这项职业的导游人员来说,其本身所具备的扎实的文化积累,有利于具体执行研学旅行指导师工作。在补充教育教学专业知识的同时,还要注重在平时的工作和生活中学习中小学教育的基本情况,积累政治、经济、文化、历史、地理、社会、心理学、美学、科学技术等方面的知识,注重提高个人综合文化素养。

(四)能力素养

研学旅行指导师的能力素养包括:教育教学能力、导游服务能力、综合管理能力、语言表达能力、人际交往能力、组织协调能力、应变能力、学习能力和跨学科交流能力。研学旅行指导师需要日复一日地不懈坚持和努力,才能提升自己的综合服务能力。

二、典型案例

 案例呈现

案例1-3:

导游员讲解方法与研学旅行指导师教学方法千差万别
——国家中级导游员姜绪军研学旅行工作日记

时间:2024年6月15日

天气:晴空万里

地点:青岛啤酒博物馆

从一名导游员到一名合格的研学旅行指导师,这一全新身份的转换对于我来讲,无疑是一个巨大的挑战。导游员是一个杂家,要用自己的专业知识向天南海北的学生讲述城市的历史和故事,虽然面对不同的学生,带团讲解的行程线路时常会有变化,但讲解词千篇一律,相对固定。导游员的讲解方法虽然也有学生的互动参与和体验探究，但是与研学旅行教学方法相比还是千差万别。

　　习惯了导游员的游刃有余，再转轨到研学旅行指导师的授课，面对的受众群体从普通学生到中小学生，讲解形式从单一讲解说明到教师多种教学方式的变换使用，讲述方法则需要更贴近学生心理，讲课内容与学生在校学习的课本理论知识相关联，还要与研学旅行基地知识相连接，这些需要强大的知识体系和带团控团能力支撑，也就是需要研学旅行指导师具有高超的研学旅行课堂驾驭能力和组织教学能力。当然，导游的从业经历会对现在的研学旅行工作有所帮助，但是，还远远不够。研学旅行指导师还需要做以下改变和知识储备：

　　首先，作为研学旅行指导师，必备的素养之一就是教育教学知识。它是导游员从事研学旅行指导师工作必须学习和掌握的专业知识，教育教学知识包括教育学、教育心理学、新课程改革方向和相关理论、中小学教育教学理论、学生的认知规律、教育心理学的基本原则和方法、中小学课程结构和课程类型、中小学综合实践活动课程内容、课程资源开发管理和利用等研学旅行教学知识。这些知识，也只有当时在学校期间，考教师资格证的时候有所接触，后期几乎都还给课本了，这时候就得拿出来再重新学习。

　　其次，研学旅行指导师还需要必备的是研学旅行知识。研学旅行知识是导游从事研学旅行指导师工作时需要扩充的专业知识，在导游业务知识的基础上，补充研学旅行政策与法律法规常识、研学旅行教学理论知识、研学旅行导游带团服务规范等理论知识，充实个人的知识体系，筑牢理论基础。

　　最后，旅游知识也是研学旅行指导师的内在素养。从事研学旅行指导师工作所肩负的责任更加重大。现在的中小学生就是未来国家建设和发展的生力军，他们将来即使不从事旅游业相关工作也会是旅游业的消费主体，社会文明程度的提高、社会秩序的维护、公民素质的提升都需要他们来接力。研学旅行指导师必须在研学旅行过程中见缝插针地适时引导学生，对他们进行社会公德、文明出行、规则意识等方面的教育。

　　以我在青岛啤酒博物馆带的研学课程——《传世法宝——酿造水》为例，孩子们在研学旅行中需要亲历百年老井取水，动手实验亲手净化水质，模拟操作进行水质质量检测，让每一个孩子都成为小小品水师，并参观百年名企青岛啤酒，走进博物馆的灯塔工厂，了解酿造工艺，并最终获得馆长签发的研学证书。与以往参观带团不同，在此次研学旅行中面临的挑战可以说是近年来前所未有，需要独立完成一系列研学旅行课程内容：包括行前准备工作、组织带领学生老井取水、研学主题授课、带领学生动手操作实验仪器、研学带团参观、互动问答、颁发研学证书等。在接到这项通知后，每位同事都表示备感压力。由于只有3天时间准备便要迎接专业研学旅行指导师的课程考核，大家都摩拳擦掌，在各自工作之余抓紧熟悉新课程的流程和内容。在正式上团之前，大家要进行模拟讲课，同时现场邀请了专业研学旅行指导师给予课程意见和建议。

由于对现场实验仪器操作和流程还不够熟悉，大家在试课过程中很快出现了紧张情绪，忘记了下一步流程，或是语言上没有表达清楚，致使现场表现不佳。研学旅行指导师分别耐心地给予了每位同事意见反馈并做现场演示，大家也认识到了各自的不足之处，经过1小时短暂复盘后，大家整理问题、调整好状态又开始进行第二场现场模拟讲课。通过多次的尝试，大家纷纷加入了自己对研学主题课程的外延扩展知识讲解，在语言组织上更多地站在学生角度去思考和讲述。每位研学旅行指导师也逐渐找到了自身的讲课风格和适合研学讲课的年龄段受众。

很快各位刚上任的指导师便迎来了在校学生、老师和家长的现场听课、观摩。这种知识性与趣味性结合的研学内容，互动性极强的手动实验环节，都深受家长与师生欢迎。从推出该课程至今已开展了近20场，寓教于乐，场场爆满，好评如潮。

姜绪军给研学旅行指导师培训班学员上实操课　　摄影：王洪超

从导游员到研学旅行指导师，面对转型的挑战，我们需要调整好自己，用空杯的心态，去认真充实自己。随着系列的研学活动的开展，我们还需要更加深入地参与研学课程开发设计，优化课程内容，针对不同学龄段的学生设计课程难点，有目的地加入互动体验，成为一名真正优秀的研学旅行指导师。我们都还在路上，需要更多的付出和努力。尤其是在研学旅行课堂上，我们导游如何像老师一样，把握坚定的政治方向，恪守职业道德，厚植爱国爱党情怀，引领学生培养高尚的思想品德，更是我们每个导游员必须思考的问题。

（本案例由青岛啤酒博物馆姜绪军编写）

案例评析

从事过导游工作的研学旅行指导师在专业素养方面具有明显优势，但是研学旅行的课程内容与旅游相比更加注重教育性，教学方式方法也更加灵活多变，这就要求研学旅行指导师必须在熟练掌握导游业务的基础上，通过不断提升自己的政治思想觉悟和教育教学专业水平来补齐短板，形成适应研学旅行新职业的必备专业素养。

（点评人李婷）

第三节　研学旅行指导师的工作任务和知识体系

案例导入

我如何从导游转变为研学旅行指导师

王晓燕

一、夏令营的火种

初中时，我因为参加一次南京的春游而喜欢上旅游，这也为我以后 20 多年的旅游生涯埋下了种子。

我第一次做的旅游业务就是 2003 年组织了 300 多名中小学生参加"我到北京上大学"的夏令营活动。同学们在夏令营中参观了北京大学的校园，在北京大学的食堂用餐，听取了北京大学优秀学生代表的自身经验分享。这次夏令营使同学们亲身感受北京大学的校园氛围、学习氛围，激励同学们努力学习，艰苦奋进。后来，那批参加夏令营活动学生中的耿泉同学成为 2005 年安徽省"高考理科状元"。从那以后，我每年都积极用心地组织学生参加夏令营活动。在前往目的地的大巴上，我全程生动有趣地进行沿途讲解，同学们积极展现自己的才华；景区内，同学们认真听取讲解员的介绍；夏令营活动中我和学生们不断地互动，让学生动手动脑积极参与各项体验活动；返校后，组织评估，激励学生，给予优秀学生奖励并颁发奖状，取得了良好的社会效果。

二、国外研学旅行的启发

2006 年当我陪孩子在欧美、日韩的学校参观考察时，才进一步了解到欧美、日韩每个学期学校都会定期组织学生参加研学活动。他们身着统一的服装，在老师的带领下，井然有序地参加研学活动。这时我开始接触研学旅行。他们除了将旅游作为一种生活方式外，更注重将旅游视为一种重要的学习方式和成长方式来加以推广。当时的我深受震撼，促使我了解研学旅行、学习研学旅行、研究研学旅行，积极开展研学旅行活动。

三、国家使命在召唤

2013 年 2 月国务院印发了《国民旅游休闲纲要》，在纲要中提出"逐步推行中小学生研学"；2013 年 3 月习近平总书记在俄罗斯"中国旅游年"开幕式上致辞，指出：旅游是综合性产业，是拉动经济发展的重要动力。旅游是修身养性之道，中华民族自古就把旅游和读书结合在一起，崇尚"读万卷书，行万里路"。受总书记的鼓

舞,从此,我把我的工作重心放在了学生研学旅行上,如饥似渴地学习《关于推进中小学生研学旅行的意见》《研学旅行服务规范》《中华人民共和国教育法》《中华人民共和国教师法》《中小学综合实践活动课程指导纲要》《大中小学劳动教育指导纲要(试行)》《学生伤害事故处理办法》《中华人民共和国民法典》《研学旅行课程设计》《新时代劳动教育课程设计》《研学旅行案例选评》等法律法规和专业教材,强化为国育才、为党育人、立德树人的思想本领和教学技能。

四、凤凰涅槃角色蝶变

我不断到中小学校学老师们的讲课方法,看老师们讲综合实践活动课程,观摩劳动技能课程。老师们的教学方法深深启发了我,激励着我,让我在研学旅行的路上越走越远。自2014年起,我每年组织上万名学生开展研学旅行活动,学中游、游中学,立德树人,寓教于游,深得学校、家长和师生的夸赞。

在研学旅行活动中我很快发现,研学旅行指导师和导游是完全不同的职业角色。研学旅行指导师除了具备导游的知识储备,还应该具备教育学、心理学等相关知识,以达到研学旅行的新需求。最重要的是,研学旅行指导师必须有职业精神,要认真备课,熟悉旅行中的教育目标和教学任务,积极引导学生根据课程目标完成课程内容。同时要随时关注学生的思想和行为动态,包括心理与生理两方面,以便最后全方位、多角度对学生进行教育、教学、评价。

几年来我克服一切困难,多次参加各种研学旅行专业培训,甚至把研学旅行知名专家请到我们灵璧县奇石文化园研学旅行基地现场开展公益教学教研活动,不断地学习研学旅行专业知识、学习研学旅行课程设计、学习研学旅行教学方法,努力学习,最终成为学生喜爱的、家长满意的、学校放心的、安徽省文化和旅游厅旅游培训中心颁发证书的研学旅行指导师。

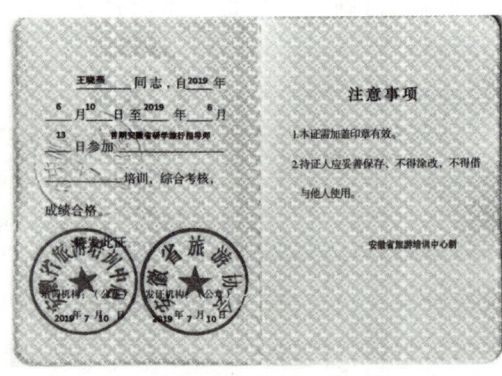

(本案例由安徽省灵璧县灵璧磬乡旅行社王晓燕编写)

案例思考

1. 研学旅行指导师的工作任务是什么？
2. 研学旅行指导师需要具备哪些知识体系？

一、工作任务

根据人力资源和社会保障部公示的职业信息，研学旅行指导师的主要工作任务如下：

（1）收集研学受众需求和研学资源等信息。
（2）开发研学活动项目。
（3）编制研学活动方案和实施计划。
（4）解读研学活动方案，检查参与者准备情况。
（5）组织、协调、指导研学活动项目的开展，保障安全。
（6）收集、记录、分析、反馈相关信息。

二、知识体系

研学旅行指导师要想完成上述主要工作任务，要具备研学旅行、教育教学、旅游教育三个领域的知识储备。

1. 研学旅行知识

研学旅行知识是导游从事研学旅行指导师工作时需要扩充的专业知识，在导游业务知识的基础上，补充研学旅行政策与法律法规常识、研学旅行教学理论知识、研学旅行导游带团服务规范等理论知识，充实个人的知识体系，筑牢理论基础。

2. 教育教学知识

教育教学知识是导游从事研学旅行指导师工作必须学习和掌握的专业知识，包括教育学、教育心理学、新课程改革方向和相关理论、中小学教育教学理论、学生的认知规律和教育心理学的基本原则和方法、中小学课程结构和课程类型、中小学综合实践活动课程内容、课程资源开发管理和利用等研学旅行教学知识。

3. 旅游教育知识

导游从事研学旅行指导师工作所肩负的责任更加重大。现在的中小学生就是未来社会主义建设发展的生力军，他们将来即使不从事旅游业相关工作也会是旅游业的消费主体，社会文明程度的提高、社会秩序的维护、公民素质的提升都需要他们来接力。研学旅行指导师必须在研学旅行过程中见缝插针地适时引导学生，对他们进行社会公德、文明出行、规则意识等方面的教育。

三、典型案例

 案例呈现

案例1-4：

让知识连接真实的世界
——中小学教育专家写给研学旅行指导师的话

老师，您好！感谢您作为指导师参与2017年9月28日至2017年10月3日以"黄河远上朔漠间"为主题的研学旅行活动，您将负责一个小组的研学旅行指导，这组孩子研学旅行的成效仰赖于您的悉心指导。

研学指导老师与您熟悉的学科教师和导游的角色有些区别。研学旅行虽也是学习，但不同于发生在相对封闭的时空里的学校教学，以分科学习为主要形式，以学科知识与技能的习得为主要目的，研学旅行中的学习情境更为开放，内容更为综合，学习方式以体验和实践为主，在开放多元的场景中展开，有效激发并维持学生的研学动机，用翻转的方式重构学习流程；不能像导游一样给孩子们讲解景点事实性知识，那孩子们就只能以听讲和记录为主要的学习方式，会变得不"好玩"，研学旅行以一系列有趣有挑战的项目任务贯穿，注重孩子综合分析能力、体验实践能力的提升，注重孩子全身心的投入与参与，孩子可以通过多样化的学习工具，比如平板查阅、观察、与相关人员交流自行根据需要获取辅助研究性学习的基本信息，这是一个"做中学""玩中学"的过程，基于学生年龄段本有的认知经验，有效地联结学生的学科学习，让知识连接真实的世界，联结体验与思维。您的指导将让研学的过程更有参与性，变得更有趣，带着孩子们从"好玩"迈向"玩好"。

作为指导师，您是项目任务的合作者。您将和一群好学、好动、思维敏捷的孩子相遇，在此次研学旅行中，您和您所指导的小组是师生关系，更是学习中的伙伴。开放式的项目任务没有标准答案，您将同孩子们一起跌跌撞撞地进入一个陌生的领域，您不妨在小组项目中承担一定的角色，和孩子们一起完成项目任务，您的合作参与将有助于孩子们形成一种认知模式，从而理解一个知识丰富、充满好奇心的老师是如何思考、感知并处理信息的，而不仅仅传递那些很久以前就遇到并理解了的内容。您将向孩子们展示如何思维，并举例说明那些思维规律，即学习永没有终点。更重要的是当您学习时，孩子们也在学习，您也更能理解孩子们在学习中遇到的困难。

作为指导师，您是学习动机的激发者。所有的研学项目都以任务驱动的方式设计。如何帮助孩子们尽快进入情境，理解情境，明确任务的要求，感受项目任务的意义及价值，激发研学的欲望，是指导师需要考虑的问题。问题是最好的驱动，发现矛盾与迷思，觉察到认知上的落差，孩子们学习的欲望才能真正启动，如何在情境中捕捉并点燃孩子们研学的激情是指导师的重头戏。比如这次参加研学的孩子们大多来自江浙——学养丰厚之地，看到在大漠边的河西走廊竟然存在着早在前凉时期就建成的武威文庙，表达着当时河西对汉代儒学的继承与学术的昌盛，这种与原有认知的落差，可能带着孩子们回顾一千六七百年前中原混乱时期河西走廊对汉代儒学根脉的保存在中华文化发展历程中的意义。在具有挑战性的问题情境中激发学生的求知欲与获得感，调动孩子们连接所学和生活经验，孩子们内在的潜能才能被激活，您就是问题情境的点化和激发者，帮助孩子们建立尽可能多的学习联结，而不是将孩子们围于项目任务之内。期待着在您的指导下，孩子们能产生更多的问题和更丰富、更有个性的兴趣。

  作为指导师，您是研学进程的促进者。研学旅行在开放的情境中展开，有明确的目标指向，学程设计清晰，有逻辑，学习支架多样，基于体验建构与目标相匹配的学习意义，用自我反思建构取代外在分数评价。能够在完成研学任务的过程中，与社会、人、自然产生多维生动的互动，并生成可分享的成果。在这样的学程中，如何将大任务切分成几个逻辑清晰的阶段？如何保障小组研学进程？在什么时候放手让孩子们自主研究，在什么时机给予扶助与指点？如何推进孩子们的学习进程？哪些阶段需要为孩子们准备什么样的必备学习支架？如何促进研学中孩子间的合作与参与？如何组织行进中的小组交流与反馈？如何保持孩子们对研学项目任务的黏度？可能需要我们在研学过程注意观察与分析学情，不断评估并调整指导方略，这是指导老师在研学中的每日功课。

  指导老师研学前可能还需要做必要的攻略。首先，是行前了解研学目标和课程项目设计，以及对研学旅行进程中经过地方的了解，将让您的问题更深入，指导更从容，您可以提前阅读与此行相关的资料，并观看相关的优秀纪录片《河西走廊》，可以剪辑与项目相关的片段，自行制作更丰富的学习支架；其次，在行前，您还需要与指导的孩子建立联系，设计并实施预备性的见面，了解孩子的性格特点、特长和兴趣点，帮助小组形成凝聚力，建立小组研学规则，以期实现小组自治，这样会减轻您在小组管理上的压力；最后，您还可以查阅孩子们学科学习的书籍，发现研学项目与学校学习的结合点，这样能有助于您指导孩子们建立研学旅行与学习生活的联系，提高研学效度。

  拜托！让我们共同努力让这次主题研学旅行成为我们和客观世界的交往与对话、和他人的交往与对话、和自身的交往与对话的过程，让知识连接真实的世界。

（来源：《综合实践活动研究》2017年第012期，作者：河南省基础教育研究中心沈旎）

案例评析

  这是中小学教育专家给研学旅行指导师写的一封信，整篇文章爱心满满，语重心长，千叮咛万嘱咐，字里行间浸透着人民教师对研学旅行指导师的期盼和希望，就像家长在村口看着上学的孩子远行。

他首先指出导游开展研学旅行活动要注意研学旅行指导师与导游的角色有些区别。研学旅行学习方式以体验和实践为主，不能像导游一样给孩子们讲解景点事实性知识。研学旅行注重孩子综合分析能力、体验实践能力的提升，注重孩子全身心的投入与参与，是一个"做中学""玩中学"的过程。

其次，他提醒指导师确定好自己的角色定位。第一，指导师是项目任务的合作者。在研学旅行中，您和您所指导的小组是师生关系，更是学习中的伙伴。第二，指导师是学习动机的激发者。如何在情境中捕捉并点燃孩子们研学的激情，是指导师的重头戏。第三，指导师是研学进程的促进者。在研学过程中，注意观察与分析学情，不断评估并调整指导方略，是指导师在研学中的每日功课。

最后，他提醒指导师研学前需要备好课。了解研学目标和课程项目设计，编制研学活动方案和实施计划；提前阅读与此行相关的资料；收集研学受众需求和研学资源等信息，在行前要与指导的孩子建立联系，了解孩子的性格特点、特长和兴趣点，建立研学小组；查阅孩子们学科学习的书籍，发现研学项目与学校学习的结合点，收集、记录、分析、反馈相关信息，提高研学效果。

以上几点就是我们前面讲过的研学旅行指导师要具有学校教育教学知识、研学旅行知识和旅游教育知识。亲爱的导游朋友，您做到了吗？

（本案例由李岑虎点评）

专家访谈

今日话题：未来的导游是什么样的

特邀嘉宾：中国旅行社协会导游专委会秘书长、文化和旅游部《导游服务规范》国家标准修订课题项目组核心专家李健。

专家心语：如果单指旅游这碗饭，在这个大疫面前是很难独善其身的。将来的导游一定是复合型人才，应该具有获客能力，满足不同节点和市场需求。

优势：第一，他的文化素质应该相对比较高；第二，他的待人处世能力、适应社会能力、实操能力也比较强。未来，他有可能就是个超级个体，既能带团，又能当老师输出，同时还能够通过流量建设文创带货。这种灵活就业是未来导游行业变化的主要趋势，因为疫情这个教训太深刻。

综合实训

1. 请到你附近的中学、小学开展调查研究，思考下列问题，并写出2000字调查报告。

（1）了解学生喜欢什么样的研学旅行指导师？

（2）学生心中的研学旅行指导师应具备什么样的职业道德、职业素养？

（3）学校认为研学旅行指导师要掌握哪些方面的知识？

2. 思考题：以你附近的植物园林为背景，用角色扮演法，从不同的职业类型、自编自演一场带中学生团情景剧。
（1）导游带学生旅游团情景剧。
（2）研学旅行指导师带研学团情景剧。
（3）中学老师上课情景剧。

研学旅行导游服务

第二章

中小学教师职业道德和行为准则

● **本章导读**

本章重点介绍中小学教师的职业道德、教师的基本义务、教师职业行为准则，以及教师违法违纪处理的规定，为导游从事教书育人，临时担任教师职业做好思想准备和纪律准备。引导教育导游从事研学旅行指导师职业，要像人民教师一样坚定政治方向，加强职业道德教育，履行人民教师义务，遵守教师职业行为准则，为人师表，教书育人。

 导游之花

做高级导游中的教育专家
上海漫悦文化旅游服务中心丁炜

松江影城景区导游员教学培训小憩中的丁炜　摄影：金杰巍、朱晓瑾

丁炜心语

　　我是一名高级导游，从事导游工作二十余年，先后共组织接待过上千个研学和旅行团队，接待过数万名来自海内外的游客师生。
　　虽然我是国家认证的高级导游，但我仍然不满足于现在的成就，努力提高自己的研学旅行教学业务技能。为了提高教育教学能力，我常常去大中小学校，拜任课老师为师，向教学能手请教，学习他们高尚的职业道德，学习他们教书育人的伟大情怀，学习他们娴熟规范的教学方法。我视他们为良师益友，常常和他们在一起交流、学习、研讨，学到了旅游领域不能学到的东西，促进了我的旅游教育教学能力的提升，同时也提高了自身作为兼职教师的职业道德水准。我把原有的导游职业技能和教师职业技能有机地结合在一起，让我在这两个行业都能够游刃有余，深受游客、师生、家长和学校喜爱。

我是一名高级导游，也是一名兼职的人民教师，我常常以中小学教师职业道德和行为准则要求自己，一干就是十年。

从2013年开始，我就在全国各省旅游培训中心、各大院校、技术协会、社区以及老年大学等单位教学任教，做兼职老师、客座教授，担任导游大赛评委，做好研学指导师的培训，努力讲好中国故事，做最美的兼职人民教师。

在过去的十年时间里，我和我所在团队合力完成了两百多项培训项目，其中有50余场行业比赛评审，80余场文明旅游讲座，300场以上行业培训讲座，其中有50场以上研学旅行专项培训。写出了50万字研学旅行方案；参与了20多个省份的学术交流培训。尤其在疫情期间，我和我的团队本着服务文旅的一贯宗旨，践行自身责任与担当，和全国各地金牌导游一起，进行线上教学，举办公益讲座几百场次，积极参与疫情期间社区公益等，向社会传递更阳光、正面的导游形象，让更多的学生通过研学旅行来更好地了解中国理念、中国精神和中国道路，更加热爱我们的祖国。

由于本人对旅游教育的不懈努力和取得的一些成就，我被聘为全国旅游院校师资培训班授课专家、博鳌城市论坛智库专家、云南省导游协会高级讲师、上海对口援建专家讲师团专家等，获得国家金牌导游员、上海首席技师称号，获得首届中国国际进口博览会旅游行业教育培训工作突出贡献奖。

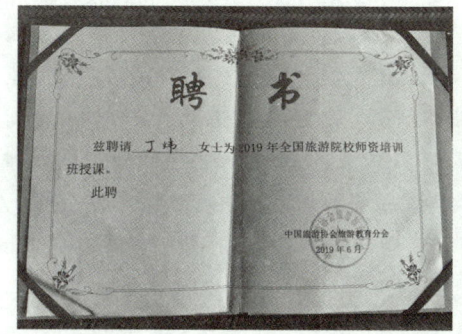 

丁炜师资证书　　摄影：丁炜

第一节　教师的职业道德

 案例导入

人民教育家——于漪先进事迹摘要

2021-05-11　来源：教育部教师工作司

于漪，女，汉族，1929年2月7日出生，中共党员，上海市杨浦高级中学名誉校长，曾任全国语言学会理事、全国中学语文教学研究会副会长。长期躬耕于中学语文教学事业，坚持教文育人，推动"人文性"写入全国《语文课程标准》。主张教育思想和教学实践同步创新，撰写数百万字教育著述，许多重要观点被教育部门采纳，为推动全国基础教育改革发展做出突出贡献。曾荣获"全国先进工作者""全国三八红旗手""全国教书育人楷模"等荣誉称号，2019年9月17日，国家主席习近平签署主席令，授予于漪"人民教育家"国家荣誉称号。

她已是90岁的耄耋老人，有着60年的教学生涯。她依然活跃在语文教学改革的第一线，坚守"在讲台上用生命唱歌"。她深爱着学生，痴迷着语文教学。"我做了一辈子教师，但一辈子还在学做教师！"她用这样的话语不断地鞭策着自己，也勉励着更多的青年教师。

她用博大的胸襟和朴实的教诲创造了一个又一个育人"奇迹"。作为班主任，她将极差、极乱的班级带成了先进集体；作为校长，她使名不见经传的学校成为全国先进；作为"导师"，她培养了一批全国知名的教学能手、德育名师。于漪总是想方设法地为青年教师搭建平台。她首创了师徒"带教"方法——师父带徒弟、教研组集体培养、组长负责制，有效促进了青年教师成长。从20世纪80年代开始，她先后培养了三代特级教师。如今，90岁高龄的她仍主持着上海市语文学科德育实训基地的工作，还担当着国家级骨干教师培训的重任。她矢志不渝地为教育决策建言献策，提供思想养料；传播先进教育思想，准确解读和宣讲国家重大政策，并身体力行，是一名始终不曾离开教育教学一线的研究者。

2019年9月29日上午，北京人民大会堂金色大厅，气氛热烈庄重。中华人民共和国国家勋章和国家荣誉称号颁授仪式在这里隆重举行。在雄壮激昂的《向祖国致敬》乐曲声中，中共中央总书记、国家主席、中央军委主席习近平亲自给上海市杨浦高级中学名誉校长于漪佩戴上金色的"人民教育家"奖章。这是共和国首次颁发"人民教育家"这一国家荣誉称号，于漪作为基础教育界的唯一代表获此殊荣。她的教育事迹和贡献必将永远写在共和国史册上！

（《人民教育》记者 余慧娟 赖配根 李帆 施久铭 任国平）

案例思考

1. 从于漪老师身上我们看到人民教师哪些高尚的职业道德？
2. 我们导游和研学旅行指导师从本案例受到哪些启发和教育？

一、国家要求

教师职业道德是教师在从业过程中进行道德选择、道德评价、道德教育和道德行为等实践活动所必须遵循的道德规范和要求，以及在此基础上所表现出来的道德观念、情操和品质，是一般社会道德在教师职业中的特殊体现。教育部《中小学教师职业道德规范（2008年修订）》共六条，明确了教师职业特点对师德的本质要求和时代特征，体现了教师所担负的道德责任。

（一）爱国守法

爱国守法是教师职业的基本要求。热爱祖国，热爱人民，拥护中国共产党领导，拥护社会主义。全面贯彻国家教育方针，自觉遵守教育法律法规，依法履行教师职责权利。不得有违背党和国家方针政策的言行。

（二）爱岗敬业

爱岗敬业是教师职业的本质要求。忠诚于人民教育事业，志存高远，勤恳敬业，甘为人梯，乐于奉献。对工作高度负责，认真备课上课，认真批改作业，认真辅导学生。不得敷衍塞责。

（三）关爱学生

关爱学生是师德的灵魂。关心爱护全体学生，尊重学生人格，平等公正对待学生。对学生严慈相济，做学生的良师益友。保护学生安全，关心学生健康，维护学生权益。不讽刺、挖苦、歧视学生，不体罚或变相体罚学生。

导游员孙童童诵读《中小学教师职业道德规范》

（四）教书育人

教书育人是教师的天职。遵循教育规律，实施素质教育。循循善诱，诲人不倦，因材施教。培养学生良好品行，激发学生创新精神，促进学生全面发展。不以分数作为评价学生的唯一标准。

（五）为人师表

为人师表是教师职业的内在要求。坚守高尚情操，知荣明耻，严于律己，以身作则。衣着得体，语言规范，举止文明。关心集体，团结协作，尊重同事，尊重家长。作风正派，廉洁奉公。自觉抵制有偿家教，不利用职务之便谋取私利。

（六）终身学习

终身学习是教师专业发展的不竭动力。崇尚科学精神，树立终身学习理念，拓宽知识视野，更新知识结构。潜心钻研业务，勇于探索创新，不断提高专业素养和教育教学水平。

二、典型案例

案例呈现

案例2-1：

保护学生重伤殉职　李芳被追授为"全国优秀教师"

来源：2018-06-22《光明日报》

近日，河南信阳女教师李芳舍身保护学生被撞身亡的事迹感动着社会各界（6月15日本报以《危急关头用身体挡住学生重伤殉职——李芳老师的最美抉择》为题，对此事进行了详细报道）。21日，记者了解到，李芳老师被教育部追授为全国优秀教师，河南省人社厅、河南省教育厅也追授她为"河南省优秀教师"，教育部发出通知，在教育系统深入开展向李芳同志学习的活动。

李芳生前为信阳市浉河区董家河镇绿之风希望小学教师，她扎根山区近30年，默默耕耘，无私奉献，爱生如子，品德高尚，教学成绩突出。6月11日下午，李芳在护送学生离校返家经过十字路口时，一辆无牌照三轮摩托车闯红灯向学生疾驰而来，李芳奋不顾身挡护学生，并奋力将学生推开，学生获救了，她本人却因遭受严重撞击，抢救无效，于6月13日凌晨4时40分逝世。

在追授李芳为全国优秀教师、河南省优秀教师的同时，教育部和河南省教育厅也发出通知，在教育系统深入开展向李芳同志学习的活动，学习她舍己救人、见义勇为的献身精神；学习她对党忠诚、矢志不渝的理想信念；学习她恪尽职守、无私奉献的道德情操；学习她爱岗敬业、精益求精的职业操守；学习她爱生如子、倾心育人的大爱情怀。（本报记者 王胜昔 本报通讯员 吴炳辉）

案例评析

为人师表，大爱无疆。生死一瞬间，在车祸发生那一刻，人民的好教师李芳老师没有丝毫的犹豫和迟疑，她在危急时刻挺身而出，用自己的血肉之躯阻挡住碾压学生的钢铁杀手，为学生筑起了一道安全屏障，用勇敢无畏的心锻铸出不朽的师魂，用自己的生命把师道精神上升到崭新的高度。李芳老师用生命完成了最后一堂课，留给人们无尽的悲痛和思念，她用无私奉献诠释师者本色，获得人民群众的尊敬和爱戴。

平凡铸就伟大，师德从不抽象。师德总是体现在老师的行为举止、言谈风貌中，呈现在呵护学生、躬身实践的细节中。面对生死抉择，李芳老师不假思索的行动早已内化为教师本能的职业素养。李芳老师生前一直坚守在基层教育一线，对学生有一颗慈母般的仁爱之心，爱护学生胜于爱自己，把自己的情感倾注到每一位学生身上，才催生了感动世人的壮举。人民教师的高贵人格让她做出了高贵的选择，她舍身保护学生的英雄壮举，闪烁着爱生如子的师德光辉，诠释了"学为人师，行为世范"的崇高师德，集中展现了师德的人性光辉和崇高价值。

李芳老师用大爱拥抱生命，她关爱学生、爱岗敬业，她爱生如子、无私奉献，她临危不惧、舍己救人，她的崇高品格和英雄事迹感人肺腑、催人泪下，她永远是我们学习的榜样和楷模。我们每一个导游、每一个研学旅行指导师缅怀英雄当见贤思齐，向英雄学习，善于用师德之明镜审视自己的思想和言行，从英雄身上汲取前行的力量，把研学旅行中的每件事都做到最好，在研学旅行平凡的岗位上以师德的人性光辉实现指导师的崇高价值，赢得我们的职业尊严。

（本案例由李岑虎点评）

案例 2-2：

终身学习的桂林旅游学院研学旅行指导师职业技能培训班
桂林旅游学院继续教育学院杨乃桂

桂林旅游学院继续教育培训中心（继续教育学院）自 2019 年 9 月以来，为促进地方研学旅行事业发展，促进教育、文化、旅游的多产业融合，助力研学旅行的健康发展，面向全国导游、旅行社职员、景区人员、中小学教师、高校教师、高校在校大学生、研学旅行基（营）地人员，以及其他符合条件且对研学旅行指导师工作富有兴趣并愿意从事研学旅行指导师工作的人员，依托中国旅行社协会研学旅行指导师培训基地等平台，积极拓展研学旅行指导师继续教育培训工作。

一、培训课程内容

（一）研学旅行政策法规知识：研学旅行政策解读和研学旅行指导师基本素养；

（二）研学旅行知识：构建研学旅行课程设计体系框架、基于项目式学习的研学旅行课程开发与设计、研学旅行活动课程设计案例剖析、研学旅行工作导案；

（三）研学旅行教育知识：研学旅行课程设计、教育评价；

（四）研学旅行综合知识：团队建设与凝聚力提升、研学旅行安全管理与风险应对策略、自然生态研学实践发展及实操要点、学校对研学旅行的新期待、研学旅行指导师职业素养与沟通技巧、研学旅行手册编写要点与实例分享；

（五）实操训练：依托现有资源设计研学旅行课程实操、研学旅行课程研讨及作业实践、研学旅行资源分析与共享、人文与历史研学旅行课程组织与实施。

二、培训学习效果

2020 年上半年在疫情防控进入常态化后，我校秉承责任与担当，以海纳百川、共同成长的研学情怀守初心、知敬畏，先后在桂林、玉林、北海、南宁等地办班，学院来自广东、山东、江苏、云南、四川、重庆、江西、西藏等十多个省（市、自治区），截至 2020 年 11 月成功举办 11 期培训班，培训学员 393 名，为全国输送了一大批研学旅行骨干人才。

在继续教育的培训中，授课专家植入立德树人核心理念、新时代教育思想，安排学员学习中小学教育理论、中小学教学方法、教学模式、研学旅行教育理论、导游基础知识，采用"课堂理论＋基地实操"的培训方式，引导学员分组合作、自主学习、积极反思、项目式合作，完成学习成果，充分实现"知行合一"。

培训班学员们都来自不同行业和领域，他们既有大学教授，又有中小学教师；既有高级导游，又有景区讲解员；既有中国科学院的研究员，又有基地农民工；既有省市劳动模范，又有普通工人；既有企事业高管，又有普通打工妹。但是，无论来自哪个行业，无论什么职务，学员们都是一视同仁，平等对待，都有一颗空杯心态，从零开始，从基础开始，相互学习，取长补短。学员们热火朝天，兴高采烈，面对新的研学旅行知识和技能，如饥似渴刻苦吸取新鲜的营养，助力自己的研学旅行教育教学本领，取得了一个又一个的成绩。为了一个合格的课程教案设计，学员们加班加点，反复研究反复商量，直到满意为止。为了一个现场示范课，学员们分小组、选角色、租服装、做道具、背台词，一丝不苟，兢兢业业。有时候为了一个小问题辩论得面红耳赤，慷慨激昂，现场火爆激烈，集体荣誉感、团队荣誉感刹那间淋漓尽致地展现出来。那些五六十岁的老学员被学习现场气氛感染，跳起竹竿舞来灵巧灿烂，笑着说自己仿佛回到了中学时代。每次的结业分别，学员们依依不舍，并表示从今以后活到老学到老，终身学习……

研学旅行指导师相关证书　摄影：杨乃桂

案例评析

研学旅行指导师承担着立德树人的根本任务和对中小学生的教育教学职能，这一点是与导游职能完全不同的。因此，研学旅行指导师除了具备导游的知识储备，还应该包含教育学、心理学等相关教育专业知识与技能。在这个知识更新日新月异的时代，跨界、跨学科、跨领域、转型、充电成了紧跟时代步伐的代名词。若要保证对新时代研学旅行教育的精准理解，需要提高对终身学习理念的认知，营造出一个健康的继续教育发展环境。

现今社会互联网技术发展水平比较高，而且越来越多的技术与知识出现，比如5G以及元宇宙的兴起，固有的教育阶段的学习已经逐渐无法适应社会的进步，使对于知识的需求更加强烈，今后应该推崇全面终身学习的理念，并在基础教育的层面上，使学习的范围变得更加广阔，使学习的可能性变多。由于现阶段关于终身学习的理念认知存在偏差，公众对此的认可程度不高，需要研学旅行指导师践行终身学习的理念，促进自身全面发展。

"少而好学，如日出之阳；壮而好学，如日中之光；老而好学，如炳烛之明。"这句话概括了终身学习的重要性，启示我们终身学习能促进人的全面发展。

（本案例由桂林旅游学院研学旅行教育研究中心特聘研究员李岑虎点评）

第二节　教师的基本义务

年轻教师用生命保护学生：用身体护住3名女孩

● 现场声音："王老师为了救我，被砸死了。"
● 人物档案：王周明　汤　鸿　向　倩
● 地点：什邡红白镇中心小学

据《重庆晨报》报道，在重灾区什邡红白镇的一所小学里，几名女教师为了维护学生们的安全，用自己的血肉身躯阻挡了从天而降的巨石，她们的动人事迹感染了现场所有的人。

17日，记者沿着崎岖的道路赶到重灾区什邡红白镇。在红白中心小学，空降兵、武警战士和消防救援人员不分昼夜，用锄头、铲子、铁锹，甚至用手刨、挖，在废墟中寻找生还者。

班主任推女生出教室被砸死

王周明是名年轻教师，同时也是50多名学生的班主任。地震发生时，他指挥学生分两路，从教室的前、后门逃生。房屋垮塌的一瞬间，他一个箭步冲上前去，把还没跑出教室的一名女生推出教室。这时，一根粗大的横梁打在他头上，他的头盖骨被击碎……

学校行政办公室主任张文说，他从外面赶回学校时，这个女孩一见他就哭了："王老师为了救我，被砸死了。"

女舞蹈教师用身体搭起生命角

汤鸿今年20多岁，是名年轻漂亮的舞蹈老师。地震发生时，她正在为学生排练迎六一儿童节的舞蹈节目。发现险情后，她把学生推向墙角，把她们抱在自己怀中，垮塌的楼房倒在她的身上……她的尸体被找到时，她俯身卧在那面墙的角落里。她的怀里，3个女孩活了下来。

英语老师搂住学生惨遭腰斩

废墟中,她的身体断成两截,脸部血肉模糊。她的双手仍紧紧拥着两个学生!人们怎么掰,也无法掰开她紧紧搂住学生的双手!

地震发生时,她正在疏散学生离开教室。看到两个学生手足无措,她大步跑过去,一手搂住一个,朝门外冲。教学楼突然垮塌,她和几名学生被埋在废墟中。

这位老师叫向倩,去年大学毕业,到什邡龙居小学当英语老师。向倩的父亲向忠海是什邡南泉小学副校长,他悲恸欲绝:"我可以理解,作为教师,应该这样!应该这样!"

（2008年05月19日 02:04 来源:金羊网—新快报）

案例思考

1. 地震来临,生死关头,老师们为什么甘愿用生命保护学生?
2. 怎样理解"三寸粉笔,三尺讲台系国运;一颗丹心,一生秉烛铸民魂""捧着一颗心来,不带半根草去"这些描写教师的语言?

太原旅游职业学院学生诵读《教师的基本义务》

一、法律要求

教育部《中华人民共和国教师法》,规定教师应当履行下列义务:

（一）遵纪守法,为人师表

遵守宪法、法律法规和职业道德、社会公德,不断提高思想政治素质和个人修养,践行社会主义核心价值观。

（二）贯彻教育方针,完成教学任务

贯彻党和国家教育方针,践行立德树人根本任务,遵守职业行为准则,执行课程标准履行岗位职责,潜心教书育人,完成教育教学工作任务。

（三）对学生进行思想政治教育

继承和弘扬中华优秀传统文化、革命文化和社会主义先进文化,对学生进行爱国主义、中华民族共同体意识和国家安全教育、思想品德和法治教育以及科学文化、环境保护、卫生健康等方面的教育,组织、带领学生开展有益的社会活动。

（四）关心爱护尊重学生

关心、爱护全体学生,尊重学生基本权利和人格尊严,促进学生德智体美劳全面发展。

（五）保护学生合法权益

批评和抵制有害于学生健康成长的现象。

（六）提高思想觉悟和业务水平

依法依规履行公共教育服务职责,公正评价、平等对待、科学管理学生。

二、典型案例

案例呈现

案例2-3：

十八弯山路上的一轮明月
——记河南省镇平县黑虎庙小学教师张玉滚（节选）

黑虎庙小学在河南省南阳市镇平县的伏牛山区北部大山深处。黑虎庙村有1300多人，下辖13个自然村，零星分布在方圆十几千米的带状山坳里。黑虎庙小学虽说在村里的中间位置，但住得远的学生要步行3个小时才能到。"破桌子，破水泥台子，里面坐着十来个土孩子"，就是20年前这个学校的真实写照。

2001年8月，刚刚师范专业毕业的张玉滚跟着老校长来到学校。从教之后，由于山里交通困难，学生的课本都是张玉滚一扁担一扁担挑进大山的。这一挑就是5年。

2006年，通往黑虎庙的公路修好了，山里人的出行方式终于有了改变。因为山高路险通不了客车，很多村民买了摩托车、机动三轮车。张玉滚也省吃俭用置办了一辆摩托车。此后，他去镇上给学校买米买菜拉教材，再也不用肩挑背扛了。"老扁担"谢幕，"小摩托"登场。"老扁担"身上凝结的一代代山区教师艰苦奋斗、无私奉献的"扁担精神"，也继续在"小摩托"上传承发扬。

黑虎庙村有他在，一个孩子都不会失学

黑虎庙小学一共有75名学生，其中40多人在校住宿。这些孩子中有三分之一是留守儿童，跟着爷爷奶奶生活；还有些孩子生活在单亲家庭。张玉滚把这些情况摸得一清二楚。谁家孩子爷爷奶奶年纪大了，需要格外操心；孩子们都在哪儿住，谁上学需要接送……他都一一记在心上。

桃李不言，下自成蹊。在张玉滚和其他老师的努力下，在镇平县、镇两级教育部门的支持下，黑虎庙小学顽强地"生存"着。一年又一年，孩子们从这里走出大山，有的考上重点大学，有的还读了研究生，留在大都市。在张玉滚任教前，黑虎庙村只有1个大学生，到现在已经有16个大学生了。

艰苦的环境，常年的操劳，张玉滚比同龄人"老相"得多，38岁的人看起来像50多岁。很多次去镇里开会，不熟悉的人问他："快退休了吧？"他总是呵呵一笑。

山里缺师少教，他把自己练就成了全科教师

由于学校条件艰苦，师资力量不足，张玉滚不得不把自己打造成"全能型"教师。语文、数学、英语、品德、科学，他样样"精通"。4年前，张玉滚接任校长，当好"掌舵人"的同时，他又肩负起学校教研课改的总体工作。

"不耽误一节课，千方百计上好每一节课。"数学课上，张玉滚运用直观教学法，和孩子们一起制作钟表表盘、正方体、长方体等教具；科学课上，他带领孩子们去野外考察，自己动手做实验，激发他们热爱大自然探究大自然的兴趣。学校缺少体育设施，大课间时，他就和孩子们围成一圈玩抵羊斗鸡，活动课还经常带领孩子们去爬山。

教书育人，教授的是知识，培育的是心灵。张玉滚经常带领孩子们走出去，用心感受四季光阴的变迁，听风声雨声，看云飞雪落。

春天的山坳里，布谷声声，他领孩子们诵读：绿遍山原白满川，子规声里雨如烟。夏天的溪流边，蝉鸣阵阵，他带孩子们吟诵：绿树阴浓夏日长，楼台倒影入池塘。秋天红叶满山，层林尽染，他教孩子们领会：自古逢秋悲寂寥，我言秋日胜春朝。冬天大雪纷飞，苍茫壮阔，他让孩子们体味：燕山雪花大如席，片片吹落轩辕台……这一幕一幕的美好和感动，如春风化雨，悄无声息地滋润着孩子们的心田。

春去秋来，尖顶山上的麻栎树绿了又黄，黄了又绿。就这样，为了改变山里娃的命运，张玉滚一干就是22年。

对偏远的山村来说，每一所学校，就是一堆火；每一个老师，就像一盏灯。火焰虽微，也能温暖人心，点燃希望；灯光虽弱，却能划破夜空，照亮未来。

张玉滚荣获"时代楷模"、全国优秀教师、全国岗位学雷锋标兵等称号，被授予全国五一劳动奖章、中国青年五四奖章，当选"感动中国"2018年度人物，2019年9月荣获"第七届全国道德模范"称号。

来源：教育部网站、中国文明网

案例评析

2001年8月张玉滚老师跟着老校长来到学校，挑起了教书育人的"老扁担"，这一挑就是22年。这"老扁担"身上凝结的一代代山区教师艰苦奋斗、无私奉献的"扁担精神"。

张玉滚扎根山村无私奉献，执着坚守，爱生如子，矢志不渝奋斗在乡村教育第一线。他潜心钻研每门课程，苦练教学本领，千方百计上好每一堂课，资助困难学生，用无怨无悔的坚守和付出，照亮山区孩子求学成长之路。张玉滚老师牢记人民教师使命，潜心教书育人，积极教学改革，努力钻研教学业务，把自己打造成"全能型"教师，跨学科跨领域开展教学活动，让学生到野外体验、参与、互动、考察探究，激发他们热爱大自然探究大自然的兴趣，完成各科教育教学工作任务；他关心爱护学生、保护学生、尊重学生，积极促进学生德智体美劳全面发展，履行着人民教师应尽的基本义务，理应受到我们教育工作者的尊重和敬仰。张玉滚的考察探究式、职业体验式、设计制作式、劳动教育式的教育方法，也值得我们每一位导游、每一位研学旅行指导师深思和借鉴。

（本案例由贾宝华点评）

第三节　教师执业行为准则

案例导入

教育部公开曝光第十批违反教师职业行为十项准则典型案例

（1）广东省清远市连州市连州镇城南小学教师成某某吸毒问题。2020年7月，成某某因吸毒被行政拘留。成某某的行为违反了《新时代中小学教师职业行为十项准则》第二项规定。根据《中国共产党纪律处分条例》《事业单位工作人员处分暂行规定》《中小学教师违反职业道德行为处理办法（2018年修订）》等相关规定，给予成某某开除党籍和撤职处分，撤销其教师资格，列入教师资格限制库。给予其所在学校校长和副校长提醒谈话和诫勉谈话处理。

（2）广西壮族自治区南宁市马山县古零小学教师覃某某猥亵学生问题。2021年4月，覃某某猥亵多名女学生，被刑事拘留，判处有期徒刑十年。覃某某的行为违反了《新时代中小学教师职业行为十项准则》第七项规定。根据《事业单位工作人员处分暂行规定》《中小学教师违反职业道德行为处理办法（2018年修订）》等相关规定，给予覃某某开除公职处分，撤销其教师资格，列入教师资格限制库。对其所在学校校长和有关负责人做出严肃处理。

（3）山东省青岛求实职业技术学院教师李某某体罚学生问题。2021年11月，李某某（辅导员）在对3名学生进行批评教育的过程中对其进行体罚，其中2名学生为轻微伤，李某某被公安机关行政拘留并处罚款500元。李某某的行为违反了《新时代高校教师职业行为十项准则》第五项规定。根据《事业单位工作人员处分暂行规定》《教育部关于高校教师师德失范行为处理的指导意见》等相关规定，给予李某某开除处分。给予其所在二级学院院长警告处分，给予学院有关负责人诫勉谈话处理。

（4）云南省昭通市鲁甸县第二中学教师马某体罚学生问题。2022年5月，马某在课堂上对学生进行体罚。马某的行为违反了《新时代中小学教师职业行为十项准则》第五项规定。根据《事业单位工作人员处分暂行规定》《中小学教师违反职业道德行为处理办法（2018年修订）》等相关规定，给予马某降低岗位等级处分并调离教师岗位。给予其所在学校校长和党总支书记警告处分，对其所在县教育体育局进行通报批评并责令做出书面检查。

来源：教育部网站 2022-08-30

案例思考

1. 教育部公布的第十批违反教师职业行为十项准则的四个典型案例及处理结果，

说明了什么？

2. 我们每一位研学旅行指导师、导游如何规范自己的执业行为？

一、国家要求

2018年11月14日，教育部印发《新时代中小学教师职业行为十项准则》。准则是新时代对广大中小学教师落实立德树人根本任务提出的新的更高要求，进一步增强了教师的责任感、使命感、荣誉感，规范了职业行为，明确了师德底线，旨在引导广大教师努力成为有理想信念、有道德情操、有扎实学识、有仁爱之心的好老师，着力培养德智体美劳全面发展的社会主义建设者和接班人。

（一）坚定政治方向

坚持以习近平新时代中国特色社会主义思想为指导，拥护中国共产党的领导，贯彻党的教育方针；不得在教育教学活动中及其他场合有损害党中央权威、违背党的路线方针政策的言行。

（二）自觉爱国守法

忠于祖国，忠于人民，恪守宪法原则，遵守法律法规，依法履行教师职责；不得损害国家利益、社会公共利益，或违背社会公序良俗。

（三）传播优秀文化

带头践行社会主义核心价值观，弘扬真善美，传递正能量；不得通过课堂、论坛、讲座、信息网络及其他渠道发表、转发错误观点，或编造散布虚假信息、不良信息。

（四）潜心教书育人

落实立德树人根本任务，遵循教育规律和学生成长规律，因材施教，教学相长；不得违反教学纪律，敷衍教学，或擅自从事影响教育教学本职工作的兼职兼薪行为。

太原旅游职业学院学生诵读《新时代中小学教师职业行为十项准则》

（五）关心爱护学生

严慈相济，诲人不倦，真心关爱学生，严格要求学生，做学生的良师益友；不得歧视、侮辱学生，严禁虐待、伤害学生。

（六）加强安全防范

增强安全意识，加强安全教育，保护学生安全，防范事故风险；不得在教育教学活动中遇突发事件、面临危险时，不顾学生安危，擅离职守，自行逃离。

（七）坚持言行雅正

为人师表，以身作则，举止文明，作风正派，自重自爱；不得与学生发生任何不正当关系，严禁任何形式的猥亵、性骚扰行为。

（八）秉持公平诚信

坚持原则，处事公道，光明磊落，为人正直；不得在招生、考试、推优、保送及绩效考核、岗位聘用、职称评聘、评优评奖等工作中徇私舞弊、弄虚作假。

第二章 / 中小学教师职业道德和行为准则

（九）坚守廉洁自律

严于律己，清廉从教；不得索要、收受学生及家长财物或参加由学生及家长付费的宴请、旅游、娱乐休闲等活动，不得向学生推销图书报刊、教辅材料、社会保险或利用家长资源谋取私利。

（十）规范从教行为

勤勉敬业，乐于奉献，自觉抵制不良风气；不得组织、参与有偿补课，或为校外培训机构和他人介绍生源、提供相关信息。

二、典型案例

案例2-4：

"2022最美教师"和"2022最美教师团队"

2022年9月，中央宣传部、教育部发布2022年"最美教师"先进事迹。熊有伦、牛雪松、周荣方、李建国、何燕、蒙芳、陈炜、韩龙、祝响响、管延伟等个人和高校银龄教师支援西部计划教师团队分别荣获"2022最美教师"和"2022最美教师团队"荣誉称号。

奖项	教师	单位	颁奖词
最美教师	熊有伦	华中科技大学机械科学与工程学院教授，中国科学院院士	中国科学院院士，攻坚克难实现了我国换刀机械手零的突破。先后编写的机器人领域的系列教材成为经典。坚守教学一线56年，培养了1名中国科学院院士，数百名研究生，在国防领域、高校和大型企业中成为中流砥柱
最美教师	牛雪松	沈阳体育学院运动训练学院教授	发展了体能训练专业方向课程体系，组建师生体能训练团队；结合自己国家队四届冬奥会备战经验，培养出2位冬奥冠军运动员，26名国家队体能教练及100多位基层康复老师
最美教师	周荣方	郑州大学马克思主义学院副教授	潜心一线思政课教学十余载，课堂上讲述焦裕禄的事迹，让学生们动容，更感动着亿万网友
最美教师	何燕	海南省旅游学校高星级饭店营运与管理系讲师	毕业后回到家乡海南成为一名旅游专业的中职教师，在教学过程中融入海南本土文化，加入思政内容培养学生爱国爱家的高尚情怀
最美教师	蒙芳	江西省赣州市上犹县特殊教育学校语文教师	带领团队进行了9年送教上门活动，实现了革命老区300多名适龄残疾孩子能上学、上好学的目标，助力乡村振兴
最美教师	韩龙	安徽省安庆市宜秀区罗岭中心学校乡村音乐教师	退伍军人，曾远赴新疆、西藏支教多年，将音乐教学与国防教育结合，用音乐陪伴学生的健康成长
最美教师	陈炜	福建省福州第三中学原校长、地理教师	身患舌癌坚守教育工作岗位11年，在生命的最后阶段依然牵挂着学校、学生
最美教师	祝响响	浙江省金华市浦江县郑宅镇中心小学乡村语文教师	参与贵州、四川等地支教送教130多次，积极传播先进教育理念，为城乡教育均衡发展添砖加瓦

续表

奖项	教师	单位	颁奖词
最美教师	管延伟	山东省青岛西海岸新区积米崖中心幼儿园教师	主动申请去条件艰苦的山东海岛支教,后跨学段转岗成为全能型"幼教爸爸",筑起幼儿健康成长的安全防护墙
最美太空教师	王亚平	中国人民解放军航天员大队特级航天员,太空教师	先后在"天宫一号"空间实验室和中国空间站,三次为中小学生开设"天宫课堂",点燃中国青少年的航天梦想
最美教师团队		高校银龄教师支援西部计划教师团	459名高校退休老教师为西部地区10所高校、236个专业、679门课程到岗教学,为西部高等教育振兴发展贡献自己的力量

来源:教育部网站 2022-09-09

案例评析

本案例中的2022年"最美教师"都是全国教书育人楷模,都是来自教育一线的教师和群体,是全国人民教师的缩影,他们代表着全国的人民教师。他们的师德表现和教书育人成绩突出、事迹感人,具有广泛的代表性和示范性,充分展示了教师队伍有理想信念、有道德情操、有扎实学识、有仁爱之心的良好精神风貌。

这些英模群体是我们每一位从事研学旅行职业的导游学习的榜样,我们要按照国家《新时代中小学教师职业行为十项准则》的要求,逐一对照,查找自己的不足,提升自己的思想品德和研学旅行执业技能。不忘立德树人初心,牢记为党育人、为国育才使命,自觉践行"四有"好老师标准,努力成为"经师"和"人师"相统一的"大先生",着力培养担当民族复兴大任的时代新人。

我们要学习最美、争当最美,更好担起学生健康成长指导者和引路人的责任,努力培养出更多德智体美劳全面发展的社会主义建设者和接班人,为建设教育强国、办好人民满意的教育做出贡献。

(本案例由刘玉点评)

第四节　教师违法违纪处理

案例导入

许某某在辅导学生课业过程中性侵多名女学生

2020年1月，许某某在辅导学生课业过程中性侵多名女学生，被当地法院判处无期徒刑。许某某的行为违反了《新时代中小学教师职业行为十项准则》第七项规定。根据《中国共产党纪律处分条例》《中小学教师违反职业道德行为处理办法（2018年修订）》等相关规定，给予许某某开除党籍、开除公职处分，其教师资格依法丧失，注销并收缴其教师资格证书，终身不得重新申请认定教师资格；对学校领导班子进行通报批评、集体约谈；对学校党总支书记进行通报批评，撤销其党内职务，免去其学校董事会董事、校长、法人代表职务；对学校党总支副书记、小学部支部书记进行通报批评，给予其党内警告处分，免去其学校董事会董事、副校长职务，并降低岗位等级。

（来源：教育部网站2021-05-11）

案例思考

1. 中小学教师违反职业道德行为处理的法律法规依据有哪些？
2. 研学旅行指导师、导游违反职业道德行为处理的法律法规依据有哪些？

一、处理规定

教育部《中小学教师违反职业道德行为处理办法（2018年修订）》是深入贯彻习近平新时代中国特色社会主义思想和党的十九大精神，深入贯彻落实全国教育大会精神，扎实推进《中共中央 国务院关于全面深化新时代教师队伍建设改革的意见》的实施，进一步加强师德师风建设，在2014年印发的《中小学教师违反职业道德行为处理办法》的基础上进行了修订。应予处理的教师违反职业道德行为包括：

（1）在教育教学活动中及其他场合有损害党中央权威、违背党的路线方针政策的言行。

（2）损害国家利益、社会公共利益，或违背社会公序良俗。

（3）通过课堂、论坛、讲座、信息网络及其他渠道发表、转发错误观点，或编造散布虚假信息、不良信息。

（4）违反教学纪律，敷衍教学，或擅自从事影响教育教学本职工作的兼职兼薪行为。

（5）歧视、侮辱学生，虐待、伤害学生。

（6）在教育教学活动中遇突发事件、面临危险时，不顾学生安危，擅离职守，自行逃离。

（7）与学生发生不正当关系，有任何形式的猥亵、性骚扰行为。

（8）在招生、考试、推优、保送及绩效考核、岗位聘用、职称评聘、评优评奖等工作中徇私舞弊、弄虚作假。

（9）索要、收受学生及家长财物或参加由学生及家长付费的宴请、旅游、娱乐休闲等活动，向学生推销图书报刊、教辅材料、社会保险或利用家长资源谋取私利。

（10）组织、参与有偿补课，或为校外培训机构和他人介绍生源、提供相关信息。

（11）其他违反职业道德的行为。

二、典型案例

案例 2-5：

师德警示教育（二）
违反中小学教师职业行为十项准则典型案例（片段）

案例一　某中学教师肖某某在课堂上歧视、侮辱学生问题。

2021 年 2 月，肖某某在课堂上发表通过家长收入水平质疑家长素质以及歧视、侮辱学生等言论。肖某某的行为违反了《新时代中小学教师职业行为十项准则》第五项规定。根据《中华人民共和国教师法》《中国共产党纪律处分条例》《教师资格条例》《事业单位工作人员处分暂行规定》等相关规定，给予肖某某党内严重警告处分，降低岗位等级处理并调离岗位；撤销其教师资格，收缴教师资格证书，将其列入教师资格限制库，5 年内不得重新取得教师资格。对学校主要负责人进行问责，给予党内警告处分。

案例二　某学校教师许某某体罚学生问题。

2019 年 3 月 29 日，许某某用笤帚木把对未达到英语月考目标分数的 25 名学生进行体罚，造成部分学生腿部、臀部、背部等部位瘀血、红肿。许某某的行为违反了《新时代中小学教师职业行为十项准则》第五项规定。根据《中华人民共和国教师法》《中小学教师违反职业道德行为处理办法（2018 年修订）》，对许某某予以辞退，按程序撤销其教师资格，同时追究教育行政部门相关负责人及学校校长等的责任。

案例三　某中学教师耿某带领学生应援娱乐明星问题。

2020 年 5 月，耿某在上课时间带领学生为娱乐明星应援，并录制视频在网络传播，造成不良影响。耿某的行为违反了《新时代中小学教师职业行为十项准则》第三项规定。根据《中小学教师违反职业道德行为处理办法（2018 年修订）》等相关规定，给予耿某停职检查处理；对学校校长进行诫勉谈话。

案例四　某小学教师那某某违规收受学生家长礼品礼金问题。

某省对中小学教师违规收受礼品礼金和有偿补课典型问题进行通报。其中某小学教师那某某违规收受某学生家长 6 次微信转账共计 2200 元。那某某的行为违反了

《新时代中小学教师职业行为十项准则》第九项规定。根据《中小学教师违反职业道德行为处理办法（2018年修订）》，给予那某某记过处分，扣发当年绩效工资和奖金，取消当年评先评优晋级资格，全额退返违纪所得；学校教学负责人被批评教育。

案例五 某中学教师吴某某性骚扰学生问题。

吴某某隐瞒真实身份和年龄，通过微信与在校女学生进行低俗聊天，用淫秽语言挑逗，向女学生传播色情视频、图片等。以上行为违反了《新时代中小学教师职业行为十项准则》第七项规定，根据《中国共产党纪律处分条例》《中小学教师违反职业道德行为处理办法（2018年修订）》，给予吴某某开除党籍、开除公职处分，依法撤销其教师资格。

（案例来源：2021年教育部网站）

案例评析

教育部《中小学教师违反职业道德行为处理办法》不可逾越的"十条红线"旗帜鲜明、态度坚决，宛如紧箍咒，牢牢地规范着中小学教师的职业道德行为。可是目前仍有极个别教师缺失教书育人理想信念、无视国家法律法规，对学生造成严重伤害，一件件历历在目，一个个触目惊心，对人民教师形象造成极为恶劣的影响。

痛定思痛，躬身反思。研学旅行指导师一是要提高思想政治站位，增强"四个意识"，站在教师职业承担的重要使命和责任的位置上，从党和国家事业全局的角度理解准则的要求。处理好个人利益和国家、社会利益的关系，积聚奋斗力量，做新时代的开创者、建设者。二是要把握基本定位，增强底线意识。准则中的禁止性规定是底线，是从事教师职业的最低要求，是大中小幼职特各级各类学校教师必须遵守的，是不可触碰的红线。三是正确理解认识，取得思想一致。准则中的禁止性规定，不是体检结果，是预防保健手册，是对广大教师的警示提醒，是严管厚爱。

我们从事研学旅行指导师职业的导游要认真学习，提前预防。要像广大教师一样，深刻认识自己肩负的职责和使命，锤炼教育报国之志，坚守为党育人、为国育才初心，自觉坚守精神家园、坚守人格底线，自觉强化法治教育、纪律规范教育，聚焦人民教师的理想信念、家国情怀、价值引领，率先垂范、以身作则，做学生喜欢的好老师，学生喜欢的好导游。

（本案例由李岑虎点评）

专家访谈

今日话题：如何提升研学旅行指导师职业技能

特邀嘉宾：中国旅行社协会导游专委会副秘书长、文化和旅游部人才中心研学旅行指导师考评员、国家金牌导游何涛

专家心语：

大家好，我是国家金牌导游工作室的何涛。都说一次成功的研学旅行，离不开优秀

何涛谈如何提升研学旅行指导师职业技能

研学旅行指导师的指导，为了让大家能够掌握更加专业的知识，我们从理论和实操两个方面相结合去加强研学旅行指导师的职业技能，通过课程研发、实战案例演练、安全防控、测评提升四轮全方位的学习，再经过专家老师一对一的专业指导，考取专业的研学旅行指导师的职业技能证书，为自身奠定专业的理论知识基础。

在实践的教学过程当中，我们要根据自身所学的专业理论知识，引导学生完成特定的研学旅行课程目标，同时也千万不要忘记我们还要做好指导师的工作，做好学生和家长之间沟通的桥梁，为学生和家长消除相关的顾虑和隐患。

作为"教育+旅游"跨界融合的执行者，希望我们每一位研学旅行指导师都能通过自身过硬的专业技能，让更多的孩子快乐学习。

 导游故事

讲解员考上了政府事业编制

孙方方，女，中共党员，原为两孟景区讲解员，一边讲解，一边学习，不断提升自身思想政治觉悟和业务素质，多次参与社会慈善公益活动和志愿者服务活动，最后成功考取国家事业单位编制，现为邹城市文物保护中心宣传教育部副主任。

她经常组织导游员、讲解员开展集体备课、试讲课活动，积极参加各种研学旅行课程设计比赛活动，在研学旅行领域也取得了一个个令人瞩目的好成绩。她参选的研学旅行课程《孟子故里儒风邹城》获得邹城市导游大赛研学旅行组第一名；她所在的孟庙孟府孟林景区由于研学旅行课程资源丰富，设计合理，符合研学旅行教育教学规律，被教育部命名为第一批全国中小学生研学实践基地。在研学旅行中孙方方全面地展示了中国讲解员文明使者和形象大使的精神风貌。

作为研学讲解员，她多次深入学校，虚心向老师们请教，学习老师们高尚的职业道德、灵活多样的教学方法和兢兢业业的爱岗敬业精神，先后荣获第一届寻找中国人气景区最美讲解员活动"最具气质代言人"、济宁市文物大赛一等奖、济宁市金牌讲解员、"全市宣传思想文化工作先进个人"等荣誉称号。多次为党和国家领导人、文化名人、历史学家等担任讲解工作，曾先后接待了刘延东、胡春华、刘云山、马飚等首长。工作十余年来，先后接待游客和学生15万多人次，深得师生和游客好评。

（供稿李婷）

 综合实训

1. 请到你附近的中学、小学各听3堂学校老师的讲课，感受人民教师的职业道德，写出2000字的课后感受论文。

2. 请采访调研6位中小学优秀教师的光荣事迹，写出调查报告。

研学旅行
基本常识篇

- 第三章　研学旅行政策与法律法规知识
- 第四章　研学旅行教育教学基本知识

研学旅行导游服务

第三章
研学旅行政策与法律法规知识

● **本章导读**

在我国研学旅行刚刚起步，目前国内专门的研学旅行法律法规虽然还不健全，但是与研学旅行有关的教育政策与法律法规却是丰富多彩，本章我们只简要阐述与研学旅行指导师、导游、教师职业有关的基本内容，以飨读者。

 导游之花

微笑入心让无形服务有情化
夏军

夏军心语

编者按：夏军，中国老教授协会研学实践教育专家，国家高级导游，全国优秀导游员，全国研学旅行基地认定员，国家名导进课堂师资库成员，国家导游技术技能大师，获原国家旅游局传"导"授业奖，入选"万名英才计划"技术技能大师工作室，2017年担任"第三届全国导游大赛"决赛评委，旅游教育出版社全国高等院校"十三五"规划研学旅行管理与服务专业教材丛书总编委会编委，江苏群翔旅游文化发展有限公司总经理。

作为一名从业20多年的导游，我似乎一直在导游、教师、研学旅行指导师三个职业中不停地转换着身份。从2001年开始，我就在一线从事导游、研学旅行指导师的工作，同时，受邀请担任文旅部门、高等院校的兼职教师，进行导游服务技能提升培训和研学旅行指导师培训。在所有的培训课程中，如何把握研学旅行过程中的政策与法律法规、如何按照研学旅行法律法规处理各种研学旅行事件这两个话题总会给大家带来很多讨论和思考。

因为带团与教学的需要，我会将研学旅行政策与法律法规都进行全面学习，并且在实际工作中加以运用，同时也能结合法律法规相关条款，将看似枯燥的法律条文巧妙地融入对地方风土人情、历史故事、景观风貌的职业体验、考察探究、设计制作中，让学生研学旅行中不仅收获风景，也增强了法律意识。对学生展现出来的文明行为、高尚精神也会推而广之，大力表彰激励，于无声处做好法律法规的宣讲服务，为研学团队顺利开展研学旅行活动奠定基础。

夏军老师说微笑服务

  导游带团是脑力体力相结合的综合性的服务工作，需要我们随时保持职业敏感，提前预判来自各方面的安全隐患，防患于未然，尤其是组建视学生安全大如天的研学旅行团队，更是重中之重。在带团过程中，我会比较关注可能引发安全风险的人和物，比如：关心大巴驾驶员的情绪与态度，关心学生的身体状况和行为表现；也会关心行程中接触到的可能引发安全危险的餐厅地面或者老旧的电梯设备、客房浴缸等；还会关注新闻报道，了解当地的天气、热点事件、旅游节庆活动等消息，综合各种资讯，以期在带团中能较好地进行授课提醒，并合理规划研学旅行线路与时间，规避可能发生的问题。

  通过对多起研学旅行突发事件的解读，不难发现，虽然有些事件是因为客观原因造成的，但也有很多事件的发生是由于导游、研学旅行指导师个人的主观因素。回溯事件的起因往往是一些看似平常，甚至可以说是一些鸡毛蒜皮的小事，但是随着研学旅行行程的推进，就有可能因为某一个突发事件、某一个小小的因素，引发出一起比较大的研学旅行安全事故。诸如我们时常会听到某研学团队走失了一个学生，已经找了5个小时；某团队导游和老师、学生发生了肢体冲突；某团队学生在酒店摔伤骨折，需要终止后续研学旅行……

 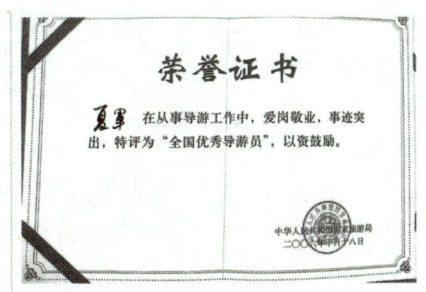

夏军老师部分获奖证书　来源：夏军

作为一名导游，我们在引导学生观景审美、考察探究开展研学旅行活动的同时，也需要于无声处做好法律法规服务，为研学旅行者创造一个愉快而难忘的旅程！

第一节　研学旅行政策与服务规范

案例导入

这种"游而不学"的研学旅行家长不放心

2019年10月，长沙某些中小学生在学校的组织下开展了秋季研学旅行活动。然而，有部分家长对孩子的这次活动提出疑问：这是研学旅行吗？家长认为少数研学旅行活动存在价格高、质量低的问题。

家长质疑：这些研学旅行，就是学校组织的旅游活动而已，与家长带孩子出去玩没啥区别。

10月底，该初中初一某班家长反映，根据研学通知，家长们要交1460元的费用，让孩子到北京参加五天四晚的"北京青少年素质拓展研学旅行"主题活动，而且通知里还提到，如果不参加的话就会影响学生期末综合素质测评打分。家长们在交钱时发现，收款方并非学校，而是一个旅行社研学分公司。陪同的家长志愿者反映，活动的主要内容也不全是什么"天安门考察、北京大学参观、故宫参观、登万里长城、军事博物馆、鸟巢拓展、北京胡同研究"，就是一次纯粹的北京秋季五日游。在部分家长看来，这些研学旅行"只游不学"，就是一次由学校组织的北京旅游活动而已，与家长带孩子出去玩没啥区别。

另有一小学组织一年级学生乘坐大巴，去另外一个邻近的县城山区开展"山窝窝里的研学旅行一日行"，收取了180元/人的费用，中午不提供午餐。回来后，孩子说就是爬山活动，自己另外带的10元零钱，导游就给了一个面包、一根火腿肠，外加一盒奶，没有吃好。家长对此收费存疑，质问学校收取该费用是否合理？学生的饮食是否卫生健康？

案例思考

1. 案例中小学一年级学生乘坐大巴去另外一个邻近的县城山区开展"山窝窝里的研学旅行一日行"，是不是国家提倡的研学旅行？为什么？

2. 案例中初一学生的"北京青少年素质拓展研学旅行"是不是教育部倡导的研学旅行？为什么？

3. 您认为开展研学旅行应遵循什么样的基本原则？

一、《关于推进中小学生研学旅行的意见》

2016年11月30日教育部等11部门发布《关于推进中小学生研学旅行的意见》，主要内容如下：

（一）主要内容

1. 研学旅行的含义

中小学生研学旅行是由教育部门和学校有计划地组织安排，通过集体旅行、集中食宿方式开展的研究性学习和旅行体验相结合的校外教育活动，是学校教育和校外教育衔接的创新形式，是教育教学的重要内容，是综合实践育人的有效途径。

2. 开展研学旅行工作目标

（1）以立德树人、培养人才为根本目的，以预防为重、确保安全为基本前提，以深化改革、完善政策为着力点，以统筹协调、整合资源为突破口，因地制宜开展研学旅行。

（2）让广大中小学生在研学旅行中感受祖国大好河山，感受中华传统美德，感受革命光荣历史，感受改革开放伟大成就，增强对坚定"四个自信"的理解与认同；同时学会动手动脑，学会生存生活，学会做人做事，促进身心健康、体魄强健、意志坚强，促进形成正确的世界观、人生观、价值观，培养他们成为德智体美全面发展的社会主义建设者和接班人。

（3）开发一批育人效果突出的研学旅行活动课程，建设一批具有良好示范带动作用的研学旅行基地，打造一批具有影响力的研学旅行精品线路，建立一套规范管理、责任清晰、多元筹资、保障安全的研学旅行工作机制，探索形成中小学生广泛参与、活动品质持续提升、组织管理规范有序、基础条件保障有力、安全责任落实到位、文化氛围健康向上的研学旅行发展体系。

3. 研学旅行的基本原则

（1）教育性原则。研学旅行要结合学生身心特点、接受能力和实际需要，注重系统性、知识性、科学性和趣味性，为学生全面发展提供良好成长空间。

（2）实践性原则。研学旅行要因地制宜，呈现地域特色，引导学生走出校园，在与日常生活不同的环境中拓宽视野、丰富知识、了解社会、亲近自然、参与体验。

（3）安全性原则。研学旅行要坚持安全第一，建立安全保障机制，明确安全保障责任，落实安全保障措施，确保学生安全。

（4）公益性原则。研学旅行不得开展以营利为目的的经营性创收，对贫困家庭学生要减免费用。

4. 推进研学旅行工作的主要内容

（1）纳入中小学教育教学计划。

①各地教育行政部门要加强对中小学开展研学旅行的指导和帮助。

②各中小学要结合当地实际，把研学旅行纳入学校教育教学计划，与综合实践

活动课程统筹考虑，促进研学旅行和学校课程有机融合，要精心设计研学旅行活动课程，做到立意高远、目的明确、活动生动、学习有效，避免"只旅不学"或"只学不旅"现象。

③学校根据教育教学计划灵活安排研学旅行时间，一般安排在小学四到六年级、初中一到二年级、高中一到二年级，尽量错开旅游高峰期。学校根据学段特点和地域特色，逐步建立小学阶段以乡土乡情为主、初中阶段以县情市情为主、高中阶段以省情国情为主的研学旅行活动课程体系。

（2）加强研学旅行基地建设。

①各地教育、文化、旅游、共青团等部门、组织密切合作，根据研学旅行育人目标，结合域情、校情、生情，依托自然和文化遗产资源、红色教育资源和综合实践基地、大型公共设施、知名院校、工矿企业、科研机构等，遴选建设一批安全适宜的中小学生研学旅行基地，探索建立基地的准入标准、退出机制和评价体系。

②要以基地为重要依托，积极推动资源共享和区域合作，打造一批示范性研学旅行精品线路，逐步形成布局合理、互联互通的研学旅行网络。

③各基地要将研学旅行作为理想信念教育、爱国主义教育、革命传统教育、国情教育的重要载体，突出祖国大好风光、民族悠久历史、优良革命传统和现代化建设成就，根据小学、初中、高中不同学段的研学旅行目标，有针对性地开发自然类、历史类、地理类、科技类、人文类、体验类等多种类型的活动课程。教育部将建设研学旅行网站，促进基地课程和学校师生间有效对接。

（3）规范研学旅行组织管理。

①各地教育行政部门和中小学要探索制定中小学生研学旅行工作规程，做到"活动有方案，行前有备案，应急有预案"。

②学校组织开展研学旅行可采取自行开展或委托开展的形式，提前拟订活动计划并按管理权限报教育行政部门备案，通过家长委员会、致家长的一封信或召开家长会等形式告知家长活动意义、时间安排、出行线路、费用收支、注意事项等信息，加强学生和教师的研学旅行事前培训和事后考核。

③学校自行开展研学旅行，要根据需要配备一定比例的学校领导、教师和安全员，也可邀请少数家长作为志愿者，负责学生活动管理和安全保障，与家长签订协议书，明确学校、家长、学生的责任权利。学校委托开展研学旅行，要与有资质、信誉好的委托企业或机构签订协议书，明确委托企业或机构承担学生研学旅行安全责任。

（4）建立安全责任体系。

①各地要制订科学有效的中小学生研学旅行安全保障方案，探索建立行之有效的安全责任落实、事故处理、责任界定及纠纷处理机制，实施分级备案制度，做到层层落实，责任到人。

②教育行政部门负责督促学校落实安全责任，审核学校报送的活动方案（含保

单信息）和应急预案。

③学校要做好行前安全教育工作，负责确认出行师生购买意外险，必须投保校方责任险，与家长签订安全责任书，与委托开展研学旅行的企业或机构签订安全责任书，明确各方安全责任。

④旅游部门负责审核开展研学旅行的企业或机构的准入条件和服务标准。

⑤交通部门负责督促有关运输企业检查学生出行的车、船等交通工具。

⑥公安、食品药品监管等部门加强对研学旅行涉及的住宿、餐饮等公共经营场所的安全监督，依法查处运送学生车辆的交通违法行为。

⑦保险监督管理机构负责指导保险行业提供并优化校方责任险、旅行社责任险等相关产品。

（二）典型案例

案例呈现

案例3-1：

既无"研"也不"学"研学类旅游乱象如何加强监管？

来源：央广网　　发布时间：2021-10-08 22∶00

央广网北京10月8日消息（总台央广记者钱成）随着"双减"政策落地，中小学生课外时间得到进一步解放。作为一种集研究性学习与旅行体验于一体的校外活动，研学旅行市场走俏迹象明显。携程发布的数据显示，今年暑期研学游人数同比增长超650%，亲子游订单中研学类产品订单占比近七成。而在刚刚过去的国庆假期，亲子旅游、研学旅游也受到了不少家庭青睐。不过，记者调查发现，不少研学项目既无"研"也不"学"，且从业人员鱼龙混杂，活动设计粗制滥造。

2013年，国务院印发《国民旅游休闲纲要（2013—2020年）》，鼓励学校组织学生进行寓教于游的课外实践活动。

2016年，教育部等11部门印发的《关于推进中小学生研学旅行的意见》指出，中小学生研学旅行是由教育部门和学校有计划地组织安排，通过集体旅行、集中食宿方式开展的研究性学习和旅行体验相结合的校外教育活动。研学旅行要遵从教育性、实践性、安全性、公益性原则。对此，不少学生家长表示支持。某位家长说："比如我孩子参加的美术写生（研学活动），就会带着孩子走进历史博物馆，在了解历史文化的同时，还能用手中的画笔来画一画那段历史，挺有意义的。"

目前的研学旅行大致采取两种方式，第一种是由学校组织，由教师和学生确立研学主题、设计行程。第二种则是由旅行社或研学旅游公司来设计路线和方略，并组织学生研学旅行，这也是目前研学旅行项目中主要采用的方式。因此，研学旅行的效果如何，很大程度上取决于研学旅行公司开发的产品质量以及活动实施的效果。

在国内某旅行社工作了十多年的张颖（化名）告诉记者，今年国庆期间，研学类旅游项目受到了很多家长和学生的青睐，不过有相当一部分项目都是同行之间互相抄袭，敷衍了事，缺乏教育性和实践性，几乎等同于春游、秋游以及夏令营等活动。张颖说："因为都以为做研学很简单，反正你发一个方案出来，我照着抄就行了。"

张颖透露，在"双减"政策落地之后，部分培训机构并没有按照要求退还学生家长此前缴纳的课时费，而是将原本的学科辅导改成研学类项目，通过带领学生研学旅行，来抵扣此前缴纳的费用。此外，部分培训机构甚至以研学之名行补课之实。

张颖说："从国家颁布了'双减'政策以后，一些大型教培机构（不符合要求的课外培训）被勒令必须要取缔的时候，他们立马转变成研学旅行。因为很多家长缴纳的课时费没有消耗掉，又没有办法退，只能来参加活动，但是会比同类市场价高出不少，比如产品原本售价200多块钱，但如果划课时费可能就要600多块钱。"

张颖告诉记者，不少研学项目还存在虚假宣传以及乱收费的情况。部分人均收费数千元的活动，参观的其实都是一些免费开放的博物馆，所谓聘请的专家讲师，其实只是培训机构的员工。张颖认为，研学的受众群体是中小学生，在行程设计、选择讲解导师的过程中比起成年人为主的旅行团更要严谨和细致。

"因为一上来肯定说这是我们的某一个研学导师，孩子不会去想这个人专不专业，因为原来没有听过，你讲了孩子就听进去了，万一你讲错了，孩子听了，那就是误导孩子。有可能孩子在未来的某一次考试，或者是在未来的某一次使用这个知识的时候，就会传播错了。我觉得研学应该要严谨一点。"张颖说。

不少旅行公司开发研学产品的人员绝大多数是非教育类相关专业出身，这也使得部分研学产品缺少应有的教育意蕴。

此外，四川某旅行社负责人告诉记者，在研学市场，学校是各方争抢的资源。部分学校相关负责人会选择回扣高的旅行社进行合作，从而不顾研学项目的质量。这也导致部分学校开展的研学项目变成普通的旅游活动，参观的场所多为免费开放场馆，食宿条件也并不理想。

为了规范研学旅行，各地也相继出台了相应的管理办法。日前，江西省发布了《中小学研学旅行》地方标准，涵盖了研学旅行基地（营地）认定规范、课程设置规范、组织实施规范、评价规范等。江西省教育厅厅长郭杰忠表示，下一步，江西将遴选一批中小学生研学旅行基地，精心打造一批示范性研学旅行精品线路，建立起丰富的研学旅行课程体系。

郭杰忠说："逐步加强专业队伍建设，建立安全责任体系，建立健全行之有效的安全责任落实、事故处理、责任界定及纠纷处理的机制；科学评价学生研学成效，并将评价结果逐步纳入学生学分管理体系和学生综合素质评价体系。"

中国教育科学研究院研究员储朝晖指出，目前研学旅行存在的问题，主要与服务标准不统一、课程缺乏教育理论、团队建设不完善等因素有关。储朝晖强调，规范研学旅行，相关部门还要细化监管责任，完善监管机制。

储朝晖说："现在社会上确实有很多以夏令营或素质培训等名义开办的机构，在专业资质、人员素质、人员资质等方面又缺少要求。另外，相关管理方面也存在没有跟上的问题，特别是对这些机构的登记、核查以及开展业务的情况，都缺少规范和监督。"

案例评析

本案例主要反映出研学旅行以下几个乱象问题：

（1）部分亲子旅游、研学旅游中的研学项目既无"研"也不"学"，研学旅行公司开发的产品质量以及活动实施的效果，都是同行之间互相抄袭，敷衍了事，缺乏教育性和实践性，几乎等同于春游、秋游以及夏令营等活动。

（2）部分校外培训机构被勒令必须要取缔的时候，他们立马转变成研学旅行，将原本的学科辅导改成研学类项目，部分培训机构甚至以研学之名行补课之实。

（3）从业人员身份复杂，聘请的专家讲师很多是培训机构的员工。不少旅行公司开发研学产品的人员绝大多数是非教育类相关专业出身，这也使得部分研学产品缺少应有的教育意蕴，课程活动设计粗制滥造。

（4）在研学市场，学校是各方争抢的资源。部分学校相关负责人会选择回扣高的旅行社进行合作，从而不顾研学项目的质量。这也导致部分学校开展的研学项目变成普通的旅游活动，参观的场所多为免费开放场馆，食宿条件也并不理想，研学旅行费用比同类市场价高。

针对上述几个问题，我们旅行社或者导游也经常会被市场捆绑，某些方面多多少少都有类似问题出现，我们不妨做一下简要探讨。

第一，《意见》指出，中小学生研学旅行是由教育部门和学校有计划地组织安排，通过集体旅行、集中食宿方式开展的研究性学习和旅行体验相结合的校外教育活动，这种定性说明研学旅行是教育活动而不是旅游活动。有学生参与的春游、秋游、夏令营、冬令营、亲子游等户外旅游都不是研学旅行活动。如果旅行社、研学旅行公司或者学校把这些户外旅游活动当成研学旅行对待，那是错误的，这一点导游必须清楚明白。

第二，研学旅行既然是校外教育教学活动，而不是旅游活动，那么研学旅行就要按照教育规律开展活动，要突出政治性、思想性、教育性、体验性、互动性，不能按照导游原来的带团讲解法对学生喋喋不休地满堂灌，只见导游讲，不见学生动，这都不符合学校教育规律和老师教学特征。

第三，《意见》明确要求各中小学要结合当地实际，把研学旅行纳入学校教育教学计划，要精心设计研学旅行活动课程，避免"只旅不学"或"只学不旅"现象，这就说明研学旅行课程是由主办方学校设计，而不是由旅行社或者研学公司设计。实践中，起码保证研学旅行课程是由学校、旅行社和研学服务机构共同研发，并且是学校主导，而不是不懂教学规律的旅行社或研学公司单独开发，这样才能保证研学旅行产品的教学质量以及活动实施的教学效果。如果旅行社或者研学公司单独开发研学旅行课程，又没经过学校认可，同行之间彼此互相抄袭，只能是以讹传讹，错上加错。

第四，原被勒令取缔、整改的校外培训机构转变成研学旅行企业，如果经营研学旅行业务，要取得旅行社业务经营许可证资质，否则就是非法行为，将会依据《中华人民共和国旅游法》第九十五条之规定，违反本法规定，未经许可经营旅行社业务的，由旅游主管部门或者市场监督管理部门责令改正，没收违法所得，并处一万元以上十万元以下罚款；违法所得十万元以上的，并处违法所得一倍以上五倍以下罚款；对有关责任人员，处二千元以上二万元以下罚款。校外培训机构将原本的学科辅导改成研学类项目，以研学之名行补课之实，必将受到法律的制裁。

第五，对于研学旅行从业人员资格国家层面虽然没有强制性资格要求，但是依据国内出台的几个行业标准，无论是聘请的专家讲师、培训机构的员工，还是旅行社、研学公司人员都必须经过相应的研学旅行指导师专业技能培训，具备人民教师的职业素养和品德，熟悉掌握教育教学理论和方法，按照教育教学规律开展活动，否则是不适合从事研学旅行教学活动的，哪怕具有中级、高级导游资格证和其他执业资格证都是不能单独从事研学旅行教学服务的。

第六，《意见》指出研学旅行要遵循公益性原则，不得开展以营利为目的的经营性创收，对贫困家庭学生要减免费用，这是研学旅行的红线。实践中很多地方只允许收取成本费用，要求不能增加学生和家长经济负担，更不能按照旅行社旅游产品价格销售。至于个别学校相关负责人不顾研学项目的质量，选择回扣高的旅行社进行合作，导致开展的研学项目变成普通的旅游活动、参观的场所多为免费开放场馆、食宿条件也不达标，而且造成研学旅行费用比同类市场价偏高等问题，是严重违背《中华人民共和国教师法》《中小学教师职业道德规范（2008年修订）》《新时代中小学教师职业行为十项准则》的违法违纪行为，必定会受到党纪国法的处理。

（本案例由李岑虎点评）

二、《研学旅行服务规范》

2016年国家旅游局发布《研学旅行服务规范》（LB/T 054—2016），主要内容如下：

（一）主要内容

1. 三方服务规范

（1）主办方。主办方是指有明确研学旅行主题和教育目的的研学旅行活动组织方。应具备法人资质；应对研学旅行服务项目提出明确要求；应有明确的安全防控措施、教育培训计划；应与承办方签订委托合同，按照合同约定履行义务。

（2）承办方。承办方是与研学旅行活动主办方签订合同，提供教育旅游服务的旅行社，应为依法注册的旅行社。符合 LB/T 004 和 LB/T 008 的要求，宜具有 AA 及以上等级，并符合 GB/T 31380 的要求；连续三年内无重大质量投诉、不良诚信记录、经济纠纷及重大安全责任事故；应设立研学旅行的部门或专职人员，宜有承接 100 人以上中小学生旅游团队的经验；应与供应方签订旅游服务合同，按照合同约定履行义务。

（3）供应方。供应方是与研学旅行活动承办方签订合同，提供旅游地接、交通、住宿、餐饮等服务的机构。应具备法人资质；应具备相应经营资质和服务能力；应与承办方签订旅游服务合同，按照合同约定履行义务。

2. 人员配置规范

（1）主办方人员配置。应至少派出一人作为主办方代表，负责督导研学旅行活动按计划开展；每 20 名学生宜配置一位带队老师，带队老师全程带领学生参与研学旅行各项活动。

（2）承办方人员配置。应为研学旅行活动配置一名项目组长，项目组长全程随团活动，负责统筹协调研学旅行各项工作；应至少为每个研学旅行团队配置一名安全员，安全员在研学旅行过程中随团开展安全教育和防控工作；应至少为每个研学旅行团队配置一名研学导师，研学导师负责制订研学旅行教育工作计划，在带队老师、导游员等工作人员的配合下提供研学旅行教育服务；应至少为每个研学旅行团队配置一名导游人员，导游人员负责提供导游服务，并配合相关工作人员提供研学旅行教育服务和生活保障服务。

3. 教育服务规范

（1）在出行前，指导学生做好准备工作，如阅读相关书籍、查阅相关资料、制订学习计划等。

（2）在旅行过程中，组织学生参与教育活动项目，指导学生撰写研学日记或调查报告。

（3）在旅行结束后，组织学生分享心得体会，如组织征文展示、分享交流会等。

4. 交通服务规范

（1）交通方式选择。单次路程在 400 千米以上的，不宜选择汽车，应优先选择铁路、航空等交通方式。选择水运交通方式的，水运交通工具应符合 GB/T 16890 的要求，不宜选择木船、划艇、快艇。选择汽车客运交通方式的，行驶道路不宜低于省级公路等级，驾驶人连续驾车不得超过 2 小时，停车休息时间不得少于 20 分钟。

（2）交通服务要求。应提前告知学生及家长相关交通信息，以便其掌握乘坐交通工具的类型、时间、地点以及需准备的有关证件。宜提前与相应交通部门取得工作联系，组织绿色通道或开辟专门的候乘区域。应加强交通服务环节的安全防范，向学生宣讲交通安全知识和紧急疏散要求，组织学生安全有序乘坐交通工具。应在承运全程随机开展安全巡查工作，并在学生上、下交通工具时清点人数，防范出现滞留或走失情况。遭遇恶劣天气时，应认真研判安全风险，及时调整研学旅行行程和交通方式。

5. 住宿服务规范

（1）住宿位置要求。应以安全、卫生和舒适为基本要求，提前对住宿营地进行实地考察。住宿位置应便于集中管理；应方便承运汽车安全进出、停靠；应有健全的公共信息导向标识，并符合 GB/T 10001 的要求；应有安全逃生通道。

（2）住宿服务要求。应提前将住宿营地相关信息告知学生和家长，以便做好相关准备工作。应详细告知学生入住注意事项，宣讲住宿安全知识，带领学生熟悉逃生通道。应在学生入住后及时进行首次查房，帮助学生熟悉房间设施，解决相关问题。宜安排男、女学生分区（片）住宿，女生片区管理员应为女性。应制定住宿安全管理制度，开展巡查、夜查工作。选择在露营地住宿时露营地应符合 GB/T 31710 的要求；应在实地考察的基础上，对露营地进行安全评估，并充分评价露营接待条件、周边环境和可能发生的自然灾害对学生造成的影响；应制定露营安全防控专项措施，加强值班、巡查和夜查工作。

6. 餐饮服务规范

应以食品卫生安全为前提，选择餐饮服务提供方；应提前制订就餐座次表，组织学生有序进餐；应督促餐饮服务提供方按照有关规定，做好食品留样工作；应在学生用餐时做好巡查工作，确保餐饮服务质量。

7. 医疗救助规范

应提前调研和掌握研学营地周边的医疗及救助资源状况；学生生病或受伤，应及时送往医院或急救中心治疗，妥善保管就诊医疗记录。返程后，应将就诊医疗记录复印并转交家长或带队老师；宜聘请具有职业资格的医护人员随团提供医疗及救助服务。

8. 安全管理规范

（1）制定安全管理制度。主办方、承办方及供应方应针对研学旅行活动，分别制定安全管理制度，构建完善有效的安全防控机制。研学旅行安全管理制度体系包括但不限于以下内容：研学旅行安全管理工作方案；研学旅行应急预案及操作手册；研学旅行产品安全评估制度；研学旅行安全教育培训制度。

（2）确定安全管理人员。承办方和主办方应根据各项安全管理制度的要求，明确安全管理责任人员及其工作职责，在研学旅行活动过程中安排安全管理人员随团开展安全管理工作。

（3）开展安全教育。对工作人员进行安全教育；对学生进行安全教育，强化安全防范意识。

9. 应急预案规范

主办方、承办方及供应方应制订和完善包括地震、火灾、食品卫生、治安事件、设施设备突发故障等在内的各项突发事件应急预案，并定期组织演练。

（二）典型案例

案例呈现
案例 3-2：

导游要提醒学校：学校单独组织学生开展研学旅行活动不符合规范，学生受伤学校担责

乐乐（化名）是湖北某中学初二学生。五一劳动节期间，乐乐所在学校组织学生们前往大别山红色研学基地开展研学旅行活动，并安排在大别山下自助野餐，体验红军战士的艰难生活。到达大别山下野餐基地后，乐乐的班主任提出开展野餐制作分组活动，将野餐制作的各项工作分配给各个小组，小组自行开展活动。乐乐所在的小组负责平整地，组长安排同学们各自去干活。乐乐清理场地时，搬着一块石头向同学们炫耀，没注意脚下的小石块，不幸被小石块绊倒，乐乐手中的石头砸在右脚，造成右脚骨折。班主任马上将其送往医院，并打电话通知了学校和乐乐的父母。乐乐住院治疗3个月，先后支出医疗费等共23 000余元。学校只是在其办理住院手续时垫付了3000元，之后便以经费困难为由拒不支付乐乐住院治疗的各种费用。乐乐的父亲与学校进行协商未果。乐乐的父亲认为，乐乐之所以受伤，是因为学校在组织研学旅行活动的时候没有尽到相应的管理义务，也没有为学生购买旅游意外伤害保险，学校应当承担全部责任。多次与学校进行协商，学校拒不履行赔偿义务，乐乐的父亲一纸诉状将学校告上了法庭，要求学校承担乐乐受伤住院所产生的一切费用。后在法院的调解之下，乐乐的父亲与学校达成了协议：乐乐受伤所产生的一切费用由学校承担70%，剩余30%由乐乐的父亲自行承担。

（本案例由李岑虎根据当事人口述整理编写）

案例评析
这是一起学校单独组织研学旅行活动因组织不规范而引发的伤害事故。

首先，根据《中华人民共和国未成年人保护法》第二十二条规定："学校、幼儿园、托儿所应当建立安全制度，加强对未成年人的安全教育，采取措施保障未成年人的人身安全。学校、幼儿园、托儿所不得在危及未成年人人身安全、健康的校舍和其他设施、场所中进行教育教学活动。学校、幼儿园安排未成年人参加集会、文化娱乐、社会实践等集体活动，应当有利于未成年人的健康成长，防止发生人身安全事故。"在本案中，学校组织学生外出开展研学旅行并安排野餐体验，理应事先预见到可能发生的事故，并提前做好相应的防范工作，防止危险的发生。但是，班主任给学生分配任务的时候并没有提示安全注意事项，对学生的活动采取了放任的态度，才导致了本次事故的发生。因此，学校疏于管理，没有尽到严格的管理义务，是需要承担责任的。

其次，学生离开校园外出开展研学旅行活动，学校应为学生或者提示学生购买旅游意外伤害保险，这也是学校应该履行的义务。本案中学校并未给学生或者提醒家长为学生购买旅游意外伤害保险，没尽到告知义务，因此，对乐乐受到的伤害应承担一定的责任。

最后，乐乐虽然是限制民事行为能力人，但其对自身安全依旧负有最基本的注意义务。在活动中，对自己搬石头的危险后果理应有一定的判断，具备脚下不平稳、小石头能绊倒人的认知能力、警戒心理和防范意识，对此应当且完全可以采取最起码的防范性自我保护措施。乐乐自己搬着一块石头向同学们炫耀，注意力转移到同学们的身上，对自己脚下的小石块会给自己带来伤害却没有考虑到，发生意外受伤与乐乐本人没有尽到最低限度的注意义务有着直接的关系。因此对自己的人身安全事故，乐乐也应承担一定的过错责任。

本案例告诉我们：学校单独组织研学旅行活动时，学校首先要尽到应尽的安全管理责任和义务，对学生进行相应的安全教育，并做好安全防护工作。根据《研学旅行服务规范》的规定，学校应当制定安全管理制度，至少包括安全管理工作方案、应急预案及操作手册、旅行产品安全评估制度和安全教育培训制度。对于学生的安全教育也应当符合一定要求，比如召开行前说明会对学生进行行前安全教育，在研学旅行过程中根据行程安排及具体情况及时进行安全提示与警示等。虽然《研学旅行服务规范》只是推荐性的标准，不具有强制力，但其作为现行的行业标准，对法院或仲裁机构在划分研学旅行服务各方责任时会有一定的参考价值，所以学校应尽可能地按照该规范的要求组织、开展研学旅行活动，才能有效地减轻甚至免除相关责任。

其次，学校组织研学旅行校外活动要提前对活动基地、研学旅行路线做详细勘察与了解，制定详尽的研学旅行安全预案，对其中有可能存在的安全隐患做到提前排查和管理，尽早消除。引导学生一定要注意安全、规范操作，学会根据自己的认知能力躲避危险的发生，远离危险事故。

最后，研学旅行是多方参与的综合性活动，不是学校一方独立就能完成的，学校工作再仔细也可能有遗漏。专业的事情要由专业机构去办理，学校开展研学旅行活动抛开旅行社是不妥当的。无论研学旅行的承办方旅行社，还是供应方研学旅行基地都是专业的研学旅行服务机构，交通工具的选择、基地安全管理、饮食卫生的检查、住宿酒店的安排、突发事件的处理、保险的交纳和索赔都有着学校无法比拟的专业优势，这是学校无法替代的。如果学校抛弃旅行社和基地的服务，一揽子承担整个研学旅行服务工作，单独开展外出研学旅行活动，很可能把自己置于研学旅行安全的高压线下而不能自拔。如果本案中的学校委托旅行社承办该研学旅行业务，旅行社一定会遵守《旅游法》第六十一条的规定"旅行社应当提示参加团队旅游的旅游者按照规定投保人身意外伤害保险"，为学生购买人身意外伤害保险，一旦出现意外伤害，保险公司就会出面缓解学校和家长的压力。我们导游人员务必要提醒学校、提醒主办方这些道理。

（本案例由李岑虎点评）

案例 3-3：

<h3 style="text-align:center">研学旅行中途发生车祸，汽车公司承担责任</h3>

  2024 年 9 月，某校为促进学生的全面健康发展，积极响应上级主管部门关于开展研学旅行活动的指示精神，学校征求家委会意见，然后和某旅行社联系，组织学生外出开展研学旅行活动。学校和旅行社双方签订了研学旅行协议和安全协议，学校也派代表和班主任老师全程跟随。途中，学生乘坐的一辆汽车发生意外翻车，9 名学生不同程度受伤，旅行社全陪导游和随团老师保护现场，并立即组织抢救，拨打交通事故电话 122 和急救电话 120，请求救助；同时及时向学校和旅行社汇报，向各自的主管部门汇报。教育局领导、学校校长、旅行社负责人和主管部门领导陆续赶到，妥善处理，第一时间告知了所有受伤学生的家长。学生被全部送往医院抢救。经过医院治疗，大部分学生康复返校，只有一名学生重伤致残。该学生出院后，其家长状告学校、旅行社要求经济赔偿，并承担精神损失责任。

（本案例由李岑虎根据当事人口述整理编写）

 **案例评析**

  本案中，对学生的伤害应该全部由汽车公司承担，学校和旅行社均不承担赔偿责任，旅行社只履行协助学生和家长向汽车公司索赔义务即可。

  首先，学校无过错。学校对损害结果无法预见，且采取救助措施，对造成学生损害的后果不承担赔偿责任。

  根据《中华人民共和国旅游法》第八十一条和第八十二条规定："突发事件或者旅游安全事故发生后，旅游经营者应当立即采取必要的救助和处置措施，依法履行报告义务，并对旅游者做出妥善安排。旅游者在人身、财产安全方面遇到危险时，有权请求旅游经营者、当地政府和相关机构进行及时救助。"根据《学生伤害事故处理办法》第九条规定："学校组织学生参加教育教学活动或者校外活动，未对学生进行相应的安全教育，并未在可预见的范围内采取必要的安全措施而造成的学生伤害事故，学校应当依法承担相应的责任。"本案中，学校从立德树人，有利于学生健康发展方面出发，组织学生开展研学旅行活动，是正常的教学教育活动，学校与旅行社签订研学旅行合同后，对学生的突发性意外事故，学校事先无法预见；且研学旅行安全事故发生后，学校老师立即在现场组织协助抢救，采取了报警救助和医疗急救处置措施，履行了教育保护的职责；又及时向校方和上级主管部门汇报，校方在第一时间告知家长，履行了管理和报告义务，完全符合职业要求。因此，学校对此次事故不应当承担责任。

其次，旅行社也无主观过错。旅行社对损害结果无法预见，且导游和旅行社负责人代表旅行社也采取了一定的救助措施，对造成学生损害的后果不承担赔偿责任。根据《中华人民共和国旅游法》第七十一条规定："由于地接社、履行辅助人的原因导致违约的，由组团社承担责任；组团社承担责任后可以向地接社、履行辅助人追偿。由于地接社、履行辅助人的原因造成旅游者人身损害、财产损失的，旅游者可以要求地接社、履行辅助人承担赔偿责任，也可以要求组团社承担赔偿责任；组团社承担责任后可以向地接社、履行辅助人追偿。但是，由于公共交通经营者的原因造成旅游者人身损害、财产损失的，由公共交通经营者依法承担赔偿责任，旅行社应当协助旅游者向公共交通经营者索赔。"本案例中，由于车辆的意外翻车，导致学生受伤，这是学生受到伤害的直接原因，因此汽车公司并没尽到其应有的责任和安全保障义务。虽然是旅行社提供的交通工具，但是受伤害的责任由旅行社承担是不公平的。根据《中华人民共和国旅游法》规定："由于公共交通经营者的原因造成旅游者人身损害、财产损失的，由公共交通经营者依法承担赔偿责任，旅行社应当协助旅游者向公共交通经营者索赔。"学生的伤害应该全部由汽车公司承担，旅行社只履行协助学生和家长向汽车公司索赔义务即可。

最后，本案例告诉我们，在组织研学旅行过程中，学校、旅行社只要尽到管理责任，就可以免除承担侵权事故的法律责任。但是交通事故的发生给学校、旅行社、学生及其家长都带来了一定的伤害，留下了弥久不去的阴影。这就要求学校、旅行社、导游、研学旅行指导师无论组织任何活动，首先都要将交通安全预案考虑在其中，按照《研学旅行服务规范》提前勘察路线、检查车辆和司机资质，一定要将能预测到的都预测到，尽最大可能地降低交通安全隐患，确保学生的安全。各单位要履行谨慎选择义务，选择信誉好、手续全、经验丰富、车辆合格的交通工具，降低事故发生率，避免学生受到伤害，确保研学旅行顺利进行。

（本案例由李岑虎点评）

案例 3–4：

探寻红歌创作地，唱响红色主旋律

——《没有共产党就没有新中国》纪念馆研学旅行主题课程教案片段

课程名称				探寻红歌创作地，唱响红色主旋律				
设计人	旅行社研学部	项目组长	王贤士	学校代表	付校长	联系方式	
学校班级	高二学生	研学人数	45人	带队老师	聂、孟	联系方式	
总课时	4课时	研学地点	北京市房山区霞云岭乡堂上村			研学时间	国庆节

续表

研学背景	北京市房山区霞云岭乡堂上村是《没有共产党就没有新中国》歌曲的诞生地，《没有共产党就没有新中国》纪念馆就建立在这里。在艰苦卓绝的抗日战争中，英勇顽强的房山堂上村人民在中国共产党的领导下，发展党的基层组织，壮大抗日武装力量，在这片古老的土地上谱写了爱国主义篇章。1943年9月华北群众剧社40多人深入平西根据地宣传党的抗日政策。时年19岁、刚刚加入中国共产党的曹火星与其他三位同志来到堂上村，在这里曹火星将自己的爱党深情凝结为红色的乐章，并借用当地流行的"霸王鞭"曲调，创作了《没有共产党就没有中国》。新中国成立后，毛泽东主席将歌名修改为《没有共产党就没有新中国》，让这首歌的意义更加完整。从此共产党员的英雄事迹唱遍了小山村、唱遍了晋察冀边区、唱遍了全中国……
研学内容	考察《没有共产党就没有新中国》纪念馆；举办《没有共产党就没有新中国》演唱会；入团宣誓仪式；我为八路军叔叔做军鞋体验；我是小八路情景剧
研学方式	考察探究、设计制作、劳动教育、职业体验、博物馆参观、党团队活动
研学方法	讲解法、讨论法、小组合作法、多媒体教学法、自学法
师资配置	每班研学旅行指导师1名、带队老师2名、导游1名、安保人员1名、医护人员1名、家长志愿者2名

案例评析

《研学旅行服务规范》（LB/T 054—2016）对研学旅行服务人员配置专门做了明确规定：

（1）主办方人员配置。应至少派出一人作为主办方代表，负责督导研学旅行活动按计划开展；每20位学生宜配置一名带队老师，带队老师全程带领学生参与研学旅行各项活动。

（2）承办方人员配置。应为研学旅行活动配置一名项目组长，项目组长全程随团活动，负责统筹协调研学旅行各项工作；应至少为每个研学旅行团队配置一名安全员，安全员在研学旅行过程中随团开展安全教育和防控工作；应至少为每个研学旅行团队配置一名研学导师（即研学旅行指导师），研学导师负责制订研学旅行教育工作计划，在带队老师、导游员等工作人员的配合下提供研学旅行教育服务；应至少为每个研学旅行团队配置一名导游人员，导游人员负责提供导游服务，并配合相关工作人员提供研学旅行教育服务和生活保障服务。

根据这一要求，本案例中的研学旅行团有高二学生45名，需要配备的服务人员有学校代表1人、带队老师至少2人、旅行社项目组长1人、旅行社安全员1人、研学旅行指导师1人、医护人员1名、导游1人，从表格教案中可看出，该旅行社和学校配备的服务人员是恰当的，符合国家行业要求，也符合研学实践情况。同时，该方案还创造性地聘请2名家长随团担任研学旅行服务志愿者，外加司机2名，共12人的研学旅行服务师资团队，有力地保证了五个研学旅行专题课程的顺利实施，确保了学生的研学安全，《没有共产党就没有新中国》的歌曲在学生心中历久弥坚。

（本案例由李岑虎点评）

第二节　研究旅行教育法律法规

学生在酒店房间打闹门牙摔断谁担责

某校初二学生小勇、小水和小林三人（均为化名）是同班同学，2020年一起参加学校组织的研学旅行活动。某天下午，研学旅行指导师下课后，导游告诉学生们，下课后要遵守学校、基地和酒店纪律，不要追逐打闹、文明研学等。下课后研学旅行指导师、导游回办公室，小勇和小水回到宾馆，在房间内开始打闹，小勇在追逐小水的过程中正好从小林身边通过，此时小林伸腿一绊，将小勇绊倒，小勇头部磕在木头凳子上，导致小勇两颗门牙摔断。其他同学随即向带队老师、导游和研学旅行指导师报告，导游、研学旅行指导师、带队老师、安全员立即带小勇到医院进行治疗。经过医生诊断，小勇两颗门牙已经摔断，须安装义齿，种植假牙。小勇住院治疗期间各项费用共花费18 000多元。

事故后小勇的父母多次找学校和基地商谈赔偿事宜，学校和基地均认为事故是由学生小勇、小水和小林三人造成，学校、基地和旅行社自身无过错，不愿意承担该费用。

（本案例由刘佳彬提供）

法律专家王东琴点评本案例

1. 本案例中导游、研学旅行指导师的做法是否妥当？为什么？
2. 假如你是法院法官你该如何判决？

一、《中华人民共和国教育法》

《中华人民共和国教育法》是中国教育工作的根本大法，是依法治教的根本大法，其主要内容如下：

（一）主要内容

1. 教育方针及要求

（1）教育必须为社会主义现代化建设服务、为人民服务，必须与生产劳动和社会实践相结合，培养德智体美劳全面发展的社会主义建设者和接班人。

（2）教育应当坚持立德树人，对受教育者加强社会主义核心价值观教育，增强受教育者的社会责任感、创新精神和实践能力。国家在受教育者中进行爱国主义、集体主义、中国特色社会主义的教育，进行理想、道德、纪律、法治、国防和民族团结的教育。

（3）教育应当继承和弘扬中华优秀传统文化、革命文化、社会主义先进文化，吸收人类文明发展的一切优秀成果。

（4）教育活动必须符合国家和社会公共利益。国家实行教育与宗教相分离。任何组织和个人不得利用宗教进行妨碍国家教育制度的活动。

2. 教师和其他教育工作者的权利和义务

（1）教师享有法律规定的权利，履行法律规定的义务，忠诚于人民的教育事业。

（2）国家保护教师的合法权益，改善教师的工作条件和生活条件，提高教师的社会地位。教师的工资报酬、福利待遇，依照法律、法规的规定办理。

（3）国家实行教师资格、职务、聘任制度，通过考核、奖励、培养和培训，提高教师素质，加强教师队伍建设。

（4）国家对学校及其他教育机构中的管理人员实行教育职员制度。

3. 受教育者的权利

（1）参加教育教学计划安排的各种活动，使用教育教学设施、设备、图书资料。

（2）按照国家有关规定获得奖学金、贷学金、助学金。

（3）在学业成绩和品行上获得公正评价，完成规定的学业后获得相应的学业证书、学位证书。

（4）对学校给予的处分不服向有关部门提出申诉，对学校、教师侵犯其人身权、财产权等合法权益提出申诉或者依法提起诉讼。

（5）法律、法规规定的其他权利。

4. 受教育者的义务

（1）遵守法律、法规。

（2）遵守学生行为规范，尊敬师长，养成良好的思想品德和行为习惯。

（3）努力学习，完成规定的学习任务。

（4）遵守所在学校或者其他教育机构的管理制度。

5. 社会各界责任和义务

（1）教育、体育、卫生行政部门和学校及其他教育机构应当完善体育、卫生保健设施，保护学生的身心健康。

（2）国家机关、军队、企业事业组织、社会团体及其他社会组织和个人，应当依法为儿童、少年、青年学生的身心健康成长创造良好的社会环境。

（3）国家鼓励企业事业组织、社会团体及其他社会组织同高等学校、中等职业学校在教学、科研、技术开发和推广等方面进行多种形式的合作。企业事业组织、社会团体及其他社会组织和个人，可以通过适当形式，支持学校的建设，参与学校管理。

（4）国家机关、军队、企业事业组织及其他社会组织应当为学校组织的学生实习、社会实践活动提供帮助和便利。

（5）学校及其他教育机构在不影响正常教育教学活动的前提下，应当积极参加当地的社会公益活动。

（6）未成年人的父母或者其他监护人应当为其未成年子女或者其他被监护人受教育提供必要条件。未成年人的父母或者其他监护人应当配合学校及其他教育机构，对其未成年子女或者其他被监护人进行教育。学校、教师可以对学生家长提供家庭教育指导。

（7）图书馆、博物馆、科技馆、文化馆、美术馆、体育馆（场）等社会公共文化体育设施，以及历史文化古迹和革命纪念馆（地），应当对教师、学生实行优待，为受教育者接受教育提供便利。广播、电视台（站）应当开设教育节目，促进受教育者思想品德、文化和科学技术素质的提高。

（8）国家、社会建立和发展对未成年人进行校外教育的设施。学校及其他教育机构应当同基层群众性自治组织、企业事业组织、社会团体相互配合，加强对未成年人的校外教育工作。

（9）国家鼓励社会团体、社会文化机构及其他社会组织和个人开展有益于受教育者身心健康的社会文化教育活动。

（二）典型案例

案例呈现

案例3-5：

学生离开营地私自外出受到伤害谁担责

某中专学校高一学生黄小河（化名）16岁，在东营参加学校组织的黄河入海研学旅行活动，晚上住宿研学旅行营地内的研学酒店，不听从学校老师和营地研学旅行指导师的要求，趁营地巡逻的保安不注意，偷偷翻越研学旅行营地高墙外出，准备去网吧玩游戏。黄小河刚跳下墙来，正好被两个醉酒的年轻人看到。这两个醉酒的年轻人上前抓住黄小河衣领，误认为黄小河是小偷，动手将黄小河打倒在地，并用脚猛踹，直到黄小河求饶，两个年轻人才扬长而去。

打架时被过路人发现，拨打了110电话报警，警察及时赶到，在研学营地附近抓住了肇事者带回公安派出所，同时将黄小河送往医院，并通知了研学旅行营地和学校。校长、营地负责人和酒店负责人赶到医院看望，并通知了黄小河的父母。

黄小河住院治疗5天，共支付医疗费6000余元。经过派出所出面调解，两名醉酒的年轻人均不到16岁，且认错态度较好，给予警告处分，并责令其赔偿医疗费5000元。营地酒店也有一定的管理责任，负担了1000元医疗费，其他费用由黄小河父母承担。学校依据校规给予黄小河严重警告处分。

（本案例由杜乃云编写）

案例评析

本案中，黄小河所受到的损害是由社会上的两个年轻人殴打直接造成的，他们是直接的侵权人，根据《中华人民共和国治安管理处罚条例》第二十二条第二款规定："殴打他人，造成轻微伤害的，尚不够刑事处罚的，处15日以下拘留、200元以下罚款或者警告处分。"两个年轻人依法承担侵权责任，对黄小河进行赔偿。研学旅行营地酒店和学校有承担学生安全管理的义务，由于管理上的疏忽，让黄小河独自翻墙离开营地酒店并受到了伤害。根据《中华人民共和国民法典》第一千二百零一条规定："无民事行为能力人或者限制民事行为能力人在幼儿园、学校或者其他教育机构学习、生活期间，受到幼儿园、学校或者其他教育机构以外的第三人人身损害的，由第三人承担侵权责任；幼儿园、学校或者其他教育机构未尽到管理职责的，承担相应的补充责任。"因此，学校和营地酒店也需要承担相应的补充责任。根据《中华人民共和国教育法》第四十三条规定："受教育者应当履行遵守法律法规、遵守所在学校或者其他教育机构的管理制度的义务。"黄小河作为学生，明知不能随意出入研学旅行营地，却借门卫、保安疏忽之际违反规定翻墙外出，对自己的过错，总是要付出代价的。

本案例告诉我们，研学旅行期间学生私自外出发生的伤害事故，一定要引起学校、旅行社、学生、基地和家庭的高度重视。主办方、承办方和供应方要加强对学生的教育管理和制度约束，对学生加以有效保护。研学旅行基地（营地）除了一般的常规管理，还应该加强对一些突发特殊事件的管理和预防处理，做好突发事件的预防教育工作与预案的制定和演练工作。学生要形成遵守学校、基地规章制度的良好习惯，增强自我保护能力和意识，研学旅行期间绝不能离开团队私自外出，避免伤害事故的发生。

导游、老师在学生离开校园外出时，提前对学生进行教育，教导学生不要违反学校和基地规定，协助学校和基地对学生进行自我保护和遵规守纪的教育。

（本案例由李岑虎点评）

二、《中华人民共和国教师法》

为了保障教师的合法权益，建设具有良好思想品德修养和业务素质的教师队伍，促进社会主义教育事业的发展，制定《中华人民共和国教师法》，主要内容如下：

（一）主要内容

导游员孙童童领读《人民教师誓词》

教师是履行教育教学职责的专业人员，承担着教书育人、培养社会主义事业建设者和接班人、提高民族素质的使命。教师应当忠诚于人民的教育事业。全社会都应当尊重教师。每年9月10日为教师节。

1. 教师的权利

（1）进行教育教学活动，开展教育教学改革和实验。

（2）从事科学研究、学术交流，参加专业的学术团体，在学术活动中充分发表意见。

（3）指导学生的学习和发展，评定学生的品行和学业成绩。

（4）按时获取工资报酬，享受国家规定的福利待遇以及寒暑假期的带薪休假。

（5）对学校教育教学、管理工作和教育行政部门的工作提出意见和建议，通过教职工代表大会或者其他形式，参与学校的民主管理。

（6）参加进修或者其他方式的培训。

2. 教师的义务

（1）遵守宪法、法律和职业道德，为人师表。

（2）贯彻国家的教育方针，遵守规章制度，执行学校的教学计划，履行教师聘约，完成教育教学工作任务。

（3）对学生进行宪法所确定的基本原则的教育和爱国主义、民族团结的教育，法治教育以及思想品德、文化、科学技术教育，组织、带领学生开展有益的社会活动。

（4）关心、爱护全体学生，尊重学生人格，促进学生在品德、智力、体质等方面全面发展。

（5）制止有害于学生的行为或者其他侵犯学生合法权益的行为，批评和抵制有害于学生健康成长的现象。

（6）不断提高思想政治觉悟和教育教学业务水平。

3. 资格和任用

（1）国家实行教师资格制度。中国公民凡遵守宪法和法律，热爱教育事业，具有良好的思想品德，具备本法规定的学历或者经国家教师资格考试合格，有教育教学能力，经认定合格的，可以取得教师资格。

（2）中小学教师资格由县级以上地方人民政府教育行政部门认定。中等专业学校、技工学校的教师资格由县级以上地方人民政府教育行政部门组织有关主管部门认定。普通高等学校的教师资格由国务院或者省、自治区、直辖市教育行政部门或者由其委托的学校认定。具备本法规定的学历或者经国家教师资格考试合格的公民，要求有关部门认定其教师资格的，有关部门应当依照本法规定的条件予以认定。取得教师资格的人员首次任教时，应当有试用期。

（3）受到剥夺政治权利或者故意犯罪受到有期徒刑以上刑事处罚的，不能取得教师资格；已经取得教师资格的，丧失教师资格。

（4）学校和其他教育机构应当逐步实行教师聘任制。教师的聘任应当遵循双方地位平等的原则，由学位和教师签订聘任合同，明确规定双方的权利、义务和责任。

4. 法律责任

（1）侮辱、殴打教师的，根据不同情况，分别给予行政处分或者行政处罚；造成损害的，责令赔偿损失；情节严重，构成犯罪的，依法追究刑事责任。

（2）对依法提出申诉、控告、检举的教师进行打击报复的，由其所在单位或者上级机关责令改正；情节严重的，可以根据具体情况给予行政处分。国家工作人员对教师打击报复构成犯罪的，依照刑法第一百四十六条的规定追究刑事责任。

（3）教师有下列情形之一的，由所在学校、其他教育机构或者教育行政部门给予行政处分或者解聘：故意不完成教育教学任务给教育教学工作造成损失的；体罚学生，经教育不改的；品行不良、侮辱学生，影响恶劣的。教师有前款最后两项所列情形之一，情节严重，构成犯罪的，依法追究刑事责任。

（二）典型案例

案例呈现

案例3-6：

罚站惩戒不违规，推搡严重要担责

小涛是某小学六年级的学生，2021年3月3日参加该校组织的研学旅行活动，在制作陶器活动期间，小涛多次将陶泥抹在同学脸上、衣服上。基地的研学旅行指导师对小涛的行为进行了批评，但是小涛并不服从研学旅行指导师的批评，对其进行顶撞，研学旅行指导师一气之下让小涛到体验场地一边罚站10分钟。不想小涛仍旧不老实，时而对同学做鬼脸，时而出手对其他同学进行捅逗，弄得同学哈哈大笑，课堂教学秩序一时之间混乱不堪。研学旅行指导师见状，更加气愤，将小涛叫到体验场地前面，并推了他一把，小涛一时没有站稳，一下子摔倒在陶器制作的桌子旁边，头磕在了桌子边缘，顿时血流如注。研学旅行指导师见状，喊来现场的救护员，赶紧叫救护车将小涛送往医院。医院的诊断结果为额头外伤、右手腕关节移位。医生为小涛进行了外伤缝合和关节复位，共花费了5000多元。小涛的父母找到学校，认为孩子受伤是基地老师罚站和推搡造成，要求学校和基地承担赔偿责任。基地承认推搡学生是研学旅行指导师的过错，但是学生扰乱课堂纪律被罚站10分钟目的是制止小涛捅逗正在做实验同学的危险行为，符合教育部要求，不违规，不属于体罚和变相体罚，对学生的伤害不承担全部责任。最终，在各方的协调之下，基地承担了小涛90%的治疗费用，家长认为自己的孩子也有过错，学校和基地也都尽到了救助义务，主动承担了10%的费用。

（本案例由孔凡平编写）

案例评析

根据教育部《中小学教育惩戒规则（试行）》第七条规定："学生有下列情形之

一、学校及其教师应当予以制止并进行批评教育,确有必要的,可以实施教育惩戒:

（一）故意不完成教学任务要求或者不服从教育、管理的;

（二）扰乱课堂秩序、学校教育教学秩序的;

（三）吸烟、饮酒,或者言行失范违反学生守则的;

（四）实施有害自己或者他人身心健康的危险行为的;

（五）打骂同学、老师,欺凌同学或者侵害他人合法权益的;

（六）其他违反校规校纪的行为。根据教育部《中小学教育惩戒规则（试行）》第七条规定:"教师在课堂教学、日常管理中,对违规违纪情节较为轻微的学生,可以当场实施以下教育惩戒:

（一）点名批评;

（二）责令赔礼道歉、做口头或者书面检讨;

（三）适当增加额外的教学或者班级公益服务任务;

（四）一节课堂教学时间内的教室内站立;

（五）课后教导;

（六）学校校规校纪或者班规、班级公约规定的其他适当措施。

教师对学生实施前款措施后,可以以适当方式告知学生家长。"第十一条规定:"学生扰乱课堂或者教育教学秩序,影响他人或者可能对自己及他人造成伤害的,教师可以采取必要措施,将学生带离教室或者教学现场,并予以教育管理。"根据《中华人民共和国民法典》第一千二百条规定:"限制民事行为能力人在学校或者其他教育机构学习、生活期间受到人身损害,学校或者其他教育机构未尽到教育、管理职责的,应当承担侵权责任。"《中华人民共和国未成年人保护法》第二十一条规定:"学校、幼儿、托儿所的教职员工应当尊重未成年人的人格尊严,不得对未成年人实施体罚、变相体罚或者其他侮辱人格尊严的行为。"《中华人民共和国民法典》第一千一百七十九条规定:"侵害他人造成人身损害的,应当赔偿医疗费、护理费、交通费、营养费、住院伙食补助费等为治疗和康复支出的合理费用,以及因误工减少的收入。"

综上,本案中小涛不服从教育、管理,扰乱课堂秩序、扰乱学校教育教学秩序,被基地研学旅行指导师罚站 10 分钟目的是制止小涛捅逗正在做实验同学的危险行为,是教育惩戒,不属于体罚和变相体罚,对学生罚站不承担责任。但是,小涛摔倒在地受到伤害的直接原因是研学旅行指导师的推搡体罚所致,研学旅行指导师作为基地的一名教育工作者和管理者,并没有尽到其应有的责任和义务,所以作为直接责任主体的基地也是需要承担责任的。

本案告诉我们,研学旅行指导师虽然不是学校的正式教师,但是在研学旅行活动中也承担着教书育人的教师职责,实际上扮演着人民教师的角色。指导师要按照人民教师的标准和要求,加强《中华人民共和国教师法》和《教师职业道德规范》的学习,不能采用推搡等体罚和变相体罚教育惩戒学生。《中华人民共和国未成年人保护法》规定："学校、幼儿园的教职员工应当尊重未成年人的人格尊严，不得对未成年学生和儿童实施体罚、变相体罚或者其他侮辱人格尊严的行为。"《中华人民共和国义务教育法》规定："禁止体罚学生，对违反规定造成损失的，责令赔偿损失。"《中华人民共和国教师法》规定："教师体罚学生、侮辱学生，情节严重，构成犯罪的，依法追究刑事责任。"指导师在研学旅行课堂教学、日常管理中，对违规违纪情节较为轻微的学生，可以当场实施点名批评；责令赔礼道歉、做口头或者书面检讨；适当增加额外的教学或者班级公益服务任务；一节课堂教学时间内的教室内站立；课后教导等教育惩戒措施。因此，每一名指导师都要明确不能实施推搡等体罚和变相体罚的行为，一旦实施了，不仅会对学生造成伤害，而且自己也要承担相应的责任。

（本案例由孔凡平点评）

三、《学生伤害事故处理办法》

2002年3月中华人民共和国教育部发布《学生伤害事故处理办法》，主要内容如下：

（一）主要内容

1. 学校应承担相应的责任的情形

（1）学校的校舍、场地、其他公共设施，以及学校提供给学生使用的学具、教育教学和生活设施、设备不符合国家规定的标准，或者有明显不安全因素的。

（2）学校的安全保卫、消防、设施设备管理等安全管理制度有明显疏漏，或者管理混乱，存在重大安全隐患，而未及时采取措施的。

（3）学校向学生提供的药品、食品、饮用水等不符合国家或者行业的有关标准、要求的。

（4）学校组织学生参加教育教学活动或者校外活动，未对学生进行相应的安全教育，并未在可预见的范围内采取必要的安全措施的。

（5）学校知道教师或者其他工作人员患有不适宜担任教育教学工作的疾病，但未采取必要措施的。

（6）学校违反有关规定，组织或者安排未成年学生从事不宜未成年人参加的劳动、体育运动或者其他活动的。

（7）学生有特异体质或者特定疾病，不宜参加某种教育教学活动，学校知道或者应当知道，但未予以必要的注意的。

（8）学生在校期间突发疾病或者受到伤害，学校发现，但未根据实际情况及时采取相应措施，导致不良后果加重的。

（9）学校教师或者其他工作人员体罚或者变相体罚学生，或者在履行职责过程中违反工作要求、操作规程、职业道德或者其他有关规定的。

（10）学校教师或者其他工作人员在负有组织、管理未成年学生的职责期间，发现学生行为具有危险性，但未进行必要的管理、告诫或者制止的。

（11）对未成年学生擅自离校等与学生人身安全直接相关的信息，学校发现或者知道，但未及时告知未成年学生的监护人，导致未成年学生因脱离监护人的保护而发生伤害的。

（12）学校有未依法履行职责的其他情形的。

2. 学生或者未成年学生监护人应当承担相应责任的情形

（1）学生违反法律法规的规定，违反社会公共行为准则、学校的规章制度或者纪律，实施按其年龄和认知能力应当知道具有危险或者可能危及他人的行为的。

（2）学生行为具有危险性，学校、教师已经告诫、纠正，但学生不听劝阻、拒不改正的。

（3）学生或者其监护人知道学生有特异体质，或者患有特定疾病，但未告知学校的。

（4）未成年学生的身体状况、行为、情绪等有异常情况，监护人知道或者已被学校告知，但未履行相应监护职责的。

（5）学生或者未成年学生监护人有其他过错的。

3. 经营者或者校外活动组织者责任

学校安排学生参加活动，因提供场地、设备、交通工具、食品及其他消费与服务的经营者，或者学校以外的活动组织者的过错造成的学生伤害事故，有过错的当事人应当依法承担相应的责任。

4. 学生伤害事故学校无责任的情形

因下列情形之一造成的学生伤害事故，学校已履行了相应职责，行为并无不当的，无法律责任：

（1）地震、雷击、台风、洪水等不可抗的自然因素造成的。

（2）来自学校外部的突发性、偶发性侵害造成的。

（3）学生有特异体质、特定疾病或者异常心理状态，学校不知道或者难于知道的。

（4）学生自杀、自伤的。

（5）在对抗性或者具有风险性的体育竞赛活动中发生意外伤害的。

（6）其他意外因素造成的。

5. 学生人身损害事故学校不承担责任的情形

下列情形下发生的造成学生人身损害后果的事故，学校行为并无不当的，不承担事故责任；事故责任应当按有关法律法规或者其他有关规定认定：

（1）在学生自行上学、放学、返校、离校途中发生的。

（2）在学生自行外出或者擅自离校期间发生的。

（3）在放学后、节假日或者假期等学校工作时间以外，学生自行滞留学校或者自行到校发生的。

（4）其他在学校管理职责范围外发生的。

6. 学校有救助告知义务

发生学生伤害事故，学校应当及时救助受伤害学生，并应当及时告知未成年学生的监护人；有条件的，应当采取紧急救援等方式救助。

7. 事故损害的赔偿

（1）学校对学生伤害事故负有责任的，根据责任大小，适当予以经济赔偿，但不承担解决户口、住房、就业等与救助受伤害学生、赔偿相应经济损失无直接关系的其他事项。学校无责任的，如果有条件，可以根据实际情况，本着自愿和可能的原则，对受伤害学生给予适当的帮助。

（2）因学校教师或者其他工作人员在履行职务中的故意或者重大过失造成的学生伤害事故，学校予以赔偿后，可以向有关责任人员追偿。

（3）未成年学生对学生伤害事故负有责任的，由其监护人依法承担相应的赔偿责任。学生的行为侵害学校教师及其他工作人员以及其他组织、个人的合法权益，造成损失的，成年学生或者未成年学生的监护人应当依法予以赔偿。

（二）典型案例

案例呈现

案例3-7：

研学旅行活动期间学生打闹受伤谁担责

2024年4月6日，江苏省某校五年级学生张兴（化名）参加学校组织的研学旅行，在森林公园研学实践基地开展活动时，被一同玩耍的同学孙亮（化名）推倒在研学基地内路边正在施工的管道沟内致伤，导致右臂多发性骨折。事故发生后，学校带队老师、导游和研学基地负责人立即组织人员将其送往医院进行治疗。经诊断，张兴右臂多发性骨折，后经法医鉴定为十级伤残。张兴家长认为基地在该道路周围未设置警示标志及防护设施，学校和旅行社也没尽到安全监护义务，遂将孙亮、旅行社、基地和学校一同起诉到法院，要求四者对张兴所受的伤害共同承担赔偿责任。

（本案例由崂山路小学康园园编写）

研学旅行中不要打闹哦
绘画：康园园

案例评析

首先，孙亮对张兴所受伤害应当承担责任。由于孙亮是未成年人，对张兴应负的赔偿责任应当由其监护人承担。根据《学生伤害事故处理办法》第二十八条规定："未成年学生对学生伤害事故负有责任的，由其监护人依法承担相应的赔偿责任。"《中华人民共和国民法典》第十九条和第一千一百八十八条规定："八周岁以上的未成年人为限制民事行为能力人，限制民事行为能力人造成他人损害的，由监护人承担侵权责任。"本案中，孙亮是限制民事行为能力人，自己对他人造成损害所产生的赔偿责任，如果孙亮个人有财产，应从其财产中支付；如个人没有财产，应当由其监护人承担。

其次，基地也应承担一定的责任。根据《学生伤害事故处理办法》第二十八条第二款规定："学生的行为侵害学校教师及其他工作人员以及其他组织、个人的合法权益，造成损失的，成年学生或者未成年学生的监护人应当依法予以赔偿。"根据《民法典》第一千二百五十八条规定："在公共场所或者道路上挖掘、修缮安装地下设施等造成他人损害，施工人不能证明已经设置明显标志和采取安全措施的，应当承担侵权责任。"根据《中华人民共和国旅游法》第五十条规定："旅游经营者应当保证其提供的商品和服务符合保障人身、财产安全的要求。"本案中的基地教育教学、生活服务设施设备必须符合安全、卫生标准，并保证安全通道畅通，确保使用安全，并实行严格管理制度。基地应当在具有危险性的教育教学、生活服务设施设备上及基地内施工区，设置明显的安全警示标志。本案中，基地对正在施工的管道沟未做充分的防护，因此对于张兴的伤害，基地有过错，应当承担一定的责任。

最后，学校和旅行社不承担责任。根据《学生伤害事故处理办法》第十一条规定："学校安排学生参加活动，因提供场地、设备、交通工具、食品及其他消费与服务的经营者，或者学校以外的活动组织者的过错造成的学生伤害事故，有过错的当事人应当依法承担相应的责任。"本案中，学校在组织学生外出研学旅行前多次对学生开展安全教育，导游、老师多次提醒学生不要打闹，文明研学，已经履行了警示教育义务。事故发生后，学校带队老师、旅行社导游协同基地安全员立即组织人员将张兴送往医院进行治疗，学校和旅行社已履行了协助救助义务职责，行为并无不当，因此对于张兴的伤害，学校和旅行社均不承担责任。

本案提醒导游要对学校、基地和学生及其家长履行告知义务。基地首先要保证学生的研学旅行活动远离带有安全隐患的危险场所，基地安全隐患处置不当可能引发学生伤害事故。学校要时刻保证学生的安全，有安全隐患的基地不选择，同时要与基地做好约定，签订合同及研学旅行安全责任书，防止学生因一时不慎而造成伤害。学生也要培养自我保护和保护他人避免遭受伤害的意识。

（本案例由刘玉点评）

案例3-8：

导游要提醒：学生有特异体质和特定疾病要告知，不告知自己担责

2024年5月16日，河南省某校六年级全体学生参加学校组织的研学旅行活动。

在研学活动课间休息期间，由于天气炎热，六年级某班女生菲菲（化名）感觉口渴，没有经过老师允许偷偷跑到基地卫生间水管处，俯身直接饮用水管中凉水，并未注意到墙上"不要喝生水"的警示帖。随后上课时感觉胃疼便趴在基地教室的课桌上。基地导游小周巡视班级时发现这一情况，随即上前询问，发现菲菲脸色苍白，头冒冷汗，并称感觉腹部疼痛。因全陪导游小周是男士，误以为该女生症状是因痛经导致，也不方便细问。十几分钟后，导游小周发现该女生状态仍没有缓解迹象，于是叫来另外一名女导游把菲菲扶到了基地办公室休息，并为她倒了杯温水让其喝下，以缓解不适症状。该同学仍然感觉很难受。经过仔细询问后得知，菲菲是因为直接饮用凉水造成的腹部疼痛。于是导游立刻将菲菲送至基地的卫生室进行对症治疗，并让带队老师即刻把相关情况告知学生家长。家长到达后，告知带队老师与导游该生之前就有吃生冷食物造成肠胃痉挛的情况。随后，菲菲在该市人民医院住院接受治疗三日，花费医疗费1500元。家长要求基地承担赔偿责任，基地以学生未告知原来体质病情，又私自喝凉水为由，拒绝赔偿。于是家长将基地诉至法院。经过审理，法院判定，菲菲对自己患病受伤害应承担全部责任；基地尽到了警示、告知和救助义务，对菲菲因喝生水患病受伤害不承担责任。

喝生水会肚子疼
绘画：康园园

（本案例由康园园编写）

案例评析

根据《中华人民共和国旅游法》第十五条规定："旅游者购买、接受旅游服务时，应当向旅游经营者如实告知与旅游活动相关的个人健康信息，遵守旅游活动中的安全警示规定。"根据《最高人民法院关于审理旅游纠纷案件适用法律若干问题的规定》第八条第二款规定："旅游者未按旅游经营者、旅游辅助服务者的要求提供与旅游活动相关的个人健康信息并履行如实告知义务，或者不听从旅游经营者、旅游辅助服务者的告知、警示，参加不适合自身条件的旅游活动，导致旅游过程中出现人身损害、财产损失，旅游者请求旅游经营者、旅游辅助服务者承担责任的，人民法院不予支持。"根据《中华人民共和国民法典》第一千二百零一条规定："无民事行为能力人或者限制民事行为能力人在幼儿园、学校或者其他教育机构学习、生活期间，受到幼儿园、学校或者其他教育机构以外的第三人人身损害的，由第三人承担侵权责任；幼儿园、学校或者其他教育机构未尽到管理职责的，承担相应的补充责任。"可见，我国法律、法规规定，教育机构对在校作为限制行为能力人的学生受到的伤害，只有存在过错时才承担相应的赔偿责任或者补充赔偿责任。根据《学生伤害事故处理办法》第十二条第三款规定："学生有特异体质、特定疾病或者异常心理状态，学校不知道或者难于知道的，造成的学生伤害事故，学校已履行了相应职责，行为并无不当的，无法律责任。"

本案例中，该生有吃生冷食物会造肠胃痉挛的特异体质，基地不知情，且学校、学生、学生父母或者其他监护人也从未告知基地；再者该生没有经过老师允许偷偷跑到基地卫生间水管处喝水是违纪行为；同时学生应该具备喝生水会患病的基本常识和判断能力，因此该生对自己患病受伤害应承担责任。基地设置了"不要喝生水"的警示帖，且基地导游发现后及时救助该生，尽到了警示、告知和救助义务，对该生因喝生水患病受伤害不应承担相应责任。

本案例告诉我们，在研学旅行活动中，家长、学校、导游、基地要及时沟通，摸清孩子的心理及生理状况；学校作为主办方应做好各项安全教育工作；旅行社、基地要做好前期卫生安全教育；学生要做好自我保护。

（本案例由李岑虎点评）

第三节　研学旅行相关课程指导纲要

案例导入

教育部教育发展研究中心首席专家、研究员、实践教育研究所所长王晓燕在旅游创业创新研究院公众号发文《研学旅行亟需专业化引领发展》指出：

课程是实现教育目标的主要载体，也是保障研学旅行质量的核心环节。根据学生身心发展规律和教育教学规律，按照各学龄段特点，要进一步明确研学旅行的课程定位和课程目标，立足域情、校情、生情，与校本课程、综合实践活动课程统筹考虑，因地制宜制订课程整合计划。要以课程体系的专业化建设为核心，科学设计课程主题、研学线路、课程目标、实施环节、方法步骤和成果呈现、课程评价等，深入分析研判研学旅行过程中可能遇到的各种困难和问题，有的放矢推进课程化建设，促进研学旅行与学校课程、德育体验、实践锻炼的有机融合，利用好研学实践基地（营地）和各种社会资源，将社会资源转化为教学资源，将教学资源转化为课程资源，将课程资源转化为学习过程和学习成果。

案例思考

1. 本案例中提到"综合实践活动课程"，什么是"综合实践活动课程"？
2. 研学旅行课程与综合实践活动课程是什么关系？怎么处理二者之间的关系？
3. 开展研学旅行活动能否参考综合实践活动课程相关要求？

一、《中小学综合实践活动课程指导纲要》

2017年9月25日教育部颁布了《中小学综合实践活动课程指导纲要》，主要内容如下：

（一）主要内容

1. 课程性质

综合实践活动是从学生的真实生活和发展需要出发，从生活情境中发现问题，转化为活动主题，通过探究、服务、制作、体验等方式，培养学生综合素质的跨学科实践性课程。

综合实践活动是国家义务教育和普通高中课程方案规定的必修课程，与学科课程并列设置，是基础教育课程体系的重要组成部分。该课程由地方统筹管理和指导，具体内容以学校开发为主，自小学一年级至高中三年级全面实施。

2. 总体目标

学生能从个体生活、社会生活及与大自然的接触中获得丰富的实践经验，形成并逐步提升对自然、社会和自我之内在联系的整体认识，具有价值体认、责任担当、问题解决、创意物化等方面的意识和能力。具体到每个学段，课程目标则不尽相同，实践中需要因材施教。

中小学综合实践活动课程学段目标

一、小学阶段具体目标

1. 价值体认：通过亲历、参与少先队活动、场馆活动和主题教育，参观爱国主义教育基地等，获得有积极意义的价值体验。理解并遵守公共空间的基本行为规范，初步形成集体思想、组织观念，培养对中国共产党的朴素感情，为自己是中国人感到自豪。

2. 责任担当：围绕日常生活开展服务活动，能处理生活中的基本事务，初步养成自理能力、自立精神、热爱生活的态度，具有积极参与学校和社区生活的意愿。

3. 问题解决：能在教师的引导下，结合学校、家庭生活中的现象，发现并提出自己感兴趣的问题。能将问题转化为研究小课题，体验课题研究的过程与方法，提出自己的想法，形成对问题的初步解释。

4. 创意物化：通过动手操作实践，初步掌握手工设计与制作的基本技能；学会运用信息技术，设计并制作有一定创意的数字作品。运用常见、简单的信息技术解决实际问题，服务于学习和生活。

二、初中阶段具体目标

1. 价值体认：积极参加班团队活动、场馆体验、红色之旅等，亲历社会实践，加深有积极意义的价值体验。能主动分享体验和感受，与老师、同伴交流思想认识，形成国家认同，热爱中国共产党。通过职业体验活动，发展兴趣专长，形成积极的劳动观念和态度，具有初步的生涯规划意识和能力。

2.责任担当：观察周围的生活环境，围绕家庭、学校、社区的需要开展服务活动，增强服务意识，养成独立的生活习惯；愿意参与学校服务活动，增强服务学校的行动能力；初步形成探究社区问题的意识，愿意参与社区服务，初步形成对自我、学校、社区负责任的态度和社会公德意识，初步具备法治观念。

3.问题解决：能关注自然、社会、生活中的现象，深入思考并提出有价值的问题，将问题转化为有价值的研究课题，学会运用科学方法开展研究。能主动运用所学知识理解与解决问题，并做出基于证据的解释，形成基本符合规范的研究报告或其他形式的研究成果。

4.创意物化：运用一定的操作技能解决生活中的问题，将一定的想法或创意付诸实践，通过设计、制作或装配等，制作和不断改进较为复杂的制品或用品，发展实践创新意识和审美意识，提高创意实现能力。通过信息技术的学习实践，提高利用信息技术进行分析和解决问题的能力以及数字化产品的设计与制作能力。

三、高中阶段具体目标

1.价值体认：通过自觉参加班团活动、走访模范人物、研学旅行、职业体验活动，组织社团活动，深化社会规则体验、国家认同、文化自信，初步体悟个人成长与职业世界、社会进步、国家发展和人类命运共同体的关系，增强根据自身兴趣专长进行生涯规划和职业选择的能力，强化对中国共产党的认识和感情，具有中国特色社会主义共同理想和国际视野。

2.责任担当：关心他人、社区和社会发展，能持续地参与社区服务与社会实践活动，关注社区及社会存在的主要问题，热心参与志愿者活动和公益活动，增强社会责任意识和法治观念，形成主动服务他人、服务社会的情怀，理解并践行社会公德，提高社会服务能力。

3.问题解决：能对个人感兴趣的领域开展广泛的实践探索，提出具有一定新意和深度的问题，综合运用知识分析问题，用科学方法开展研究，增强解决实际问题的能力。能及时对研究过程及研究结果进行审视、反思并优化调整，建构基于证据的、具有说服力的解释，形成比较规范的研究报告或其他形式的研究成果。

4.创意物化：积极参与动手操作实践，熟练掌握多种操作技能，综合运用技能解决生活中的复杂问题。增强创意设计、动手操作、技术应用和物化能力。形成在实践操作中学习的意识，提高综合解决问题的能力。

3.课程内容

学校和教师要根据综合实践活动课程的目标，并基于学生发展的实际需求，设计活动主题和具体内容，并选择相应的活动方式。内容选择原则应遵循自主性、实践性、开放性、整合性、连续性原则。

4. 活动方式

活动方式主要有考察探究、社会服务、设计制作、职业体验、劳动教育、党团队教育活动、博物馆参观等。在活动设计时可以有所侧重，以某种方式为主，兼顾其他方式；也可以整合方式实施，使不同活动要素彼此渗透、融会贯通。要充分发挥信息技术对于各类活动的支持作用，有效促进问题解决、交流协作、成果展示与分享等。

郑州好想你经济管理中等专业学校刘辉老师带领学生开展劳动教育体验活动　　摄影：李岑虎

5. 课时安排

小学1—2年级，平均每周不少于1课时；小学3—6年级和初中，平均每周不少于2课时；高中执行课程方案相关要求，完成规定学分。

6. 师资配备

要建立专兼职相结合、相对稳定的指导师队伍。学校教职工要全员参与，分工合作。原则上每所学校至少配备1名专任教师，主要负责指导学生开展综合实践活动，组织其他学科教师开展校本教研活动。各学科教师要发挥专业优势，主动承担指导任务。积极争取家长、校外活动场所指导师、社区人才资源等有关社会力量成为综合实践活动课程的兼职指导师，协同指导学生综合实践活动的开展。

7. 组织方式

综合实践活动以小组合作方式为主，也可以个人单独进行。小组合作范围可以从班级内部，逐步走向跨班级、跨年级、跨学校和跨区域等。要根据实际情况灵活运用各种组织方式。要引导学生根据兴趣、能力、特长、活动需要，明确分工，做到人尽其责，合理高效。既要让学生有独立思考的时间和空间，又要充分发挥合作学习的优势，重视培养学生的自主参与意识与合作沟通能力。鼓励学生利用信息技术手段突破时空界限，进行广泛的交流与密切合作。

8. 活动评价

综合实践活动情况是学生综合素质评价的重要内容。各学校和教师要以促进学生综合素质持续发展为目的设计与实施综合实践活动评价。要坚持评价的方向性、指导性、客观性、公正性等原则。做到突出发展导向，做好写实记录，建立档案袋，开展科学评价，引导学生扬长避短，明确努力方向。

鉴于目前我国专门的研学旅行课程指导纲要尚未出台，我们应该参考中小学综合实践活动指导纲要，因为在实践中研学旅行、综合实践活动二者相互交融、密不可分，有时甚至融为一体，需要我们统筹考虑。

（二）典型案例

案例呈现

案例3-9：研学旅行课程目标可以参考综合实践活动课程目标编写

走进福建土楼感悟客家文化
——研学旅行主题课程方案（片段）

【研学对象】初中学生

【研学资源】

世界文化遗产福建土楼是东方文明的一颗明珠，是世界上独一无二的神话般的山村民居建筑，是中国古建筑的一朵奇葩，它以历史悠久、风格独特、规模宏大、结构精巧等特点独立于世界民居建筑艺术之林，对世界建筑和人类文化产生了巨大的影响。

福建永定客家土楼是全国传统文化研学旅行产品。深入提炼永定客家土楼所蕴含的"家""和谐""廉洁"和"爱国"文化内涵，让同学们能深入体验家训家规、客家楹联、客家民俗、民间绝艺等博大精深的客家文化和百年土楼所积淀的深厚家国情怀，感受营造技艺、土楼功能、土楼样式等鬼斧神工的土楼建筑文化。

【研学内容】

召开研讨会；我来拍个最美土楼美景；了解土楼夯筑技艺；观看土楼木偶戏；学习客家山歌；学习永定客家家训文化；体验土楼美食制作；探究土楼楹联文化；召开交流会。

【研学重点、难点】

学习土楼夯筑技艺，学习客家山歌，学习永定客家家训文化，体验土楼美食制作、万应茶饼古法制作。

【研学目标】

1.价值体认：通过亲历、参与福建土楼的研学活动，获得有意义的价值体验，初步形成集体思想、组织观念，学生能主动分享体验和感受，与老师、同伴交流思想认识，深层次地了解土楼的文化背景和悠久的历史，从而激发热爱家乡的激情，将来为福建的发展做出应有的贡献。

2. 责任担当：让同学们以体验的方式感受不同的客家民居生活，见识更广阔的客家世界，增强个人服务意识，愿意参与服务学校、社会和他人的活动；通过亲身体验，了解学习土楼夯筑技艺，探寻土楼背后的故事，感受营造技艺、土楼功能、土楼样式等鬼斧神工的土楼建筑文化，担当起民族复兴的重任。

3. 问题解决：通过研学旅行过程中系列动手操作实践，考察探究土楼内部结构，初步掌握手工建筑设计与图画制作的基本技能；亲身感受客家人在土楼的建造中把夯土技术提高到无与伦比的水平；同时学会唱客家山歌，并能掌握万应茶饼古法制作方法。

4. 创意物化：运用学到的土楼美食制作技术，自己制作万应茶饼；通过永定客家家训文化、土楼楹联文化探究学习，利用手机、电脑等信息技术自己查找、编出10条永定客家家训，并能为学校编写设计出10副楹联。

案例评析

本案例《走进福建土楼感悟客家文化——研学旅行主题课程方案》中的研学旅行目标格式直接套用了《中小学综合实践活动课程指导纲要》中的中小学综合实践活动课程初中学段目标格式，套用巧妙，非常之好。其实从某种程度上来说，研学旅行课程和综合实践活动课程有很多交叉相融的共同点，在开展研学旅行活动中要把二者统筹考虑。我建议导游员朋友不妨做一下尝试，在设计研学旅行课程目标时，结合研学旅行资源和学生情况，直接套用《中小学综合实践活动课程指导纲要》中的小学、初中、高中阶段具体目标，按照每个学段课程目标的价值体认、责任担当、问题解决、创意物化四个维度来编写，既能体现国家对中小学生核心素养培养目标要求，又科学规范、省时省力，事半功倍。

（本案例由文化和旅游部人才中心研学旅行指导师考评员高霞点评）

案例3-10：该旅行社制定的孟良崮战役纪念馆研学旅行课程目标、研学旅行方式和方法不妥当

孟良崮战役纪念馆研学旅行课程方案（片段）

【设计单位】某旅行社

【资源简介】

孟良崮战役纪念馆位于山东省临沂市蒙阴县垛庄镇孟良崮旅游区内孟良崮山顶，占地面积5000平方米，建筑面积3682平方米。纪念馆于1984年为纪念著名的"孟良崮战役"而建。1947年5月，中国人民解放军华东野战军根据中央军委的指示，在陈毅、粟裕的指挥下，集中优势兵力，经过浴血奋战，在孟良崮一举歼灭国民党精锐部队整编七十四师及援军一部，击毙该师师长张灵甫，歼敌共32 000余人，写

下了解放战争史上光辉的一页，扭转了华东乃至全国的战局，极大地鼓舞了全国人民胜利的信心，孟良崮由此而名扬海内外。

孟良崮战役纪念馆由纪念馆、烈士陵园、战役遗址区、雕塑园四部分组成，纪念馆先后被命名为全国重点革命烈士纪念建筑物保护单位、全国十大红色旅游区、全国爱国主义教育示范基地、全国百家红色旅游经典景区、山东省青少年爱国主义教育基地，被国防大学、军事科学院等30多个单位选作传统教育和国防教育基地。

【研学对象】高中生

【研学地点】山东省临沂市蒙阴县孟良崮战役纪念馆

【研学目标】通过连云港—临沂沿途风光讲解、游览孟良崮战役纪念馆、观看烈士墓区、游览"沂蒙情"雕塑园活动，聆听景区讲解员讲解，让学生了解孟良崮战役的前后经过；深切缅怀革命先烈英雄事迹，珍惜今天的幸福生活。

【研学内容】①济南—临沂沿途风光讲解；②游览孟良崮战役纪念馆；③瞻仰烈士墓区；④观看《英雄孟良崮》专题片；⑤游览"沂蒙情"雕塑园。

【研学方式】游览参观

【研学方法】导游讲解

（本案例来自某旅行社传单）

 案例评析

该旅行社制定的孟良崮战役纪念馆研学旅行课程目标、研学旅行方式和方法不妥当。

第一，研学旅行目标。本案例中的研学目标，出现"游览""观看""聆听讲解"字词，是典型的旅游用语，实践中也一定是旅游活动，而不是研学旅行活动，是极其错误的，而且是必须加以纠正的。尽管后面出现"让学生了解孟良崮战役的前后经过；深切缅怀革命先烈英雄事迹，珍惜今天的幸福生活"这样恰当、规范的目标词句，但是仍然改变不了本方案研学旅行目标的旅游性质。具体课程目标的编写参见本书第四章《研学旅行教育教学基本知识》。

第二，研学旅行方式。《中小学综合实践活动课程指导纲要》明确指出，中小学综合实践活动课程活动方式主要有考察探究、社会服务、设计制作、职业体验、党团队教育活动、博物馆参观等。这既是中小学综合实践活动课程活动方式，也是研学旅行课程活动方式。我们在研学旅行活动设计时可以有所侧重，以某种方式为主，兼顾其他方式；也可以整合多种方式实施，使不同活动要素彼此渗透、融会贯通。本案例主要方式是纪念馆参观，活动方式应该以纪念馆参观为主，如果仅是单独地使用纪念馆参观这一种方式，就是典型的旅游，而不是研学旅行，特别是说"【研学方式】游览参观"则完全背离了研学旅行的宗旨和方向。因此，课程设计时我们一定要把考察探究式、设计制作式、职业体验式、党团队教育活动、劳动教育等多种方式统筹使用。譬如，让学生考察探究孟良崮战役的原因、经过、主要人物，及其历史意义；让学生担任基地讲解员、小导游等进行职业体验；大胆组织共青团员、少先队员开展入团、入队仪式，重温誓词，唱团歌、唱队歌，开展团队教育活动；设计制作党旗、团旗、少先队旗；为解放军叔叔制作军鞋，制作救护担架；为解放军叔叔做军餐、缝衣服、洗衣服等活动，而不能只采用一种参观方式，以免出现导游讲解填鸭式、满堂灌的现象。

第三，研学旅行方法。研学旅行方式和内容的变化，也带来研学旅行方法的改变。本案例只使用导游讲解法，这是旅游中常用的方法，不利于研学旅行的良性开展。除了现场参观、现场听取革命烈士事迹讲解法以外，互动法、小组合作法、调查访问法、激励法、讨论法等都是研学旅行常用的教学方法，我们要熟练掌握并巧妙使用。譬如，到烈士墓区敬献花圈、团队宣誓中采用体验法和师生互动法，通过向烈士敬献花篮和重温入党誓词等活动，使学生进一步坚定跟着党走、人民至上的崇高信念；观看《英雄孟良崮》专题教学片，采用数字化教学法、影视教学法、现场点评法，展现孟良崮战役发生的基本经过，再现人民解放军英勇善战、军民一心，夺取战役胜利的过程，教育学生刻苦学习，长大以后为人民服务；在"沂蒙情"雕塑园，采用角色扮演法，让学生参与孟良崮战役的支前大军情景剧去体验，让学员深入感受沂蒙人民踊跃支前、无私奉献的感人事迹，感悟"群众是真正的英雄"的真理。

总之，在这种红色研学旅行课程中，要多法并举，灵活运用，全面引导学生，铭记为中国人民解放事业建立卓越功绩的先辈和献出宝贵生命的革命先烈们。让学生懂得，我们生活在和平幸福的年代里，是先辈用生命换来的，应当珍惜今天的幸福生活。同时激发学生的爱党、爱国情怀，精忠报国，勇于担当，赓续我党红色血脉，传承我党红色基因，肩负中华民族复兴的历史使命，让青春在时代进步中焕发出绚丽的光彩。

（本案例由李岑虎点评）

二、《大中小学劳动教育指导纲要（试行）》

2020年7月7日教育部颁布了《大中小学劳动教育指导纲要（试行）》，主要内容如下：

（一）主要内容

1. **劳动教育性质**

劳动是创造物质财富和精神财富的过程，是人类特有的基本社会实践活动。劳动教育是发挥劳动的育人功能，对学生进行热爱劳动、热爱劳动人民的教育活动。当前实施劳动教育的重点是在系统的文化知识学习之外，有目的、有计划地组织学生参加日常生活劳动、生产劳动和服务性劳动，让学生动手实践、出力流汗，接受锻

太原旅游职业学院学生诵读《劳动教育性质》

炼、磨炼意志，培养学生正确的劳动价值观和良好的劳动品质。

2. 劳动教育特征

劳动教育是新时代党对教育的新要求，是中国特色社会主义教育制度的重要内容，是全面发展教育体系的重要组成部分，是大中小学必须开展的教育活动，具有鲜明的思想性，具有突出的社会性，具有显著的实践性。

李颖诵读《劳动教育总目标》

3. 劳动教育总体目标

准确把握社会主义建设者和接班人的劳动精神面貌、劳动价值取向和劳动技能水平的培养要求，全面提高学生劳动素养，使学生树立正确的劳动观念，具有必备的劳动能力，培育积极的劳动精神，养成良好的劳动习惯和品质。

4. 劳动教育的主要内容

劳动教育主要包括日常生活劳动、生产劳动和服务性劳动中的知识、技能与价值观。

（1）日常生活劳动教育。立足个人生活事务处理，结合开展新时代校园爱国卫生运动，注重生活能力和良好卫生习惯培养，树立自立自强意识。

（2）生产劳动教育。要让学生在工农业生产过程中直接经历物质财富的创造过程，体验从简单劳动、原始劳动向复杂劳动、创造性劳动的发展过程，学会使用工具，掌握相关技术，感受劳动创造价值，增强产品质量意识，体会平凡劳动中的伟大。

（3）服务性劳动教育。让学生利用知识、技能等为他人和社会提供服务，在服务性岗位上见习实习，树立服务意识，实践服务技能；在公益劳动、志愿服务中强化社会责任感。在教学实践中根据不同的学段要求，开展不同的劳动教育内容。

5. 劳动教育方式的关键环节

各地和学校要注重围绕劳动教育的目标和内容要求，从提高劳动教育的效果出发，把握劳动教育任务的特点，抓住关键环节，选择适宜的劳动教育方式。

（1）讲解说明。围绕劳动为什么、是什么问题，有重点地进行讲解，让学生懂得劳动的意义和价值。加强劳动观念、劳动纪律、劳动相关法律法规的正面引导，指明轻视劳动特别是轻视普通劳动的危害，让学生明辨是非。加强劳动知识技能的讲解，让学生认清事理，掌握实践操作的基本原理、程序、规则，正确使用工具的方法和技术。讲解要与启发思考、示范、练习等结合起来。

（2）淬炼操作。围绕如何做的问题，注重示范与练习，让学生会劳动。强化规范意识，注重从最基本的程序学起，严守规则，避免主观随意。强化质量意识，注重引导学生关注细节，每个步骤、环节都要精准到位。强化专注品质，注重引导学生对操作行为的评估与监控，做到眼到手到心到，有始有终。

（3）项目实践。围绕劳动能力的培养，让学生完成真实、综合任务，经历完整劳动过程。注重劳动价值体认，引导学生从现实生活中发现需求，选择和确定劳动项目。强化规划设计意识，充分发挥学生的积极性、主动性、创造性，引导学生对项目实践进行整体构思，综合运用所学知识、技术，不断优化行动方案。强化身体力行，淬炼意志品质，敢于在困难与挑战中完成行动任务。

（4）反思交流。围绕劳动价值意义的建构，引导学生总结、交流，促进学生形成反思交流习惯。指导学生思考劳动过程和结果与社会进步、个体成长的关联，避免停留在简单的苦乐体验上。组织学生交流分享劳动的体验和收获，肯定具有积极意义的认识，纠正观念上的偏差。将反思交流与改进结合起来，使学生在劳动中获得成长。

（5）榜样激励。围绕劳动的精神追求，树立典型，激发劳动热情。注意遴选、树立多类型榜样，不仅要有大国工匠、劳动模范，还要有身边劳动表现优异的普通劳动者和同学。指导学生从榜样的具体事迹中领悟他们的高尚精神和优良品质。明确要求学生在日常劳动实践中努力向榜样看齐。

6. 劳动教育评价

将劳动素养纳入学生综合素质评价体系。以劳动教育目标、内容要求为依据，将过程性评价和结果性评价结合起来，健全和完善学生劳动素养评价标准、程序和方法，鼓励、支持各地利用大数据、云平台、物联网等现代信息技术手段，开展劳动教育过程监测与纪实评价，发挥评价的育人导向和反馈改进功能。

（二）典型案例

案例呈现

案例3-11：学习《采摘枇杷》教案，掌握劳动教育类研学旅行课程目标编写的四个维度

采摘枇杷（教案片段）

【课题名称】采摘枇杷

【主讲教师】高级导游毛金芳

【指导专家】广西高新农业产业投资集团有限公司黄甜甜

【学校班级】广西百色某初级中学初二学生

【教学课时】4课时

【劳动地点】广西百色国家农业科技园区枇杷庄园劳动实践基地

【教学目标】

（1）劳动观念。学生通过倾情参与采摘枇杷劳动，体会耕读结合的劳动魅力，树立正确的劳动观念，树立劳动最光荣、劳动最美丽的思想观念。

（2）劳动能力。通过枇杷采摘劳动过程的准备、采摘、储运等环节，初步具备采摘必备的基本劳动知识和技能，逐步培养采摘劳动的团队合作能力。

杧果　图片来源：黄甜甜

（3）劳动精神。通过采摘杧果及其朗诵、摄影、绘画、书法、征文等配套文化活动和合作劳动，培育积极的劳动精神。

（4）劳动习惯和品质。在杧果采摘劳动中养成认真负责、安全规范、吃苦耐劳的劳动习惯和品质，珍惜劳动成果。

【教学内容】

（1）营造丰收节日气氛，开展诗歌朗诵和杧果园绘画、摄影活动。

（2）劳动讲解示范，安全注意事项，分组采摘劳动，采摘完成后杧果的分装、转运、存储。

（3）通过系列劳动能力的培养过程，重点培养学生的劳动观念、劳动精神、劳动品质，养成热爱劳动的习惯。

【教学方式】

职业体验式、探究考察式

【教学方法】

数字化教学法、讲解说明法、示范演示法、小组合作法、实践操作法、反思交流法

案例评析

从"采摘杧果"标题字面上看，这是一个典型的劳动技能课程教案，也叫劳动技术课程教案。但是我们从本教案的"教学目标"来看，本教案已经不再是一个简单的劳动技能课程教案了，而是一个典型的劳动教育课程教案。本教案教学目标采用了劳动教育课程目标的劳动观念、劳动能力、劳动精神、劳动习惯和品质四个维度编写方法，完全符合劳动教育课程教案要求。再从本教案的教学方式和教学方法等方面综合来看，作者采用"职业体验式、探究考察式"的教学方式，灵活运用

"讲解说明法、示范演示法、实践操作法、反思交流法"等教学方法，这些都突出了本课程的思想性、教育性、社会性和体验性，尤其是本教案的教学内容"（3）通过系列劳动能力的培养过程，重点培养学生的劳动观念、劳动精神、劳动品质，养成热爱劳动的习惯"的表述等，这些都是劳动教育课程必须具备的特性，因此说本案例是一个非常优秀的劳动教育课程教案。

相反，如果本课程教学目标只保留目标（2），写成"通过杧果采摘劳动过程的准备、采摘、储运等环节，初步具备采摘必备的基本劳动知识和技能，逐步培养采摘劳动的团队合作能力"，那么，本课程就是简单的劳动技能课了，只劳动无教育，就不是我们倡导的劳动教育课程，或者研学旅行课程了。在此，我们提醒担任劳动教育指导师或者研学旅行指导师的导游朋友们，在劳动教育教学实践中，一定不能把简单的劳动技能课程当作劳动教育课程来教。劳动技能课程重点传授劳动知识和技能，劳动教育课程是通过劳动过程开展劳动教育，劳动教育的重点是提高学生的劳动观念、劳动态度和劳动品德。我们在设计劳动教育课程教案时，一定要把劳动教育的思想性、政治性元素嵌入教案，运用到教学实践之中，体现立德树人育人宗旨，而不仅仅是停留在传授技能知识。

（本案例由李岑虎点评）

案例3-12：从山东大葱种植技术，看劳动教育课程的五个关键环节

我种大葱比我高（教案片段）

课程名称：我种大葱比我高

学校班级：小学五年级（2）班

质量总监：王玲、李子尚

授课人：贾宝华、罗长珍　　助教：张向宁

园艺专家：袁麻村袁恒老师、仲崇春老师

指导教师：曲阜远东职业技术学院客座教授陈功良、张东村党支部书记陈功安

教学地点：山东匡衡湖智慧农业服务有限公司刘麻村劳动实践基地

教学目标：

1. 劳动观念。通过大葱的种植技术学习，树立学生正确的劳动观念。正确理解劳动是人类发展和社会进步的根本力量，认识劳动创造人、劳动创造价值、劳动创造财富、劳动创造美好生活的道理，尊重劳动，尊重普通劳动者，牢固树立劳动最光荣、劳动最崇高、劳动最伟大、劳动最美丽的思想观念。

2. 劳动能力。掌握大葱种植的知识和技能，正确使用常见劳动工具，增强体力、智力和创造力，具备完成一定劳动任务所需要的设计、操作能力及团队合作能力。

3. 劳动精神。通过大葱种植，培育学生积极的劳动精神，继承中华民族勤俭节约、敬业奉献的优良传统，弘扬不怕困难、勇往直前的奋斗精神。

4.劳动习惯和品质。通过大葱种植体验，使学生养成良好的劳动习惯和品质，在校外活动能够自觉自愿、认真负责、安全规范、坚持不懈地参与劳动，形成诚实守信、吃苦耐劳的品质。珍惜劳动成果，养成良好的消费习惯。

教学内容：大葱的种植技术

重点难点：从大葱的种植技术，培养学生的劳动观念、劳动精神、劳动品德、劳动习惯和品质。

教学方式：职业体验式、考察探究式、小组合作式

教学方法：多媒体教学法、讲授法、情境体验法、讨论法、角色扮演法、成果展示法、榜样激励法等

教具准备：（1）铁锹、锄头、镐、铁耙、水管、水桶等；（2）编写大葱种植技术要点学习手册。

大葱种植技术要点学习手册

1. 选地。要选择土壤肥沃、平坦、疏松、靠近水源、周围排水良好、土壤中性的耕地。由选地组负责。

2. 开沟。由农民对选中的土地浅耕细耙后，由开沟组负责组织挖沟整地。标准：行距为100厘米，宽度15厘米，深度30厘米。

3. 施肥。开沟后，由施肥组负责组织在沟内施基肥。标准：每亩可施50千克复合肥做基肥，同时可施2.5千克呋喃丹、0.5千克多菌灵粉剂灭杀地下害虫和病菌。

4. 选苗。定植前首先要由选苗组负责组织将葱苗严格分级，然后进行药剂处理，有利于消灭根蛆，保证全苗。

5. 定植。施肥后，再由定植组负责组织在沟内填撒2~3厘米的消毒后干净的细土，开始定植葱苗。标准株距为1.5~2厘米。葱苗埋土深度以到葱叶和葱茎分离处为准。

6. 浇水。葱苗定植后，由浇水组负责组织浇水，以浇透为原则，不可大水漫灌。

7. 管理。葱苗定植后，管理组要负责组织适时追肥、适时培土、适时浇水、适时进行病虫害防治。

教学时间：3课时

教学过程：

【课前准备，设置问题】

建立种植小组机构。种植劳动团下设10个小组。选地组、开沟组、施肥组、选苗组、定植组、浇水组、管理组、宣传组、安全组、保障组。要求人人有岗位，个个有职责。提前让学生自行分工组合。指导师配合班主任或带队老师具体分配任务。

【导入新课，提出问题】

由学校去往基地的大巴上，讲解员沿途进行风光讲解，指导师安排司机播放山东大葱种植影像，做好课程准备，导入新课。让学生讨论怎样种植大葱，宣传组收集整理发言情况。

【开展新课，解决问题】

重点围绕大葱种植技术教学目标和内容要求，把握劳动教育任务的特点，抓住六个关键环节。

1. 讲解说明。围绕大葱种植的选地、开沟、施肥、选苗、定植、浇水、管理七个项目技术，首先由劳动教育指导师分别有重点地讲解"劳动为什么、是什么"问题，让学生懂得每一个项目技术的意义和价值。加强各种大葱种植知识技能的讲解，让学生认清事理，掌握大葱种植实践操作的基本原理、程序、规则，正确使用工具的方法和技术。讲解要与启发思考、示范、练习等结合起来。

园艺专家与劳动实践指导教师现场示范试讲大葱种植技术　　摄影：李岑虎

2. 淬炼操作。围绕如何做好大葱种植的每一个项目技术问题，注重示范与练习，让学生会劳动。强化规范意识，注重从最基本的程序学起，严守规则，避免主观随意。强化质量意识，注重引导学生关注细节，每个步骤、环节都要精准到位。强化专注品质，注重引导学生对操作行为的评估与监控，做到眼到手到心到，有始有终。指导师要手把手传授，其他老师的目光要始终放在学生身上，发现问题及时纠正。

3. 项目实践。围绕劳动能力的培养，让学生完成真实、综合的劳动任务，经历选地、开沟、施肥、选苗、定植、浇水、管理七个项目技术完整的劳动过程。注重劳动价值体认，引导学生从现实生活中发现需求，选择和确定劳动项目。强化规划设计意识，充分发挥学生的积极性、主动性、创造性，引导学生对项目实践进行整体构思，综合运用所学知识、技术，不断优化行动方案。强化身体力行，淬炼意志品质，敢于在困难与挑战中完成行动任务。

4. 反思交流。围绕大葱种植劳动价值意义的建构，引导学生总结、交流，促进学生形成反思交流习惯。指导学生思考大葱种植劳动过程和结果与社会进步、个体成长的关联，避免停留在简单的苦乐体验上。组织学生交流分享大葱种植体验和收获，肯定具有积极意义的认识，纠正观念上的偏差。将反思交流与改进相结合，使学生在劳动中获得成长。

5. 榜样激励。围绕大葱种植劳动的精神追求，树立典型，激发劳动热情。评选出10名山东大葱种植小能手。一等奖2名，二等奖3名，三等奖5名。指导学生以获奖能手为榜样，从这些大葱种植小能手的具体事迹中领悟他们的高尚精神和优良品质。明确要求学生在日常劳动实践中努力向榜样看齐。

【教学评价，成果展示】

1. 评价方式：学生自评、学生相评、专家评价、导师评价、学校评价五部分。

2. 以小组为单位总结并谈谈自己在本次活动中的思想品德、劳动技能、劳动精神、劳动观念的转变提升情况。写出个人劳动心得体会，并与家人、朋友、同学分享，或者作为日记写下来。

3. 将个人心得、日志、图片、录像、课件等资料成果进行整理、建档保存。

案例评析

研学旅行中的劳动教育类课程，不同于其他一般的研学旅行体验课程，尤其是直接传授劳动知识的劳动教育课程，一定要按照《大中小学劳动教育指导纲要（试行）》的要求，抓住劳动教育方式的讲解说明、淬炼操作、项目实践、反思交流、榜样激励五个关键环节，开展劳动教育教学。其中的淬炼操作、项目实践、反思交流和榜样激励，这四个环节突出思想性、教育性和实践性，这是和传统的旅游讲解法是不相同的，而且是有本质区别的。因此，我们导游员朋友在上劳动教育体验课的时候，在完成第一个讲解说明环节后，一定要突出其余这四个环节，圆满完成整个上课流程，万不可讲解完第一个环节、照个合影后就转入下一个基地项目。

（本案例由李岑虎点评）

案例 3-13：

领略孟子泰山气象
——"孟子故里儒风邹城"主题研学活动上课流程（片段）

孙方方说课

课程名称：领略孟子泰山气象

学生学段：初二

授课人：孙方方

研学地点：邹城市孟庙景区泰山气象门前

教学过程：

【研学准备，设置问题】

（一）知识准备

让学生在校时查找资料，了解孟庙孟府孟林景区基本情况；了解孟子生平事迹。

（二）纪律准备

研学基地入园须知

（1）孟庙孟府孟林景区面向全国师生、孟氏后裔、济宁市民免费开放。为保护国家文物和分流游客数量，该免费政策在"五一"假期、"十一"黄金周、春节假期及孟庙孟林举行祭祀活动期间不予执行，祭祀活动结束后正常办理参观手续。

（2）疫情防控期间，孟庙孟府孟林景区对游客和学生开放实施限时、限流的开放措施。

（3）疫情防控期间，进入基地学生需全程佩戴口罩、携带本人身份证明，并在入口处进行信息登记与体温检测，不戴口罩、无证件的师生一律禁止进入。

（4）进入景区基地请与他人保持1.5米距离，服从景区基地工作人员引导。

（5）文明研学，不要乱扔垃圾，不随地吐痰，请遵守景区卫生规定。

（三）组织准备

课前，全班组建四个研学小组，分组探究孟庙岿然千年的原因。

任务如下：一组为孟庙历史考察组，侧重于从孟庙本身的历史找原因；二组为孟子思想考察组，侧重于从孟子思想找原因；三组为孟子影响考察组，侧重于从孟子对后世的影响找原因；四组为社会原因考察组，侧重于从古今社会方面找原因。

【研学导入，提出问题】

研学指导师带领学生由"棂星门"进入孟庙了解孟庙概况；通过棂星门内的"继往圣""开来学"木枋、"亚圣庙"石坊的讲解启发学生建立成语"继往开来"和孟子的封号"亚圣"的联系，引导学生分组讨论探究课前问题，自主选派代表与全班交流本组的成果，研学旅行指导师适时予以点评，总结归纳导入到"孟子的历史地位及孟子思想的影响"是孟庙岿然千年的主要原因，进而提出问题："如果让你用一个词来形容孟子的伟大，你会用哪一个词语呢？"

运用观察法、讨论法、实地考察法。

【研学新课，解决问题】

一、创设情境，朗读孟子名言

研学旅行指导师带领学生置身孟庙泰山气象门前的古柏林之中，朗读"岁寒，然后知松柏之后凋也""富贵不能淫、贫贱不能移、威武不能屈""我善养吾浩然之气"等名言，创设情境，引导学生感受孟子的精神气节，研学指导师着重讲授孟子思想在中华民族精神塑造方面的积极影响。

二、银杏叶书写孟子名言体验

在泰山气象门前捡拾飘落的千年银杏树的黄叶，孟子的思想名言写在银杏叶上，留下纪念。引导同学们探讨怎么保存好自己的这片有纪念意义的树叶，理解并身体力行孟子的"泰山气象"。

三、多种教学方法并用

1. 运用情境教学法、讲授法、讨论法、体验法、故事讲解法、角色扮演法等多种方法。

2. 在向学生阐述孟子思想时，如果一味向学生灌输孟子思想，不仅枯燥无味，且因引用大量古文更容易晦涩难懂。指导师则通常会通过解读孟子周游列国的事迹，采用讲故事激发学生兴趣、提出疑问引导学生反思等方式来进行。讲述完故事后，研学旅行指导师再用反问法问学生："如果你作为故事的亲历者，你会怎样做呢？你理解的'性善说'是什么？"大家立刻议论纷纷，发表自己的想法，一下就掀起了研学旅行中的小高潮。学生不仅积极参与其中，且对孟子的"性善说"有了更为直观的理解，圆满完成了研学目的。

3. 组织学生排演《孟母三迁》或《断织喻学》情景剧，参与表演。学生通过对不同角色的扮演，实地体验了解孟子的成长历程，明白做人、做事的道理，感悟母教文化的博大精深。

【研学总结，拓展问题】

一、总结评价

1. 展示成果。研学旅行指导师引导学生积极踊跃到泰山气象门台阶上展示自己的树叶和词语，并向全班同学介绍自己用这个词语形容孟子的原因或想法。

2. 相互点评。研学旅行指导师带领全班同学通过举手或鼓掌的方式，对每一位上台介绍的同学进行点评。

3. 指导师总结。指导师最后展示自己的树叶和词语"泰山气象"，和同学们分享自己的想法，重点介绍"泰山气象"的出处和"泰山气象门"的来源，总结孟子的泰山气象就是"坚韧不拔的志气、大丈夫的骨气、舍我其谁的勇气"。

二、拓展实训

1. 实训课题。以研学小组为单位，组织开展"讲贤母故事，做新时代好少年"演讲活动。

2. 实训要求。学生自己查阅中国古代贤母故事，组织语言复述故事，形成自己的感知和理解。通过小小演讲活动，使学生学会探索历史故事，了解故事背后的深意。

3. 激励提升。活动最终决出"口才少年"奖，以此激励学生弘扬中国优秀传统文化，从而约束自我，培养良好的生活习惯、规范言行举止、端正学习态度。

（本案例由邹城市文物保护中心孙方方编写）

案例评析

本案例设计合理、详细完备，展示出作者开展研学旅行教学的专业功底，从设置预习问题到课堂上一步步地解决问题，全面围绕着课程主题孟子的"泰山气象"，穿插使用考察探究、分组讨论、设计制作的方式开展教学，突出了研学旅行指导师的引导和评价作用，对景区讲解员朋友具有借鉴意义。

（本案例由文化和旅游部人才中心研学旅行指导师考评员高霞点评）

专家访谈

今日话题： 导游开展研学旅行活动要懂得与研学旅行相关的政策与法律法规

特邀嘉宾： 浙江省旅行社协会导游分会会长、文化和旅游部人才中心研学旅行指导师考评员钱钧

专家心语：

导游开展研学旅行活动要懂得与研学旅行相关的政策与法律法规

导游一旦出现在学生面前，就不再是原来意义上的导游，在学生眼里，你就是老师，让学生敬仰、让学生依靠的老师。无数的经验和教训告诉我们：导游开展研学旅行活动，如果不懂得研学旅行政策与法律法规，在研学旅行带团实践中肯定要吃尽各种苦头的。尤其是带领以中小学生为主的研学旅行团队，导游必须懂得《关于推进中小学生研学旅行的意见》《研学旅行服务规范》《中华人民共和国教育法》《中华人民共和国教师法》《学生伤害事故处理办法》《新时代中小学教师职业行为十项准则》《中小学综合实践活动课程指导纲要》《大中小学劳动教育指导纲要（试行）》《中华人民共和国民法典》《导游服务规范》等法律法规，参照老师的做法给学生讲解，带领学生考察探究、动手体验，按照法律法规和导游服务规范办事，才能做好研学旅行服务，避免各种风险和投诉。

综合实训

1. 组织几个导游，齐声朗读《研学旅行服务规范》，录制成3分钟的视频，发到微信公众号里。

2. 诵读《中华人民共和国教师法》中教师的权利和义务，录制成3分钟的视频，发到微信公众号里。

3. 背诵《中小学综合实践活动课程指导纲要》中的课程目标，根据课程目标要求，编写出小学五年级《拓片制作》研学旅行课程目标。

4. 背诵《大中小学劳动教育指导纲要（试行）》中的劳动教育目标，根据目标要求，编写出初中二年级《我去敬老院做服务》劳动教育目标。

5. 以蔬菜种植为例，编写出蔬菜种植教学的关键环节。

第四章

研学旅行教育教学基本知识

● **本章导读**

本章分为五节，主要介绍研学旅行教育教学基本知识，包括研学旅行课程主题的确立、研学旅行目标的编写、研学旅行内容的选定、研学旅行方式的采用、研学旅行方法的使用流程，以及相应案例，并做了简要点评。

导游之花

改变教学方法，让外国留学生爱上中国文化
——"一带一路·爱上绸都"丝路青年南充研学之旅

四川省旅行社协会卫美佑

7月初，在四川省文化和旅游厅的指导下，受四川华美国际旅行社委派，我带领了一个特殊的"研学旅行团"。特殊有三：团员身份——外籍在川高校留学生，目的地——千年绸都四川南充，此行目的——在研学旅行的过程中感悟中国传统文化的魅力。

卫美佑老师研学旅行教学休息中　　图片来源：卫美佑

为期四天的研学旅行开始,通过交流我发现,他们大多数具备基本的中文沟通能力,最让我惊讶的是其中不乏对中国诗词文化兴趣浓厚的同学。比如,来自孟加拉国的 RASHID MD MAMUN–UR–(中文名字:杜天)就能脱稿朗诵杜甫的诗作《阆水歌》。

可让我感到不解的是,这位大男孩在朗诵的时候状态极好,抑扬顿挫、语言流畅,但是一切换到中文日常对话,就稍显"迟钝"。起初我以为是我的普通话语速太快,慢慢发现原来是许多"我认为""我理解"和他接收到的信息不一致。

我:杜天,请问这趟旅途你对南充留下了什么印象?对南充的感受有哪些?

杜天:……(沉默三秒),不好意思YOYO,我不太明白你的问题。

这时我突然反应过来,这样的中文表达方式在留学生的理解里或许比较生涩。于是,我换了个方式提问。

我:杜天,请用几个词语表达你的感受吧。

杜天:有趣、有意义、记忆深刻。

我:你最喜欢哪个地方?我把绘画工具给你,请动手把这些地方画出来。

杜天:滕王阁、六合丝绸博览园。(绘画的过程及综合点评,略。)

我:你最喜欢中国什么特产?你能描绘出它的特点吗?请把它们画出来。

杜天:中国丝绸,华丽高贵,太美了。(绘画的过程及综合点评,略。)

我:你画得惟妙惟肖,非常漂亮。(综合评价方式,略。)

就是这样看似简单的提问和教学方法,只要根据学生的特点,因材施教,因人制宜,便能直击问题的核心,便能引导他说出感受和想法。这也使我明白,研学旅行过程中在传递和分享知识文化的时候,绝不仅仅是单方面的知识输出,还应该注意受众对象的接受能力。平时多储备一些研学旅行教育知识和中小学老师的教学方法,面对不同的研学对象群体,不能千篇一律,要及时调整我们的教学方式和方法,这一点,孔子早已提出"因材施教",启发我们不断提升、不断自省。

第一节　研学旅行课程主题

沿黄9省(区)教育厅联合组织开展了首批黄河流域精品研学课程评选,确定了首批黄河流域精品研学课程10门、优秀研学课程10门,现将名单公示如下。

研学旅行导游服务

精品研学课程（10门）

序号	课程名称	申报单位	属地
1	"行走黄河·品鉴济南"研学课程	济南市学生发展指导中心	山东省
2	品读黄河家国情　传承兵家强国梦——孙子文化园精品研学	孙子文化园	山东省
3	黄河流域生态环境探究之巨淀湖自然生态研学之旅	潍坊市中小学生示范性综合实践基地	山东省
4	领略黄河历史文化，践行红军长征精神	白银市中小学生综合实践基地	甘肃省
5	见证治沙奇迹　争做国防卫士	榆阳区补浪河女子民兵治沙连景区	陕西省
6	基于疫情背景下的黄河源旅游体验馆设计与参观	青海师范大学附属第三实验中学	青海省
7	黄河三门峡　魅力天鹅城	河南省三门峡市示范性综合实践中心	河南省
8	我心中的母亲河——走近母亲河	黄河博物馆	河南省
9	扬黄河鼓韵——走近兰州太平鼓	兰州市中小学生综合实践基地	甘肃省
10	追随黄河流域变迁，寻访古今生态发展	德州市齐河动植物科普教育基地	山东省

优秀研学课程（10门）

序号	课程名称	申报单位	属地
1	行走黄河口　生态大课堂	黄河口生态旅游区	山东省
2	《重温铁道游击队传奇》研学课程	山东省铁道游击队景区	山东省
3	黄河之滨，生命起源	德州市齐河动植物科普教育基地	山东省
4	黄河之尾　陶韵千秋	齐文化博物院	山东省
5	讲好泰山故事　传承世界遗产	山东泰山研学教育有限公司	山东省
6	探寻英雄足迹　重温红色岁月	河南省濮阳市示范性综合实践基地	河南省
7	"江河寻源、文化寻根"研学课程	青海师范大学附属玉树实验学校	青海省
8	登泰山　游黄河　踏寻孔子足迹去研学	山东泰山研学教育有限公司	山东省
9	在小浪底体验黄河治理	黄河小浪底旅游开发有限公司	河南省
10	以纳米治黄、精细中取清	纳米综合实践科普基地	山东省

案例思考

1. 以上获奖的研学旅行课程主题名称有什么样的共性特点？
2. 你认为研学旅行课程主题名称命名有什么要求？

一、命名要求

主题泛指主要内容，具有核心、焦点、主旨、重心、中心、要旨等内涵，研学旅行课程主题是研学旅行教育活动的主旨与核心。课程主题的名字也就是课程标题，是对研学旅行整体内容的概括。

（一）课程主题命名的基本原则

研学旅行主题命名时需遵循以下基本原则：

1. 立德树人原则

立德树人原则是研学旅行课程主题命名时的首要原则。研学旅行要始终落实立德树人根本任务，倡导社会主义核心价值观；帮助学生了解国情、热爱祖国、开阔眼界、增长知识，提高社会责任感、创新精神和实践能力；感受祖国大好河山、感受中华传统美德、感受革命光荣传统、感受改革开放的伟大成就；增强中华民族的"四个自信"。

2. 教育性原则

教育性是研学旅行课程的内在要求，主题名称是研学旅行课程教育价值的外在呈现，课程主题的名字要突出教育性原则。

3. 题文一致性原则

题文一致性是课程主题命名时最基本的要求，课程主题要准确地概括课程的核心内容、精神和本质，做到内容真实、观点准确、文字精确、题文一致。主题命名不仅要求文字简练、概念准确、语意清晰，还需十分清楚地、直截了当地告诉学生课程的内涵与目标，而不是让学生自己去体会或猜测研学旅行课程内容。

4. 科学性原则

所谓科学性，一是指用词科学，包括选用专业术语，选用已经证实的结论性结果，不能选用俗语俚语，不能选用未经证实科学假想的内容；二是表述要科学，包括语言陈述方式要符合学生的阅读习惯，陈述内容的思想导向要符合科学认知等。

5. 规范性原则

规范性原则主要是指主题名字用词规范、主题风格符合学生身心发展规律、符合学生综合素质培养的需要，主题名称的内涵突出实践性，体现研学旅行活动的特征，反映时代发展和科技进步。

（二）课程主题命名的基本要求

准确规范、简洁醒目、新颖有趣、贴近实际是主题命名的四个基本要求。

1. 准确规范

课程名称要内容准确，表述规范；课程名称的外延必须与正文一致，与研学目标相吻合；课程名称的内涵不能太大，也不能太小，要把研学的对象和内容准确地表达清楚；课程名称不能用口号式、结论式、疑问式句型，应以陈述式句型表述；课程名称不能出现并列式、对仗式词组，能不要的字尽量不要。

2. 简洁醒目

标题要做到简洁醒目，请注意：课程名称长度不要超过20字；课程名称要新颖独特，富有新意；课程名称宜简不宜繁，宜短不宜长，尽量避免概念化语言，多用形象化、具体化语言；课程名称表述方式符合阅读习惯，避免晦涩的学究语言。

3. 新颖有趣

创新是推动事物发展的重要力量，新颖生动，不落俗套往往更能引起学习的兴趣。新颖让人难忘，但不能哗众取宠，有趣就有吸引力，但不能为了有趣而偏离研学目标。

4. 贴近实际

课程名称要贴近学生的生活实际，适宜学生的年龄特征。需要根据不同的学情和研学内容特点选择适合的标题。小学生适合趣味性、生活化的标题；初中生需要新颖、有挑战性的标题；高中生适合思考性更强一些的标题。

二、典型案例

案例呈现

案例4-1：

中小学综合实践活动推荐主题汇总（片段）

根据教育部《中小学综合实践活动课程指导纲要》我们对中小学综合实践活动推荐主题名称进行汇总整理如下：

3~6年级

考察探究类：节约调查与行动、跟着节气去探究、我也能发明、关爱身边的动植物、生活垃圾的研究、我们的传统节日、我是"非遗"小传人、生活中的小窍门、零食（或饮料）与健康、我看家乡新变化、我是校园小主人、合理安排课余生活、家乡特产的调查与推介、学校和社会中遵守规则情况调查、带着问题去春游（秋游）。

社会服务类：家务劳动我能行、我是校园志愿者、学习身边的小雷锋、红领巾爱心义卖行动、社区公益服务我参与、我做环保宣传员、我是尊老敬老好少年。

设计制作类：我是信息社会的"原住民"、"打字小能手"挑战赛、我是电脑小画家、网络信息辨真伪、电脑文件的有效管理、演示文稿展成果、信息交流与安全、我的电子报刊、镜头下的美丽世界、数字声音与生活、三维趣味设计、趣味编程入门、程序世界中的多彩花园、简易互动媒体作品设计、手工制作与数字加工、学做简单的家常餐、巧手工艺坊、魅力陶艺世界、创意木艺坊、安全使用与维护家用电器、奇妙的绳结、生活中的工具、设计制作建筑模型、创意设计与制作（玩具、小车、书包、垃圾箱等）。

职业体验类：今天我当家、校园文化活动我参与、走进博物馆、纪念馆、名人故居、农业基地、我是小小养殖员、创建我们自己的"银行"（如阅读、道德、环保）、找个岗位去体验、走进爱国主义教育基地、国防教育场所、过我们10岁的生日、红领巾相约中国梦、来之不易的粮食、走进立法、司法机关、我喜爱的植物栽培技术。

7~9年级

考察探究类：身边环境污染问题研究、秸秆和落叶的有效处理、家乡生物资源调查及多样性保护、社区（村镇）安全问题及防范、家乡的传统文化研究、当地老年人生活状况调查、种植和养殖什么收益高、中学生体质健康状况调查、中学生使用电子设备的现状调查、寻访家乡能人（名人）、带着课题去旅行。

社会服务类：走进敬老院、福利院、我为社区做贡献、做个养绿护绿小能手、农事季节我帮忙、参与禁毒宣传活动、交通秩序我维护。

设计制作类：组装我的计算机、组建家庭局域网、数据的分析与处理、我是平面设计师、二维三维的任意变换、制作我的动画片、走进程序世界、用计算机做科学实验、体验物联网、开源机器人初体验。

职业体验类：探究营养与烹饪、多彩布艺世界、我是服装设计师——纸模服装设计与制作、创作神奇的金属材料作品、设计制作个性化电子作品、智能大脑——走进单片机的世界、模型类项目的设计与制作、摄影技术与电子相册制作、3D设计与打印技术的初步应用、现代简单金木电工具和设备的认识与使用、基于激光切割与雕刻的创意设计、立体纸艺的设计与制作、"创客"空间、生活中的仿生设计、生活中工具的变化与创新、举行大队建队仪式、策划校园文化活动、举办我们的"3·15"晚会、民族节日联欢会、中西方餐饮文化对比、少年团校、举行建团仪式（14岁生日）、职业调查与体验、毕业年级感恩活动、制定我们的班规班约、军事技能演练、"信息社会责任"大辩论、走近现代农业技术。

10~12年级

考察探究类：清洁能源发展现状调查及推广、家乡生态环境考察及生态旅游设计、食品安全状况调查、家乡交通问题研究、关注知识产权保护、农业机械的发展变化与改进、家乡土地污染状况及防治、高中生考试焦虑问题研究、社区管理问题调查及改进、中学生网络交友的利与弊、研学旅行方案设计与实施、考察当地公共设施。

社会服务类：赛会服务我参与、扶助身边的弱势群体、做个环保志愿者、做农业科技宣传员、参与公共文化服务、做普法志愿者。

职业体验类：制定自然灾害应急预案及演练、关注中国领土争端、高中生生涯规划、走进社会实践基地、走进军营、创办学生公司、18岁成人仪式、业余党校、我的毕业典礼我设计。

案例 4-2：

浙江省研学旅行课程主题名称推荐（片段）

1. 我是嘉兴南湖景区红色讲解员
2. 我为红军叔叔编草鞋
3. 解放一江山岛战役纪念地迎宾情景剧表演
4. 海宁皮影戏表演才艺大比拼
5. 探访师爷博物馆
6. 木版年画技术体验
7. 走进植物园，我会辨植物
8. 剪纸技术传承
9. 考察四明山抗日根据地旧址群，传承"浙东延安"革命精神
10. 社区公益服务我参与
11. 体验中国传统桑蚕丝织技艺
12. 浙江建筑艺术探究
13. 体验非遗"拓片制作"
14. 活字印刷技术
15. 我是博物馆鉴宝小专家
16. 我是小小环卫工人
17. 从百草园到三味书屋情景剧表演
18. 越剧表演：我是小状元
19. 我是小交警
20. 书法小能手挑战赛
21. 我来制作八卦铜钱艺术品
22. 越剧文化探究
23. 京剧《沙家浜——智斗》表演
24. 嘉兴粽子制作技术
25. 畲族竹竿舞歌舞表演
26. 瓯绣制作体验
27. 拜师礼体验
28. 制作印章，探究篆刻文化
29. 盆花制作技术
30. 我是校园法庭小法官
31. 泥石流自然灾害逃生演练
32. 革命英雄故事演讲比赛
33. 我是杭州的小画家

34. 鲁迅来到我们学校
35. 红色歌曲歌手比赛
36. 抵抗鸦片，远离毒品演讲
37. 体验湖笔制作技艺
38. 国家重点保护珍稀动物调查
39. 我是小菜农，我来种蔬菜
40. 国家野生植物珍稀种类调查
41. 革命根据地新四军英雄调查
42. 探究雁荡山地质地貌
43. 调研绍兴特色小吃，探究中国饮食文化
44. 学渔网编织技艺，传承非物质文化遗产
45. 江南诗词大会比赛
46. 龙泉青瓷烧制技艺体验
47. 我是小小园艺师，我会种植金花茶
48. 我是小小烹饪师，我学会了火腿制作技艺
49. 河流能源宝库探源
50. 考察中国历史文化名镇——乌镇
51. 我是国土资源调查员
52. 探究摩崖石刻文化
53. 走进贡院，考察古代科举文化
54. 考察浙江余姚施岙遗址，探究远古农夫"沧海桑田"
55. 优秀青年入团仪式
56. 少先队员国旗下的讲话

（本案例根据李岑虎在浙江省研学旅行指导师培训班上的讲稿整理）

案例评析

案例 4-1 课程主题名称，是根据教育部《中小学综合实践活动课程指导纲要》附件中的内容整理而成，体现了研学旅行主题命名的立德树人原则、教育性原则、题文一致性原则、科学性原则和规范性原则。主题命名的题目准确规范、简洁醒目、新颖有趣、贴近实际，具有较强的权威性，对全国各地研学旅行具有普遍性参考作用。案例 4-2 课程主题名称，是研学旅行教育知名专家在浙江省研学旅行指导师培训班推荐的课程主题名称，对其他省市的导游朋友也具有参考借鉴意义，请结合自己研学旅行资源的实际情况参考使用。

（本案例由高霞点评）

第二节 研学旅行教学目标

案例导入

研学旅行专家王明忠质疑"三维目标"

在一次研学旅行课程设计大赛评委会上,文化和旅游部人才中心研学旅行指导师考评员、国家高级导游王明忠先生对《映象滇西·追缅忠魂》教案进行了犀利的点评。

研学旅行专家王明忠质疑三维目标

课程名称	映象滇西·追缅忠魂		研学对象	初中生
研学地点	松山战场遗址、来凤山战场遗址、国殇墓园和滇西抗战纪念馆、惠通桥遗址、滇缅公路(部分)			
课程目标	知识目标	了解滇西抗战的历史经过和意义;了解云南地理在国家安全上的重要价值		
	能力目标	体验滇缅公路修建的艰辛,学习野战行军的伪装技巧。学会用有限条件解决问题的方法		
	情感目标	通过沉浸式教学对救国救亡先烈们的缅怀与纪念,激发同学们树立实现中国梦的责任与担当		

王明忠认为:以上的教案片段,尤其是课程目标,尽管这个"知识、能力、情感"三维目标看起来好像很完美,最后的情感目标也很振奋人心,但是,同新时代学生核心素养目标相比,缺少了很多素养要点,此处的三维目标显得瘦骨嶙峋,不够丰满。陈旧的三维目标需要核心素养目标来完善和弥补,才能利于学生的全面发展,研学旅行尤其不能采用简单的陈旧的三维目标。如果真的习惯了原来三维目标的编写方式,建议再加上第四个维度——核心素养目标。

核心素养目标作为课程育人价值的集中体现,贯穿于课程目标、课程结构、课程内容、教学实践以及教学质量标准与评价的整个过程,核心素养导向下的研学旅行教学目标要体现研学旅行教学与核心素养培养的融合。

 案例思考

1. 为什么王明忠老师认为这里的三维目标存在问题?目前你还在使用三维目标吗?
2. 你认为编写研学旅行课程目标应该有什么要求?
3. 实践中你在编写研学旅行课程目标时有什么诀窍和参考模式?

一、编写要求

研学旅行课程目标是在课程设计与开发过程中研学旅行课程本身要实现的具体要求，期望一定阶段的学生在德、智、体、美、劳等方面所达到的程度。课程目标具有重要的导向性和引领指导价值，既是落实立德树人、培养人才的根本任务，也是对研学旅行课程开发、实施和评价提出的总体性质量要求。引领研学旅行课程开发和实施的方向，是课程内容、课程实施、课程评价的重要参考标准，也是衡量研学旅行活动是否成功的主要标准。

（一）教学目标编写原则

1. 思想性原则

研学旅行以立德树人、培养人才为根本目的。研学旅行课程目标编写必须突出思想政治性，强调立德树人目标，培养新时代中国特色社会主义新人。

2. 可测性原则

在陈述课程目标时，应力求目标准确、具体、表述清晰，体现目标的可操作性和可检测性。课程目标的表述要详细规定学生所要达到的发展水平，有明确的数据或可观测的表现，并使之具体化，便于指导师、学生和研学旅行活动各方管理者检测达成目标。

3. 针对性原则

课程目标不应是固定的、公式化的，维度顺序也不应是一成不变的，而应相对精准地体现研学旅行课程性质、课程内容的重点与难点、学生特点及其在特定社会时期的发展需求。

4. 实际性原则

实际性，即根据学生的素质、经历等情况，以实际工作要求为指导，确定切合实际的可达成的目标。考虑在目前条件下是否可行或可操作，是否高不可攀，没有任何意义。

5. 层次性原则

层次性原则是指课程目标设计要考虑到地域差异、学生个体的差异以及学习结果的层次差异性，根据这些差异制定相应的课程目标，保障课程目标的针对性。

（二）教学目标编写方式

1. 教学目标的组织结构

一个完整的课程目标包括四个要素，即：

（1）行为主体，意为学习者，这里指学生，是目标表述中的主语。行为目标在描写时应指向学生的学习行为而不是教师的教授行为。规范的行为目标开头应当要清楚地表明达成目标的行为主体是学生，例如"学生……""学生能辨认……""学生能背诵……""学生能解释……""学生能评价……"等描述。

（2）行为动词，说明通过学习后学生应该学会做什么，是目标表述句中的谓语和宾语。这是目标表述中的最基本的成分，不能省略。课程目标应采用可观察、可操作、可检验的行为动词来描述。

（3）行为条件，说明上述行为在什么条件下产生，是目标表述的状语。如"通过小组探究学习，制定……""在网上收集材料，检验……"等。

（4）表现程度，规定学生达到上述行为的最低标准，用来测量学生学习的结果所达到的程度。如"能准确无误地说出……""详细地写出……""客观正确地评价……"等表述中的状语部分，正是限定了目标水平的表现程度，以便检测。

2. 教学目标的编写方式

完整的课程目标体系包括三类：结果性目标、体验性目标、表现性目标。因此，目标陈述也有相应的三种基本方式：结果性目标陈述方式、体验性目标陈述方式、表现性目标陈述方式。

（1）结果性目标陈述方式。结果性目标说明学生的学习结果是什么，指教学过程结束后学生身上所发生的行为变化。这种目标指向具有精确性、具体性、可操作性的特点，主要掌握于研学旅行中的"知识与技能"领域。结果性目标细分为"知识"和"技能"两个子领域。"知识"分为了解、熟悉和掌握三个层次，"技能"分为模仿、独立操作和迁移三个层次的技能。

【知识方面】

①了解层次：包括再认或回忆知识；识别、辨认事实或证据举出例子；描述对象的基本特征等。常用的行为动词有：说出、背诵、辨认、回忆、选出、举例、列举、复述、描述、识别、再认等。譬如，运用地质年代表等资料，简要描述地球的演化过程。

②熟悉层次：包括把握内在逻辑联系；与已有知识建立联系；进行解释、推断、区分、扩展提供证据；收集、整理信息等。常用的行为动词有：解释、说明、阐明、比较、分类、归纳、概述、概括、判断、区别、提供、转换、猜测、预测、收集、整理等。譬如，运用示意图，说明地球的圈层结构；《走进"纸"的世界》课程目标：阐述说明蔡伦的贡献及蔡侯纸的优点。

③掌握层次：包括在新的情境中使用抽象的概念、原则；进行总结、推广；建立不同情境下的合理联系等。常用的行为动词有：掌握、使用、摘抄、设计、解决、撰写、拟定、检验、总结、推广、证明、评价等。譬如，结合实例，说明不同生态系统（类型）对人类活动的影响；《走进"纸"的世界》课程目标：分析归纳出造纸术对中国和世界文明的作用。

【技能方面】

①模仿技能：包括在原型示范和具体指导下完成操作；对所提供的对象进行模拟、修改等。常用的行为动词有：模拟、重复、再现、模仿、例证、临摹、扩展、缩写等。譬如，绘制太阳大气的圈层结构图。

②独立操作技能：包括独立完成操作；进行调整与改进；尝试与已有技能建立

联系等。常用的行为动词有：完成、表现、制定、解决、拟定、安装、绘制、测量、尝试、试验等。譬如，会用简单的实验仪器，能测量一些基本的物理量。

③迁移技能：包括在新的情景中运用已有技能；熟悉同一技能在不同情境中的适用性等。常用的行为动词有：联系、转换、灵活运用、举一反三、触类旁通等。譬如，根据旅游资源和交通运输状况，结合实例设计旅游出行的时间、线路。

（2）体验性目标陈述方式。体验性目标主要是描述学生自己的心理感受、情绪体验，所采用的行为动词是体验性的、过程性的。这种方式是体验性的、过程性的，指向无须结果化的或难以结果化的课程目标，主要运用于"过程与方法""情感态度与价值观"领域。体验性目标分为三个层次，即经历（感受）、反应（认同）和领悟（内化）。

①经历（感受）层次。包括独立从事或合作参与相关活动、建立感性认识等。常用的行为动词有：经历、感受、参加、参与、尝试、寻找、讨论、交流、合作、分享、参观、访问、考察、接触、体验等。譬如，在特定的活动中，学生获得一些初步的经验；《世界工厂——中国制造（福耀玻璃）》课程目标：感受、认识反映中国经济的制造业的具体形态。

②反应（认同）层次。包括在经历基础上表达感受、态度和价值判断；做出相应的反应等。常用的行为动词有：遵守、拒绝、认可、认同、承认、接受、同意、反对、愿意、欣赏、称赞、喜欢、关注、重视、尊重、爱护、珍惜、激发、激励、拥护等。譬如，喜欢阅读，感受阅读的乐趣；《世界工厂——中国制造（福耀玻璃）》课程目标：通过观察科学、严密的生产组织过程，领会精益求精的精神和科技的力量，激发学生对科学技术应用的兴趣；从企业创始人曹德旺的成功历程和慈善行为感受中国人民的智慧、勤劳、善良。

③领悟（内化）层次。包括具有相对稳定的态度；表现出持续的行为；具有个性化的价值观念等。常用的行为动词有：形成、养成、具有、热爱、树立、建立、坚持、保持、确立、追求等。譬如，具有学习和研究物理的好奇心与求知欲；《世界工厂——中国制造（福耀玻璃）》课程目标：培养"我为中国人和中国而骄傲"的民族自豪感和爱国情感。

（3）表现性目标陈述方式。表现性目标旨在培养学生的创造性，强调研学旅行及其结果的个性化。表现性目标的陈述，不是规定学生在研学旅行过程结束后应该展示的行为结果，而是强调学生在研学旅行情境中获得的个人意义。表现性目标主要应用于职业体验类、设计制作类、艺术研学类课程的陈述。表现性目标划分为复制和创作两个层次能力。

①复制能力。根据指导师的提示重复某项活动；利用可得到的资源，复制某项作品、产品或某种操作活动；按指导师指令或提示，利用多种简单技能从事某项任务等。常用的行为动词有：从事、做、说、画、写、表演、模仿、表达、演唱、展示、复述等。譬如，能够用打击乐器或其他声音材料合奏或为歌曲伴奏。

②创作能力。按照提示，从事某种较复杂的创作；按照自己的思想和可得到的资源完成某种服务，利用多种技能创作某种产品。常用的行为动词有：设计、制作、描绘、涂染、编织、雕塑、拓、收藏、表演、编演、编曲、扮演、创作等。譬如，能够以各种声音材料或不同的音乐表现形式，即兴编创音乐故事、音乐游戏并参与表演。譬如，下列案例中的表现性目标：考察和评估《黄河流域生态保护》的重要意义；在两个小时内考察完中国人民革命军事博物馆，讨论时列出对您印象最深刻的五件红色革命事件；参观北京野生动物园，讨论在那里看到的最有趣的几件事。从这些案例可以看出，表现性目标关注的不是事先规定的结果，而是学生在活动中表现出来的创造性表现。它为学生提供了活动的领域，至于结果则是开放的。表现性目标对学习结果和水平未进行界定，因此课程评价在操作上有一定难度。

（三）教学目标编写维度

1. 综合实践目标

《中小学综合实践活动课程指导纲要》指出中小学综合实践活动课程的总目标包括价值体认、责任担当、问题解决、创意物化四个方面的意识和能力。我们认为在研学旅行课程目标的编写上，要与中小学综合实践活动课程目标统筹考虑，研学旅行专题课程目标完全可以包括价值体认、责任担当、问题解决、创意物化四个方面（见表4-1）。

表4-1 研学旅行课程目标

课程目标	价值体认	
	责任担当	
	问题解决	
	创意物化	

表4-1中的具体内容，根据学生学段层级差别，可以直接套用或改编《中小学综合实践活动课程指导纲要》中的学段目标。

2. 核心素养目标

我国学生的核心素养以培养"全面发展的人"为核心，其框架由文化基础、自主发展、社会参与三个方面构成，综合表现为人文底蕴、科学精神、学会学习、健康生活、责任担当、实践创新6大素养，具体细化为人文积淀、人文情怀、审美情趣、理性思维、批判质疑、勇于探究、乐学善学、勤于反思、信息意识、珍爱生命、健全人格、自我管理、社会责任、国家认同、国际理解、劳动意识、问题解决、技术应用18个基本要点。我们在设计研学旅行课程目标时结合这18个基本要点编写。

3. 特别说明

（1）在教学实践中，综合实践目标、核心素养目标两种目标编写方式可任意选择。

（2）如果遇到劳动教育研学旅行课程，最好采用劳动教育目标编写方式直接编写。

知识拓展

劳动教育目标

《大中小学劳动教育指导纲要（试行）》明确指出劳动教育的总体目标。准确把握社会主义建设者和接班人的劳动精神面貌、劳动价值取向和劳动技能水平的培养要求，全面提高学生劳动素养，使学生：树立正确的劳动观念；具有必备的劳动能力；培育积极的劳动精神；养成良好的劳动习惯和品质。每一个维度的具体内容，根据学生学段层级差别，可以参照《大中小学劳动教育指导纲要（试行）》中的教育目标和学段要求来编写。

（3）坚决反对原来的三维目标即知识目标、能力目标、情感目标，割裂了综合素质目标和核心素养目标的联系，孤立强调这三个目标，限制了学生的全面发展，不符合核心素养目标要求。

二、典型案例

案例呈现

案例4-3：

考察中央红军标语博物馆，追忆少共国际师精神（片段）

【研学地点】永安市洪田镇马洪村上坪中央红军标语博物馆

【研学目标】

1. 价值体认

通过中央红军标语博物馆实地探究考察，充分了解《红军标语》《少共国际师》《红军医院》的故事，让学生了解"红军标语"在土地革命战争时期的重要性及积极性，以及在中国共产党及其领导下的中国工农红军艰苦卓绝而又光荣伟大的革命历史，从而珍惜今天和平安定的幸福美好生活。

2. 责任担当

通过中央红军标语博物馆探究学习和体验活动，学生增强社会责任感和使命感，提高创新精神和实践能力，树立立志成才报效祖国的远大理想。

3. 问题解决

通过制作担架、现场救护演练、制作草鞋、制作红军饭活动，让学生学会野外生存本领，教育学生懂得知恩、报恩，把红军精神与日常的学习生活结合起来，以实际行动弘扬红军艰苦奋斗、积极创造、勇敢进取的精神。

4.创意物化

让学生通过上台演讲、个人展示、写红色研学日记等中央红军标语博物馆研学活动，进一步理解红军革命精神在现实生活中的深刻含义，传承我党红色基因、继承革命先辈遗志。让学生认识到现如今和平、幸福、美好生活的来之不易，珍惜今天的幸福生活。

（本案例由中央红军标语博物馆研学实践基地廖延斌、张水敏编写）

中央红军标语博物馆　摄影：廖延斌

案例4-4：

走进东方红农耕博物馆探究制造拖拉机的神奇奥秘

【研学背景】

东方红农耕博物馆位于洛阳的中国第一拖拉机厂前广场西侧，于2010年1月动工，2012年正式对外开放。展陈面积近5000平方米，集收藏、展陈、宣传、教育和研究等多种功能于一体。通过珍贵的历史图片、文物史料，配以声、光、电等现代化手段，再现农耕发展的历史画卷。馆内收藏了新中国成立初期进口拖拉机、国产第一代履带拖拉机、第一代水旱两用轮式拖拉机等众多具有历史意义的农耕机械，全面展示中国现代农耕机械装备的发展历程，展示中国农业机械化的丰硕成果。2013年东方红农耕博物馆被评为河南省爱国主义教育示范基地。

【研学目标】

通过让学生查看东方红农耕博物馆资料、实地考察验证、互动交流探讨、成果展示评比等方式的研学旅行活动，旨在让学生了解民族企业中国第一拖拉机厂的大国工匠精神，熟悉中国拖拉机重工业历史轨迹，探究制造拖拉机的神奇奥秘。通过聆听讲解员的讲解，让学生熟悉中国拖拉机工业历史，引导学生了解中国国情、省情、乡情，掌握新时代中国拖拉机工业的伟大成就，体会古代劳动人民的辛苦，感受科学技术的发展给人们带来的巨大帮助，感受中国人民的勤劳智慧，激发学生的爱党爱国情怀，立志发奋学习，将来为国家做出积极贡献。

案例 4-5：

我为平北红色第一村党支部做党旗
——北京市延庆区沙塘沟村研学旅行专题课程方案

课题名称		我为平北红色第一村党支部做党旗	研学对象	小学六年级
基地背景		平北红色第一村位于北京市延庆区大庄科乡沙塘沟村。抗日战争时期，这里是平北抗日根据地最早发展的地区，也是平北地区第一个抗日联合政府昌延联合县的中心区。1938 年 12 月，平北地区第一个农村党支部在沙塘沟村诞生，发展了 6 名农村党员，中国共产党在这里播下了火种。战争年代，老区人民同日本鬼子进行了艰苦卓绝的斗争，游击队支援前线，妇救会为战士做饭、做军鞋、缝补军装，儿童团站岗放哨，村民团结一心，为抗击日寇做出了重大贡献。2004 年平北红色第一村被北京市委宣传部、团市委等五家单位联合命名为"大学生社会实践基地"。2005 年 4 月，县妇联授牌该村为"巾帼红色教育基地"		
教学目标	劳动观念	在制作党旗的过程中，感受劳动的独特魅力，感受党旗的设计与制作倾注了老一辈革命家的心血和劳动，树立尊重党旗、尊重革命先烈的思想，养成热爱劳动的观念		
	劳动能力	明确党旗的构成，学生能说出党旗的规格，能够按照流程规范制作一面党旗。在制作党旗时，学生能够严格按照党旗的长宽比例和党徽的位置不断地调整设计，并规范制作		
	劳动精神	领会革命先烈用热血和牺牲换来幸福生活的奉献精神，激发自身身处新时代懂得用自己劳动来为社会做贡献的热情		
	劳动习惯和品质	养成劳动前规划、劳动中管理、劳动后清场的良好劳动习惯；提升劳动品质意识		

案例评析

一、编写格式

案例 4-3 中的课程目标，依据《中小学综合实践活动课程指导纲要》中规定的课程目标编写而成的。这种综合实践活动课程目标包括价值体认、责任担当、问题解决、创意物化四个维度，条理清晰、形式整齐、内容全面，具有可操作性、可模仿性，且是根据教育部指导的课程目标格式来编写，相对权威。

案例 4-4 虽然没有明显归类编写格式，但是我们也不难看出它具有了学生核心素养目标的雏形。里面体现了"培养全面发展的人为核心"思想，语言的表述上反映了科学精神、学会学习、责任担当、实践创新素养，蕴含着人文情怀、理性思维、批判质疑、勇于探究、乐学善学、勤于反思、自我管理、社会责任、国家认同、劳动意识、问题解决、技术应用等基本要点，应该说是个基本到位的研学旅行目标，具体还需要看在教学实践中如何得到落实。

案例 4-5 我为平北红色第一村党支部做党旗专题课程目标，采用劳动教育目标方式编写，直接套用了教育部《大中小学劳动教育指导纲要（试行）》中规定的格式和内容，结合在平北红色第一村党支部做党旗的实际情况编写而成，全文围绕教育部《大中小学劳动教育指导纲要（试行）》中的劳动教育目标展开，引领正确，导向恰当，编写规范，利于评估考核，也能促进劳动教育的良性开展。

二、目标动词的陈述方式

以上三个案例里面的动词的表述，很有借鉴意义，需要导游朋友认真模仿体会。譬如，了解……培养……；养成……；建立……；树立……，做……；提升……；减轻和防止……；积累……绘制……提升……；通过……学生了解……从而……；通过……学生增强……提高……树立……；教育学生……理解……传承……；通过让学生……旨在让学生了解……熟悉……探究……；通过……让学生熟悉……引导学生……掌握……激发学生……感受……倾注了……，树立……；明确……能说出……能够……；领会……激发……；养成……提升……等。

（点评人：高霞）

第三节　研学旅行教学内容

教育部公布全国中小学生研学实践教育基地优质课程资源内容

2018年6月6日教育部办公厅发布《关于开展"全国中小学生研学实践教育基（营）地"推荐工作的通知》指出，研学旅行基地包括各地各行业现有的属于下列主题板块之一的优质资源单位。

1. 优秀传统文化板块。包括旅游服务功能完善的文物保护单位、古籍保护单位、博物馆、非遗场所、优秀传统文化教育基地等单位，能够引导学生传承中华优秀传统文化核心思想理念、中华传统美德、中华人文精神，坚定学生的文化自觉和文化自信。

2. 革命传统教育板块。包括爱国主义教育基地、革命历史类纪念设施遗址等单位，引导学生了解革命历史，增长革命斗争知识，学习革命斗争精神，培育新的时代精神。

3. 国情教育板块。包括体现基本国情和改革开放成就的美丽乡村、传统村落、特色小镇、大型知名企业、大型公共设施、重大工程等单位，能够引导学生了解基本国情及中国特色社会主义建设成就，激发学生爱党爱国之情。

4. 国防科工板块。包括国家安全教育基地、国防教育基地、海洋意识教育基地、科技馆、科普教育基地、科技创新基地、高等学校、科研院所等单位，能够引导学生学习科学知识、培养科学兴趣、掌握科学方法、增强科学精神，树立总体国家安全观，树立国家安全意识和国防意识。

5. 自然生态板块。包括自然景区、城镇公园、植物园、动物园、风景名胜区、世界自然遗产地、世界文化遗产地、国家海洋公园、示范性农业基地、生态保护区、野生动物保护基地等单位，能够引导学生感受祖国大好河山，树立爱护自然、保护生态的意识。

 案例思考

1. 根据上述材料，你认为研学旅行教学内容有哪些种类？
2. 面对丰富多彩的研学旅行课程内容，我们如何科学地选择？

一、选择要求

研学旅行课程内容是指研学旅行课程以研学旅行目标为根据，并遵循不同学段青少年学生的身心发展规律，考虑到学生认知活动的特性，对学生所要学习的研学旅行课程内容选编而成的研学旅行课程体系。它包含学生旅行参观、考察和体验的研学点、旅游景区载体、活动场馆、基（营）地的资源及其承载的文化、技术、概念、原理、方法和传递的思想与价值观。研学旅行课程内容具系统性、完整性、科学性、规范性、教育性、实践性、体验性，以及结果的发散性等特点。

（一）课程内容的选择依据

1. 与课程目标相对应

在确定好课程目标后，课程内容的选择就必须依据课程目标，即有什么课程目标，便有什么课程内容，课程目标与课程内容趋于一致，这样整个课程才会趋于完整。

2. 与学生需求相契合

课程内容要契合学生的需要，要能够激发学生的学习兴趣，从而使学生在学习过程中得到知识、能力、情感、心理等多方面的满足。学生参加研学旅行活动，其实际获得的满足既可以是物质层面的，也可以是技能与思维层面的，还可以是精神层面的。

3. 与学生学段相匹配

课程内容要与学生的基础能力相匹配，与学生学段相匹配。研学旅行课程内容具有学段性特征，同一研学旅行课程资源在不同学段的课程中内容的呈现应有所区别。课程内容的深度、广度及表现形式都要与学生的学段特点相适应。

4. 与课程时间相一致

课程设计者选择课程内容，要与适量的课程时间相一致。在时间总数固定的情况下，给予最重要、次重要、一般重要的内容合理的时间配置，同时考虑各部分课程内容所需的教学活动时间，安排得当。

5. 与课程资源相结合

课程内容的选择要考虑丰富的、可用的课程资源。如果相关的课程资源缺乏，就要删除或削减这一部分课程内容。

（二）课程内容的选择方法

1. 学生需求法

通过各种途径和方法对学生进行需求调查研究，并对调查研究中获得的数据进行分析，找到学生集中的需求点，然后根据学生需求确定课程内容。

2. 经验检索法

在研学旅行课程开发过程中，课程设计者要结合自己以往的专业经验和知识，对每个课程内容大纲的内容进行补充，将潜藏在大脑深处的内容挖掘出来。

3. 文献研究法

通过查阅书籍、学术期刊以及网络资料，了解掌握国家教育主管部门有关研学旅行的相关规定、国内外开展研学旅行的相关经验和成果，为本次研学旅行的课程设置提供理论支撑。

4. 经验转化法

在课程开发过程中除了运用自己的知识和经验，还可以参考借鉴他人及其他学校以往的研学旅行活动案例进行研究，总结成功经验，吸取失败教训；并将其中成功的经验转化、运用到自己的课程内容设计中。

5. 专家推荐法

在课程开发过程中，还可以参考行业资深专家的知识和经验，有效弥补自身知识和经验的不足，提升课程的可操作性和有效性。

二、典型案例

案例呈现

案例4-6：

濮阳市"我爱龙乡"研学实践教育精品课程内容丰富多彩

河南省濮阳市示范性综合实践基地在编写《濮阳研学谋新篇华夏龙都好少年——濮阳市"我爱龙乡"研学实践教育精品课程》内容时，基地负责人张双军主任组织校内课程设计专家多次召开课程内容教学研讨会，商讨研学旅行课程内容。老师们到本市中小学走访调查，询问学生喜欢的研学旅行内容，征求中小学老师的意见和建议，查阅本基地过去成功的研学旅行案例，购买研学旅行书刊以及网络资料，考察国内同行先进经验，听取省教育厅专家意见，到外省基地调研考察，参加国家教育行政学院举行的研学旅行培训。同时邀请国内知名专家到基地授课，听取教育、旅游、农业、工业等领域专家的意见，最终确立了《走进基地场馆传承龙都文化》

《寻访红色足迹赓续红色基因》《走进杂技故里感悟杂技精神》《探秘龙乡起源品味厚重濮阳》等6条研学实践主题课程，开设《麦秆画制作》《沙画艺海泛舟》《包饺子》《华夏龙都线装书制作》《冀鲁豫边区抗战史考察探究》《我为八路军叔叔编草鞋》《蔬菜种植》《植物辨别》《叶脉化石制作》《刨红薯》等51个研学旅行课程内容，深得中小学师生好评，成为河南首批省中小学社会实践教育基地、首批河南省中小学研学旅行实践基地、河南省中小学社会综合实践基地。

（本案例由濮阳市示范性综合实践基地张双军组织编写）

师生共研　来源：张双军

案例评析

案例4-6描写的是河南省濮阳市示范性综合实践基地在编写《濮阳研学谋新篇华夏龙都好少年——濮阳市"我爱龙乡"研学实践教育精品课程》时，选择课程内容的一些做法。在教学内容选择时，该基地征求中小学老师和学生的意见，遵循了学生自主性原则；《麦秆画制作》《包饺子》《华夏龙都线装书制作》《我为八路军叔叔编草鞋》《蔬菜种植》《植物辨别》《叶脉化石制作》《刨红薯》体现了研学内容的实践性原则和跨学科的开放性原则，让学生真正地动起来，学会动手、动眼、动耳、动口、动脑，调动所有感官，让学生亲身经历参与实践活动。在课程内容的选择时做到了与学生需求相契合、与学生基础相匹配、与当地课程资源相结合，且能运用研学旅行界最新成果。在课程内容的选择方法上，大胆地采用了学生需求法、经验检索法、文献研究法、经验转化法、专家推荐法、跨领域借用法，为课程内容开发带来更多的资讯和研学活力。基地研学实践指导师们精益求精、不辞辛苦的敬业精神值得敬仰，其做法堪称业界典范。

（点评人：高霞）

案例4-7：

研学旅行导游服务

"传统工艺制作"任务群课程内容项目要求 片段

2022年教育部制定的《义务教育劳动课程标准》"传统工艺制作"任务群课程内容项目要求如下：

（一）第一学段（1~2年级）

任务群5：传统工艺制作

内容要求：选择1~2项传统工艺制作项目，如纸工、泥工、编织等，了解制作需要的基本材料和常用工具，在教师指导下按照要求和步骤进行简单作品制作，体验传统工艺制作过程。初步运用文字及图画表达自己的方案构想，对工艺作品进行简单的评价。

素养表现：能简单表达自己的方案构想，并使用常用工具制作简单的传统工艺作品。感受传统工艺的奇妙，初步养成认真劳动、合理利用材料的良好劳动习惯，形成乐于动手的劳动态度。

活动建议：结合日常生活情境开展传统工艺制作活动。例如，从春节等传统节日特点出发学习纸工，激发学生的劳动兴趣。指导学生根据操作步骤和要求完成制作，让学生获得劳动成就感，充分感受传统工艺的奇妙，以及劳动带来的美好体验。

（二）第二学段（3~4年级）

任务群6：传统工艺制作

内容要求：选择1~2项传统工艺制作项目，如纸工、泥工、布艺、编织等，了解制作的技能和方法。识读简单的示意图，尝试设计简单作品，并参考规范流程进行制作。

素养表现：能设计并制作简单的传统工艺作品，感受传统工艺技术的精湛，以及劳动的艰辛和收获的快乐，形成传承并发扬传统工艺的意识。初步养成专心致志的劳动品质。

活动建议：可以结合春节、元宵节、劳动节、国庆节等节日，开展主题活动。例如，根据春节贴窗花的习俗，安排剪纸项目，让学生设计、制作窗花；也可在元宵节开展小灯笼的设计与制作活动，并进行展示、交流，活动中引导学生体验工艺制作过程。通过制作作品，体会传统工艺的魅力，理解劳动创造美好生活的道理。

（三）第三学段（5~6年级）

任务群5：传统工艺制作

内容要求：选择1~2项传统工艺制作项目，如陶艺、纸工、布艺、编织、印染、皮影、木版画等，了解其特点及发展历史，初步掌握制作的技能和方法。读懂基本的实体图、示意图、装配图等。根据劳动需要，设计方案并选择合适的材料和工具制作简单作品。

素养表现：能根据劳动需要，设计并制作简单的传统工艺作品，说明传统工艺的价值，感受传统工艺劳动的智慧，初步形成传承中华优秀传统文化的意识。感受工匠精神，初步形成追求创新的劳动精神。

活动建议：根据学校实际情况、地方历史文化，选择开展适宜的劳动实践。本任务群的学习可以与非物质文化遗产的保护与传承、工匠精神的弘扬结合起来，可以邀请当地的非物质文化遗产代表性传承人、技能大师进校园，开展劳动实践指导，或者融合当地场馆资源开发劳动项目，如主题印染活动、陶艺器皿的设计与制作、风筝的制作等。

（四）第四学段（7~9年级）

任务群5：传统工艺制作

内容要求：选择1~2项传统工艺制作项目，如陶艺、纸工、布艺、木雕、刺绣、篆刻、拓印、景泰蓝、漆艺、烙画等，了解其基本特点，熟悉制作的基本技能与方法。根据劳动需要，综合运用工艺知识进行设计，通过绘制规范的示意图表达设计方案，并合理选择相应的技能进行制作。

素养表现：能根据劳动需要设计与制作传统工艺作品，感受传统工艺作品中蕴含的人文价值和工匠精神。树立传承中华优秀传统文化的观念，初步养成精益求精、追求品质的劳动精神。

活动建议：根据学生已有的基础、学校的条件及当地特色传统工艺等情况来选择项目。可以结合端午节、中秋节、校庆等节庆活动，开展综合性传统工艺劳动和制作，如综合纸工、编织、布艺等。指导学生根据不同的情境，结合不同需求设计体现传统文化、当地特色的方案，并以团队合作形式完成具体制作。

案例评析

从教育部制定的《义务教育劳动课程标准》来看，同样的"传统工艺制作"课程主题，不同的年级学段，具体课程项目内容要求却不一样。1~2年级、3~4年级、5~6年级、7~9年级四个学段内容项目数量逐步增多，项目制作难度逐步加大，素养表现即劳动教育目标要求逐步提高，这体现了研学旅行课程内容的选择要与学生需求相契合、与学生学段相匹配的要求。因此我们在选择研学旅行课程内容时，要考虑研学旅行的学段性特征和学生学段实际，同一研学旅行课程资源在不同学段的课程中内容的呈现应有所区别。课程内容的深度、广度及表现形式都要与学生的学段特点相适应，不能不同年级、不同学段使用千篇一律的课程项目内容和要求。在设计课程方案时，要注明研学对象的年级，教学活动时根据不同年级采用不同的研学旅行方式和方法，坚决杜绝人人都能通用的研学旅行内容、放之四海而皆准的研学旅行方式、万年不变的研学旅行方法。

（本案例由李岑虎点评）

第四节　研学旅行教学方式

李岑虎在接受福建电视台记者采访

案例导入

李岑虎如是说

研学旅行教育专家李岑虎在永安市中央红军标语博物馆接受福建电视台记者采访时指出：研学旅行是中小学综合实践活动的一种新课程形态，研学旅行与综合实践活动在培育培养学生核心素养，尤其是在价值体认、责任担当、问题解决、团队合作、实践创新等学生发展核心素养方面都起到了不可替代的作用。因此，研学旅行的教学方式和教学方法应该和综合实践活动课程方式、方法来统筹考虑。

案例思考

1. 李岑虎老师说的"中小学综合实践活动课程"是什么？
2. 中小学综合实践活动课程的活动方式有哪些？

一、主要类型

研学旅行方式是指导师在进行研学旅行教学时，为完成研学旅行教学目标，而灵活使用的各种形式。根据教育部《中小学综合实践活动课程指导纲要》和《大中小学劳动教育指导纲要（试行）》中提到的活动方式，我们归纳了以下七种供参考。

（一）考察探究

考察探究是学生基于自身兴趣，在教师的指导下，从自然、社会和学生自身生活中选择和确定研究主题，开展研究性学习，在观察、记录和思考中主动获取知识、分析并解决问题的过程，如野外考察、社会调查、综合实践等。考察探究注重运用实地观察、访谈、实验等方法，获取材料，形成理性思维、批判质疑和勇于探究的精神。

考察探究的主要流程包括：明确研学旅行目标；发现并提出问题；提出假设，选择方法，研制工具；获取证据；提出解释或观念；交流、评价探究成果；反思和改进。

（二）社会服务

社会服务指学生在教师的指导下，走出教室，参与社会活动，以自己的劳动满足社会组织或他人的需要，如公益活动、志愿服务、勤工俭学等。它强调学生在满足被服务者需要的过程中，获得自身发展，促进相关知识技能的学习，提升实践能力，成为履职尽责、敢于担当的人。

社会服务的主要流程包括：明确研学旅行目标；明确服务对象与需要；制订服务活动计划；开展服务行动；反思服务经历，分享活动经验。

（三）设计制作

设计制作指学生运用各种工具、工艺进行设计，并动手操作，将自己的创意、方案付诸现实，转化为物品或作品的过程，如动漫制作、编程、陶艺创作等。设计制作注重提高学生的技术意识、工程思维、动手操作能力等。在课程实施过程中，鼓励学生手脑并用，灵活掌握、融会贯通各类知识和技巧，提高学生的技术操作水平、知识迁移水平、体验工匠精神等。

设计制作式的主要流程包括：明确研学旅行目标；创意设计；选择活动材料或工具；动手制作；交流展示物品或作品，反思与改进。

（四）职业体验

职业体验是指学生在教师的指导下，从实际工作岗位上或模拟情境中见习、实习，体认职业角色的过程，如军训、学工、学农等。职业体验注重让学生获得对职业生活的真切理解，发现自己的专长，培养职业兴趣，形成正确的劳动观念和人生志向，提升生涯规划能力。

职业体验的主要流程包括：明确研学旅行目标；选择或设计职业情境；实际岗位演练；总结、反思和交流经历过程；概括提炼经验，行动应用。

（五）党团队教育活动

党团队教育活动是指由中国共产党、中国共青团、中国少先队组织机构开展的影响学生身心发展的各种有主题、有目的性的教育活动，如红领巾爱心义卖行动、我为团旗添光彩、党旗下的演讲比赛等。它注重对学生的政治思想品德教育，培养学生爱国、爱党、爱团、爱少先队组织的理想信念，具有高尚的爱国情怀。

党团队教育活动式的主要流程：明确活动目的；制订活动计划；开展教育活动；活动成果展示；反思与改进。

（六）博物馆参观

博物馆参观是指学生在教师的指导下，对专业博物馆进行参观、考察、探究，如参观军事博物馆、海洋博物馆、历史博物馆等。它注重学生的亲历感悟、实践体验、行动反思，形成理性思维，通过对博物馆的文化展示，使学生了解人类文明、民族历史积淀，获得崇拜感和自豪感，拓宽个人视野，培养主动探索和开拓进取的创新精神，培养学生的爱国情怀。

博物馆参观式的主要流程：选择适宜的主题活动场馆；确定研学旅行课程内容；确定场馆活动教学目标；确定活动场地，拓宽活动区域；参观考察场馆，聆听讲解员讲解；学生分组活动，自主探究、实践体验；开展小组交流，分享参观感受；活动成果交流、激励提升；活动回顾反思与总结。

（七）劳动教育

劳动是创造物质财富和精神财富的过程，是人类特有的基本社会实践活动。劳动教育是发挥劳动的育人功能，对学生进行热爱劳动、热爱劳动人民的教育活动。劳动教育具有鲜明的思想性，具有突出的社会性，也具有显著的实践性。

劳动教育的主要流程：明确劳动教育目标；选择活动材料或工具；劳动技术和流程讲解、说明、示范；淬炼操作，学生动手参与劳动；项目实践；反思交流；榜样激励；教育评价。

二、典型案例

案例呈现

案例4-8：瞄准靶心："考察探究式"研学旅行指导的策略

以《我爱我的家乡》为例，看"考察探究式"研学旅行教学流程

一、瞄准学习内驱力，搭建"研学前"的活动支架

（一）确定课题

研学旅行的研究点十分丰富，涵盖了自然、经济、科技、历史和文化特色等方面。例如，学生受认知局限，无法在"家乡"范围中确定一个研究课题，这就需要教师做选题指导。课题选择包含两个层次：一是教师根据自己的专业特长初定课题，提供给学生选择；二是根据学生的兴趣爱好，为他们量身定制研学课题。桐乡是个江南小镇，具有明显的水乡特色，又是经济发达地区。于是，教师根据实际情况，向学生提供了"家乡的风景名胜"和"家乡的特色经济"两个课题，由学生结合自己的兴趣从中进行选择。

（二）提出问题

研学旅行是以项目式学习构建的一种综合实践活动，是学生综合运用已有知识发现问题、探究问题、解决问题的过程。其中，提出问题是活动开展的关键因素。教师应把指导重点放在问题是否有价值，是否适合研学旅行，是否符合学生的认识水平和能力等思考上。例如，学生通过查阅文献资料，初步了解乌镇、濮院古桥群、丰子恺故居、崇福横街建筑群等家乡风景名胜的特点。教师认为六年级学生具有以感性思维为主的认知特点，建议学生从建筑特点、文化底蕴、美食特产三个方面提出问题。学生的思维一下子被打开了："乌镇的建筑特点是什么？""乌镇有多少年的历史了？""最有名的美食是什么？""蓝印花布为什么能成为乌镇的特产？"丰富的问题为教师引导学生筛选出有价值的问题提供了指导素材。

（三）制订方案

研学方案是围绕目的、要求、方式、方法、进度等要素形成的具体周密、有很

强的可操作性的计划。有了方案,就等于明确和细化了研学的内容、方法、路线、工具等方面的要求,也就有了活动顺利开展的保障(见表1)。因此,教师要留给学生充足的时间,引领他们交流讨论,修改完善方案。

表1 "乌镇建筑"研学方案

研学内容	乌镇建筑特点及形成原因
研学目的	了解乌镇的建筑特点及形成原因
知识储备	收集有关乌镇建筑特点及形成原因的资料,梳理分类汇总
需要的工具	方案表、记录表、相机、地图等
研学路线	乌镇南—乌镇东栅—高镇西栅
步骤和方法	1. 观察乌镇建筑的外形、颜色、建筑材料等,做多角度拍摄 2. 通过观察、记录、统计,发现特色建筑的选址特点 3. 搜寻有名的古建筑,绘制示意图
预估问题及解决办法	1. 建筑材料不熟悉:事先了解,并在实地考察中咨询随行教师 2. 拍摄角度不够理想:仔细观察周围环境,寻找合适的拍摄地点

二、瞄准有效解决问题,关注"研学中"的活动细节

有效解决问题是考察探究式研学旅行指导的关键点,包括根据方案开展考察探究、收集资料并进行记录、统计,通过思考形成研学结论。因此,教师要瞄准关键点,从研学时的每个活动细节入手,当好学生的引路人。

(一)观察记录

研学旅行的目的不是走马观花的"旅行",而是依据方案进行的"研学","只游不学"或"游大于学"都是对考察探究式研学旅行的定位偏差。观察,是指有目的地去看,有别于平时随意的、漫无目的的行为,这是研学活动最主要的研究方法。小学生对观察目的和观察方法的认识比较模糊,一旦进入陌生的社会环境,很容易被各种各样的新鲜事物吸引,以致忘了观察的目的和任务。因此,教师要帮助学生明确观察目的,教给学生观察方法。如观察的顺序、观察的主体(局部还是整体)、观察的视角,以及记录的方法。厘清了观察目的,掌握了观察方法,观察就不会有遗漏,才会全面客观地认识事物。表2为学生的观察记录表,教师提醒学生把观察信息及时记录下来,既可以避免信息的遗忘,又可以对零散信息进行梳理,做出全面分析。

表2 乌镇建筑观察记录表

观察地点	乌镇南栅	观察时间	2019年3月9日
观察方式	观察所得		
整体观察	房屋沿河而建,临河一面都会开门,部分建有石埠头		
细节观察	屋顶盖有黑色瓦片,为"人"字形斜面,向下伸出约50厘米的屋檐		

（二）现场体验

项目式学习强调学生在真实的问题情境中，通过亲身体验，寻求解决问题的答案。引导学生积极地体验也需要教师的悉心指导。例如，学生经过观察发现：乌镇的房屋全都沿河而建，这是为什么？教师可以提醒学生选择一间沿河而建的屋子去体验：推开窗户看看风景，感受房屋与河道的直线距离；打开沿河的后门，感受这一设计所带来的通风、便于取水等好处；走上房屋后的石埠头，看着河道里来往的船只，想一想它的作用；摸一摸建造房屋的材料，辨一辨建造时间的远近。这样的现场体验，有助于学生在最真实的情境中获得发现，促进反思。

（三）团队合作

研学旅行需要更为开放、灵活、有效的组织形式，需要在更大的时空范围内组合运用个人学习、集体学习和小组合作学习等方式，发挥团队合作的优势。小组合作学习是考察探究式研学旅行最基本的组织形式，但学生往往缺少合作的意识和方法。教师一般在研学前就要引导学生以6~8人组建团队，指导学生选举责任意识、组织能力较强的学生担任组长，同时要帮助学生明确每个人的具体任务，由此形成紧密的组织关系，以便在研学过程中进行自我管理、自我教育和自我服务。由于研学多以小组为单位进行分散活动，教师要提醒组长做好合作情况的记录，以增强学生的责任意识、纪律意识和安全意识，促进组员之间的沟通、交流、约束，形成和谐民主的学习氛围。

三、瞄准交流评价拓展，提升"研学后"的活动品质

（一）交流展示

由于不同的研学旅行团队有不同的研究重点，研究成果的表现形式自然也会多种多样：侧重调查的可以形成研学报告，侧重体验的可以撰写研学日记，侧重考察的可以用示意图、照片、小报等方式表现。因此，教师的指导也应该分别从静态展示、动态展示两个方面进行。静态展示要指导学生掌握整理展示材料的方法，如项目归类、数据统计、绘制图表、文字说明、照片佐证等，由此提炼出展示主题，再进行布展美化。动态展示的指导则要重点关注研学过程中所思所想的提炼及展示形式，如用TED演说的方式反馈研学旅行的过程；以讲故事的方式分享研学旅行的体会；用不同表演形式串联成一台小型的展示会，进行立体展示。

（二）反思评价

反思是指人对自己及自身行为进行审视与思考，评价则是对人或事进行判断和分析。在考察探究式研学旅行中，教师指导学生反思要侧重回头审视自己在整个研学过程中的表现，从中总结出经验和教训，如在研学过程中的最大优势和不足、遇到的困难及克服的方法、使研学旅行更有价值的改进方法。而评价的指导要体现出"多元化"和"发展性"，帮助学生懂得评价不是只评价他人，还包括教师、家长、自己等主体的评价；评价不是只关注结果，更关注研学过程中的态度和方法。为了促进学生反思和评价，一般用评价表帮助学生梳理评价要点（见表3）。

表3 研学旅行的评价表

评价内容	很满意	还可以	须努力
能积极参加研学旅行			
能通过多种途径收集资料			
能提出问题并进行活动设计			
能根据方案开展有效的教学活动			
能形成自己的观点并进行展示			
能和队友进行分工合作			
能为自己的家乡感到自豪			

（三）后续延伸

研学旅行的核心驱动是学生带着问题走进社会和自然，再带着新的问题回归校园。只有产生源源不断的新问题，才能激发学生的兴趣，促使学生开展连续性、系列性的活动，最终形成关键能力和必备品质。所以在一次研学旅行即将结束时，教师要做延展性指导。教师要创设轻松自然的交流环境，引导学生回顾研学旅行中的趣事和糗事，再用两个问题引发学生从一个研究点向多个研究点发散：通过本次主题研学旅行，你还有什么问题没有解决？接下去还想研究什么？问题并没有标准答案，教师千万不能直接否定或粗暴打击，要用目光、用微笑、用身体姿态鼓励学生说出自己的想法，为下一期研学旅行提供持续延伸的动力。

（本文来源：教学月刊·小学综合2020年第8期《瞄准靶心："考察探究式"研学旅行指导的策略》，作者：李秋霞）

案例评析

本案例标题开宗明义，直接点题，指出《我爱我的家乡》研学旅行课程采用的研学旅行方式是考察探究式。然后直接讲述考察探究式研学旅行方式的教学流程。教学流程二级大纲如下：

一、瞄准学习内驱力，搭建"研学前"的活动支架

（一）确定课题

（二）提出问题

（三）制订方案

二、瞄准有效解决问题，关注"研学中"的活动细节

（一）观察记录

（二）现场体验

（三）团队合作

研学旅行导游服务

三、瞄准交流评价拓展，提升"研学后"的活动品质
（一）交流展示
（二）反思评价
（三）后续延伸

这个大纲中的三个一级大纲，其实就是我们常说的"研学旅行前""研学旅行中""研学旅行后"三个步骤。其中第一步"瞄准学习内驱力，搭建'研学前'的活动支架"包括"确定课题、提出问题、制订方案"三个环节；第二步"瞄准有效解决问题，关注'研学中'的活动细节"包括"观察记录、现场体验、团队合作"三个环节，这三个环节是考察探究式研学旅行教学的中心环节，主要的体验方式、教学方法、教学工具的使用和研制、质疑问题的调查取证、问题的解决方法都集中体现在这里；第三步"瞄准交流评价拓展，提升'研学后'的活动品质"也包括三个环节，即"交流展示、反思评价、后续延伸"。整个教学流程行云流水，润物无声，把对家乡的热爱表现得淋漓尽致，赤子之情，跃然纸上。"后续延伸"把研学旅行推向高层的境界，带向远方。

这个流程概括起来也可以叫作"三步九环"，虽然第二步的几个环节表达可能同您的不一致，或者不能穷尽，或者有遗漏的一些环节，但是，研学旅行同学校教学一样，教无定法，只要能突出立德树人目标，圆满完成研学旅行课堂教学任务目标，都是可以借鉴推广的好方法，都值得我们学习和敬仰。

（本案例由李岑虎点评）

案例 4-9：博物馆、纪念馆等场馆研学旅行教学方法

追寻永不消逝的红色电波，传承革命先烈的英雄精神
——平西情报联络站纪念馆研学旅行课程方案（片段）

【研学资源】平西情报联络站纪念馆，坐落于北京市门头沟区风景秀美的妙峰山脚下，由涧沟村的关帝庙改建而成。妙峰山地处晋察冀革命根据地的前哨，抗日战争和解放战争时期，平西情报联络站西连晋察冀根据地，东接平津敌占区，是我党在华北地区建立的重要情报交通枢纽。1941年初，根据中共中央社会部的意见，在根据地与北平城之间建立一个负责传递情报和护送来往人员的工作站。平西情报联络站的主要职能：它是辐射北平、天津、保定等大中城市和东北的情报站组，承担指挥联络、建立电台、接送人员、传递情报、运送书刊、输送药品及重要战略物资等任务。抗战初期还承担与东北抗联的联络任务。在战争年代，情报站发挥了特有的作用，秘密电波从这里收发，情报从这里接送，物资从这里转运，大批爱国青年、革命志士和国际友人都从这里往来于延安和敌占区。情报站原址就位于妙峰山村西的两个农家小院里。2009年4月纪念馆开馆之际，北京市原市长焦若愚同志亲自题写了馆名。平西情报联络站纪念馆是北京第一个公开展出的以情报战线为主题的展

览馆，馆内集中展示了抗日战争及解放战争期间在妙峰山地区隐蔽战线情报工作的革命事迹。1939年至1949年的十年间，有100多名情报人员在此工作，10多人光荣牺牲，发挥了"胜似雄兵十万"的重要作用，为保卫党中央、和平解放北平立下不朽功勋。平西情报联络站纪念馆现为北京市爱国主义教育基地、全国国家安全局教育基地、首都隐蔽战线传统教育基地。

【研学对象】初中三年级

【研学时间】4小时

【研学地点】平西情报联络站纪念馆

【研学目标】通过考察平西情报联络站纪念馆、观看主题影片、参加入团宣誓仪式、破译莫尔斯电码对话、收报发报体验、情报联络员重走情报小路活动，让学生感悟到隐蔽战线上革命先辈们的艰辛和初心，让学生感受到革命胜利来之不易。让学生懂得今天的和平幸福生活，离不开革命前辈的英勇付出，很多先辈为保守秘密无所畏惧，甚至付出了自己宝贵的生命。让学生要以革命前辈的光荣事迹为鼓舞，切实提高国家安全意识，保护国家机密，珍惜幸福，向英雄烈士学习，立志报效祖国，不负党和人民重托。

【研学方式】考察探究、职业体验、纪念馆参观、党团队活动

【研学方法】讲授法、体验法、讨论法

【研学重点】考察平西情报联络站纪念馆，观主题影片，参加入团宣誓仪式、破译莫尔斯电码对话、收报发报体验、情报联络员重走情报小路。

【研学难点】引导学生感悟隐蔽战线上革命先辈们的艰辛和初心，珍惜今天的幸福，立志报效祖国，坚定跟党走的信心。

【研学内容及实施流程】

研学前的准备

①研学旅行指导师提前一周布置参观平西情报联络站纪念馆任务，学生分小组进行自我管理，查找有关平西情报联络站或者隐蔽战线的事迹材料。

②召开研学旅行说明会，告知本次研学旅行教学目标、研学旅行内容，提出纪律要求。

由于纪念馆较小，请各组小声讨论，不要有夸张的动作，不要大声喧哗，服从管理；肃穆、庄重、安静；各组不掉队，全员参加；集体活动后在指导师的指挥下以小组为单位自行研讨。

研学中的教学

专题课程一：考察平西情报联络站纪念馆

研学实施流程：

（一）提出总体研学要求

集合后，导游带领学生按30人一团排列，有序安检进入纪念馆内。然后跟随讲解员和指导师进行参观考察。以班级为单位集中聆听讲解员讲解，通过"走、听、

访、谈",参观平西情报联络站纪念馆,观看平西情报联络站的英雄事迹。指导师配合提示、引导。师生同讲解员互动配合。以小组为单位讨论、记录。请遵守馆内规章制度,不脱离团队。

(二)考察纪念馆主题展厅

1. 考察展厅,聆听讲解

纪念馆共设有三个主题展厅,展厅内置有历史照片、文字介绍及当年情报工作者使用过的手枪、刺刀等文物。主展厅以纪实文字、老照片、雕塑等展示了情报站的建立、任务和作用。在平西情报交通联络站的展墙上,展出了一张北平情报系统图,全面介绍了北平解放前整个北平地区地下党的情报系统分工。通过一幅幅历史图片、一件件历史物件以及讲解员的生动讲解,系统而翔实地介绍了平西情报联络站的历史沿革、人员组成、职能任务及在传递党的文件和情报、护送人员、转运物资等方面发挥的重要作用。

2. 分组调查讨论

讲解员讲解后,研学旅行指导师将学生分成6个小组,每组再进行各自分工,活动时间30分钟。

(1)分组调查整理平西情报联络站纪念馆里展示的英雄人物及其事迹。

(2)分组调查村里的老党员、老干部,或者红二代、红三代,了解平西情报联络站先烈的英雄事迹。

(3)小组内交流汇报,讲述平西情报联络站先烈的英雄事迹。

(4)请学生就自己印象最深刻的文物进行照片和小视频拍摄,并记录具体内容,回校后打印,编辑成册,进行展览。

(三)参观数字电影院

1. 按照预定时间,按顺序统一进入小礼堂数字影院。数字电影院通过电脑、投影仪等设备,播放地下工作的专题纪录片《隐蔽的战线》,更加深入和直观地展示当年发生在平西情报联络站的感人事迹,展现隐蔽战线英雄战士的红色革命精神。

2. 分组讨论,分享交流观后感想。

(1)《隐蔽的战线》主人公的原型是谁?

(2)隐蔽战线英雄战士具有什么样的革命精神?

(3)每人交一篇500字左右的《隐蔽的战线》观后感。

(四)进入沉浸式体验馆

沉浸式体验馆是由原涧沟村村史馆改建成的,走进"北平民居""苏静山洞""根据地作战指挥中心""前线战场"四个场景,沉浸式体验收发报过程,使参与活动的人员能够身临其境地体验,真切感受隐蔽战线情报工作的艰难和危险,感悟到隐蔽战线上革命先辈们的艰苦和初心。

专题课程二:入团宣誓仪式

研学地点:纪念馆广场

仪式程序：团委副书记主持

（1）全体师生立正，请出共青团团旗。

（2）团员和入团积极分子唱中国共产主义青年团歌《光荣啊，中国共青团》。

（3）组织委员宣布新团员名单。

（4）团委干部授予团员标志，佩戴团徽。

（5）宣誓（由仪式主持人领宣，新老团员读誓词时举起右拳）。

中国共青团的入团誓词：我志愿加入中国共产主义青年团，坚决拥护中国共产党的领导，遵守团的章程，执行团的决议，履行团员义务，严守团的纪律，勤奋学习，积极工作，吃苦在前，享受在后，为共产主义事业而奋斗。

（6）新团员代表讲话，缅怀那些为党的事业牺牲一切的革命先烈，表明态度。

（7）团委书记讲话，牢记党员责任义务，激情澎湃地讲述着经典红色故事。

（8）仪式结束。

专题课程三：莫尔斯电码对话破译，收报发报体验

基本流程：

（1）由指导师先讲解莫尔斯电码。

（2）以小组为单位，分发莫尔斯电码本、无线手台等道具。

（3）学生利用现场道具轮流参与收报发报体验，根据莫尔斯电码在组内传递SOS信息。以小组为单位，借助树木、墙壁等屏障，隔空传递开国大典中毛主席的庄严宣告："中华人民共和国中央人民政府，今天成立了！"

（4）总结评价。

专题课程四：我是情报联络员，重走情报小路

研学内容及流程：

1. 编队分组

每班分成多个情报直属小组，按分组承担任务，如指挥联络、建立电台、接送人员、传递情报、运送书刊、输送药品及重要战略物资等。

2. 体验探究

根据首次角色分工，开展第一轮体验活动。沿着情报站小路，开展了一场"我是情报联络员，重走情报小路"主题活动。学生走过初心广场、初心亭、初心小路，瞻仰革命英雄墙、梁波烈士塑像、革命烈士纪念碑等。当年的情报人员，往往要走几十千米山路才能把情报传递到接头人员手里，其间，既要保证时效性，还要躲避敌人盘查，这些隐蔽战线上的尖兵，不畏艰险，不怕流血牺牲，跋山涉水，风餐露宿，夜以继日地战斗在秘密交通线，为民族独立、国家解放和人民幸福立下了不可磨灭的历史功绩。

这次研学旅行活动中，学生勇往直前，穿越布满绳索的"封锁线"，寻找情报"联络员"后巧解拼字谜题；两人一组，在接力跳跃中运输藏有"情报"的气球，并通过"情报"提示寻找到"联络员"，回答党史问题；依次跳过大摇绳，到终点寻找

"联络员"领取莫尔斯密码，破译领袖名称，朗诵领袖诗词，感悟领袖精神。

3. 小组总结

在研学旅行指导师引导下各组讲述自己的收获和体会，学生相互点评各自的收获和表现。

研学后的总结

【成果展示】

（1）将个人图片、学生心得体会、感言等成果汇总后编辑成册，展览存档。

（2）把学生录制的小视频、绘画作品汇总后加工成活动视频，进行宣传，刻成光盘存档。

（3）与你的家人、朋友、同学分享研学活动之后的心得体会，或者作为日记写下来。

【评价激励】

开展研学评价活动，选出优秀学生（数量约占三分之一），进行表扬激励。

案例评析

博物馆、纪念馆等场馆以其自身独特的教育资源，成为历史文化资源的集纳地、红色革命教育集散地、青少年爱国主义教育资源集结地，为中小学生增添了研学旅行的乐趣，学生也从中收获了许多课本上没有的知识，拓宽了学生视野。再加上很多场馆封闭、规范、安全的现场管理方式，深受中小学校喜爱，导致场馆研学"挤爆""井喷""爆满"。

但是，繁荣的背后必将带来无序的混乱和隐患。由于各类研学市场主体的"涌入"，超出了场馆基地的承载量，导致场馆快速接待、快速送客，学生就像游客一样，转一圈，走走过场、拍个照、合个影，算是到此一游，匆匆而来，匆匆而去，走马观花，降低效果，浪费了美好的教育资源。

分析主要原因如下：

第一，受场馆研学师资能力的制约，场馆讲解员、导游员不懂教育教学规律，研学方法以习惯的讲解法为主，僵化机械，千篇一律，不能因材施教，因人而异。

第二，受场馆体制和制度的制约，场馆讲解员不敢超出单位早就规定好的讲解词来开展研学旅行教学，呆板凝固；有的场馆自己不安排讲解员讲解，也不允许外来指导师、讲解员和专家讲解；有的场馆以馆内公共资源开展有偿讲解，效果还是千篇一律，学生来一次就不想再来第二次。

第三，受场馆空间规模的制约，场馆缺乏大规模体验场所、缺乏体验性研学设施，研学旅行缺乏动手、体验、参与的环节，缺乏自主性、探究性、体验性、互动性和趣味性，不能满足研学需求。

第四，主办方学校没有尽职尽责地履行好研学旅行课程设计的义务，场馆研学旅行教学全部依赖场馆，听任场馆单位讲解施教，学校老师只在一旁观看，只负责清查人数、保证安全。

如此，各方辛辛苦苦组织起来的研学旅行像旅游一样生存在各个博物馆、纪念馆、纪念地、旧址、会址、故居、陵园、村庄、标志物等场馆，严重地侵蚀着研学旅行的美好形象。

恰恰相反，"平西情报联络站纪念馆研学旅行课程方案"一反常态，别开生面。四个专题课程个个都有体验、动手、参与的环节。研学前的几个准备项目，譬如布置任务、学生分组进行自我管理、查找材料、召开说明会等都有学生参与、互动。研学中的教学四个专题都体现了自主性、探究性、体验性、互动性，都有动手、体验、参与的环节。在考察平西情报联络站纪念馆主题展厅时，不是游览、不是参观，也不是简单地聆听讲解，然后走人，而是聆听讲解以后又化整为零，开展分组调查讨论活动，要求学生把文物进行拍照和小视频录制，并记录具体内容，回校后打印、编辑成册，进行展览，这都是探究、体验的具体方法，值得推崇。参观数字电影院，不是简单地看完纪录片《隐蔽的战线》就离场，而是看完影片后又分组讨论，思考问题，分享交流观后感想。进入沉浸式体验馆依次走进"北平民居""苏静山洞""根据地作战指挥中心""前线战场"四个场景，带着问题开展体验，真切感受隐蔽战线情报工作的艰难和危险。入团宣誓仪式上全体团员和入团积极分子人人参与，敬团旗、唱团歌、戴团徽、宣誓、聆听团委书记讲述红色故事等，每一个环节都激荡着学生的心灵，激发他们积极向上的革命斗志。学生亲自破译莫尔斯电码，亲自收报发报，深深体会科技的力量、国家安全的重要，默默履行保密义务；我是情报联络员角色扮演，重走情报小路，分组承担指挥联络、建立电台、接送人员、传递情报、运送书刊、输送药品及重要战略物资等任务，不畏艰险，感悟革命战士的英雄精神。研学后的总结环节，成果展示、评价激励都体现了自主性、体验性、创造性。

平西情报联络站纪念馆研学旅行课程案例和很多学校场馆研学一样，并没有把活动局限在小小场馆内，而是在学校、在大巴上就已经开始。停车场、广场、场馆空地、场馆树林、场馆游步道、研学点的衔接地段，都能够开展活动。哪怕是一面墙，挂上红旗就是研学课堂；路边一个个的警示牌空间就是教室；大巴就是总结评价、激励提升的舞台；实在完成不了研学任务我们再回到学校、回到家里延伸延续。这样就大大拓宽了场馆研学流程的场地和空间，积累了丰富的场馆研学经验，并形成了一整套科学的场馆研学规律和流程。

同时，我们还应注意到，平西情报联络站纪念馆研学旅行课程的主要研学方式是纪念馆参观，但是里面也采用了考察探究式、职业体验式、党团队活动式、角色扮演式等多种方式，这是与传统的纪念馆研学方式的最大区别，深受师生和家长喜爱。因此说，博物馆、纪念馆等场馆研学旅行活动，应根据实际情况灵活采用多种方式，而不宜孤立地使用一种参观方式。

（本案例由李岑虎点评）

第五节　研学旅行教学方法

案例导入

看表格思考问题

课程名称	编钟声音的传播研学旅行课程方案	研学对象	初三
研学地点	邹城市博物馆	授课人	李婷
材料准备	乐器（如鼓、吉他或口琴）、橡皮筋、没有削过的铅笔或类似小木棍、坚固的容器（如鞋盒或纸巾盒）、杯子、瓶子、纸巾、吸管、金属衣架、任何可能会发出有意思声响的东西、各种乐器的图片（选用）、弹簧玩具、装满水的碗、干净的空易拉罐、橡皮圈、透明胶带、绳索		
课程资源	 编钟——邹鲁合钟		
课程内容及实施流程			

1. 制造噪声体验。学生拍拍手、跺跺脚、吹口哨、唱唱歌、大喊叫、鸡叫、狗叫、狼叫、敲打座椅、茶杯、哨子、口琴、拍打皮鞋等

2. 探究声音的传播。结合初二物理课程知识，探索波长与振幅，讨论编钟的声音是怎么传播的。将准备好的材料拿出，让学生们尽情地进行各种实验。在探索声音的过程中，学生们应该随时将自己的发现记录下来。本过程采用的方法有头脑风暴法、探究法、实验法、合作法、讨论法

3. 探索编钟背后的数学。数一数编钟有多少套、多少个钟、多少个凸起疙瘩、每个体积多大等。了解音乐与数学之间的优雅联系。音乐的拍子和节奏其实与计算、序列和分数相关，而音调和音量则与更高级的数学相关——反比关系和三角函数

4. 我是小小导游员。采用职业体验式、角色扮演法，让学生轮流担任导游员，讲解编钟的历史故事

5. 制作乐器。在音乐老师的指导下制造乐器——竹笛子（可以准备一套餐具如碗、碟子、筷子），然后用自制的竹笛子（碗、碟子、筷子）乐器演奏简单的旋律作为伴奏。让学生感受到：生活处处有真善美，劳动能谱写出最美的旋律

6. 举行编钟之夜音乐会。晚上举行编钟之夜音乐会。学生主持、学生自演、学生自己当评委。录音、录像、剪辑、合成，全部由学生自己去做，把学生的才华淋漓尽致地展示出来

案例思考

1. 你知道的编钟等文物研学旅行课程都是用什么方法开展活动的？
2. 你认为语文、历史、数学、美术、化学、物理等不同的学科老师都用什么方法讲解编钟研学旅行课程最为恰当？
3. 表格中介绍了几种研学旅行教学方法？

一、主要类型

研学旅行教学方法是指导师和学生为了实现共同的研学旅行目标，完成共同的研学旅行任务，在研学旅行活动中采用的教学方式、途径和手段的总称。研学旅行教学方法包括指导师教授指导的方法和学生学习的方法两大方面，是教授指导方法与学习方法的统一。研学旅行实践中常用的教学方法多姿多彩，我们只介绍几种常见的教学法，譬如情境体验法、角色扮演法、项目教学法、小组合作法、参观访问法、成果展示法等。

（一）情境体验法

情境体验教学法是指在教学过程中，指导师有目的地引入或创设具有一定情绪色彩的、以形象为主体的生动具体的场景，以引起学生一定的态度体验，从而帮助学生理解研学旅行内容，并使学生的心理机能得到全面发展的教学方法。情境体验教学法的核心在于激发学生的情感。创设情境的步骤包括以下环节：

1. 带入情境

即把学生带入研学旅行基地，从众多的研学旅行课程资源中选取某一典型场景，作为学生观察的客体，并以指导师语言的描绘，鲜明地展现在学生眼前。

2. 演示情境

即以实物为中心，勾画必要背景，构成一个整体，来演示某一特定情境。以实物演示情境时，应考虑到相应的背景，如"漓江上的竹筏""蓝天上的飞鸟""高速铁路上的火车"等都可设计出研学课程背景，激起学生广泛的联想。

3. 再现情境

用图画展示情景，用图画再现研学旅行课程情境、再现学校课文情境，把学校课本知识、研学旅行基地知识内容形象化、具体化。研学旅行手册插图、特意绘制的挂图、剪贴画、简笔画等都可以用来再现研学旅行课程情境，达到育人效果。

4. 渲染情境

用音乐渲染情境，以音乐特有的旋律、节奏，塑造出与研学旅行课程在基调上、意境上以及情境的发展上对应、协调的音乐形象，把学生带到预定的研学旅行的意境中。播放乐曲、师生自己弹奏、清唱以及学生表演唱、哼唱都是行之有效的办法。

5. 表演情境

研学旅行情境教学中的角色扮演是担当研学旅行课程情境中的某一角色进行表演。由于学生自己进入、扮演角色，这时候的角色已经不再是研学旅行资源中的角色，不再是研学旅行手册、课本中的静止的角色，而是自己或自己班集体中活生生的同学。角色扮演，表演情境，这样，学生会对研学旅行手册、课本中的角色产生亲切感，很自然地就加深了情感体验和印象。

6. 描述情境

在情境出现时，指导师或学生伴以语言描绘，或解说、或描绘，或者有感情地渲染，促进学生自己进入特定的研学旅行情境之中。

7. 反思情境

学生对整个研学旅行过程进行反思，与生活学习中的个人思想品德和个人能力相联系，反思自己的不足，找出自己的差距。

8. 提升情境

研学旅行指导师引导学生总结研学旅行中的收获，改正自己的缺点，提升自己的思想品德和学习能力。

（二）角色扮演法

角色扮演法，是指研学旅行指导师在教学中，通过研学旅行情景模拟，要求学生扮演指定行为角色，并对学生行为表现进行评定和反馈，以此来帮助学生提升自身综合素养、提高个人行为技能的一种教学方法。角色扮演法的教学程序如下：

1. 选择剧情

根据研学旅行资源和教学目标，选择有多种人物性格的研学旅行剧情。

2. 布置场景

研学旅行指导师需要根据教学目标和内容准备教学材料和道具，布置表演的场景，为学生提供角色扮演活动的流程、每个角色的介绍资料、角色扮演活动的教学评价表。研学旅行指导师还可以根据角色需要，适当给学生提供服装或道具。

3. 选择小组

采用学生自愿组合和指导师制定相结合的方法，成立各种工作小组，共同完成研学旅行任务。

4. 分配任务

指导师根据各个小组的分工，布置相应问题，说明相应任务，强调研学旅行过程中的合作和沟通。要强调这是一个小组作业，而不是个人的舞台。学生一起努力来呈现一次有效的表演。小组长负责和班级中其他人的沟通。譬如，淮海战役的支前大军情景剧任务分工。

5. 选拔演员

小组成员选好演员，准备表演。小组集体分析讨论决定角色扮演的人物和表演的大体思路，集体描述人物并大致勾勒出行动的可能进程。学生要挑选人物场景并讨论这些人物是如何对情景做出反应的，最大限度地激发学生参与的能动性和积极性，保证角色扮演活动的顺利进行。

6. 组织观众

观众的存在更能保证情境的真实性，有助于学生表演发挥，并让学生产生真实的情感体验。观众也要承担配合表演、维持秩序、参与互动、表演评价等具体的任务，让每一个学生参与角色扮演活动。

7. 开展表演

这是角色扮演教学方法的主要教学阶段，既是对前面计划安排的检验，又是对后面评价、反思工作的引领。开展表演要设定时间限制，明确后续工作要求。根据具体情况，每个小组大约10分钟的表演时间，在第8分钟的时候，提醒一次。在表演后，指导师可以指导各组进行一次小型的讨论，也可以延迟到所有的小组表演结束后进行讨论，让扮演者来描述他们扮演角色的感受。

8. 回顾讨论

小组成员回到组内讨论表演体会，小组长准备向全团报告小组的讨论结果。指导师指导全团同学回顾整个过程。保存整个过程的文稿或录像等资料。

9. 活动评价

指导师要引导、帮助学生不断开展自评、互评活动，采取多种激励措施，全面评价学生。

（三）项目教学法

项目教学法是"基于项目的学习模式"（Project–Based Learning，简称PBL），也称为PBL教学法。它是以项目为载体，以学习为目的，通过将复杂而真实的问题分解成一个又一个具体的项目，学生通过完成这些项目，掌握相关的各种知识和技能的一种教学方法。项目教学法教学程序如下：

1. 选择研学旅行项目

选择合适的研学旅行项目是PBL教学方法运用的关键。教师在选择项目时需要注意以下几点：首先，选择的项目要与核心目标保持一致；其次，选择项目的内容应该是学生比较感兴趣、可操作性强、可以吸引学生主动参与的；最后，选择的项目最好要层层推进、富有挑战，使学生不仅学习研学旅行知识，而且能够利用研学旅行知识解决问题。

2. 制订研学旅行计划

在明确了选择项目的基础上，要对如何完成项目制订出可行的计划。

3. 执行研学旅行计划

在实施PBL项目教学的过程中，教师要让学生直接参与到研学旅行项目的执行中，教师通过引导、辅助、支持的方式去配合学生，要不时地创造机会、提供空间、创设各种情境，激发学生的创新思维，使学生在学习中自主探索、发现，在合作交流中相互启示，在师生讨论中相互碰撞，形成共识，从而激发学生的创新欲望和需求，帮助学生形成一种良好的研学旅行探究习惯。

4. 完善研学旅行方案

由于项目教学方法需要解决的是真实而复杂的问题，已经制订的计划在执行的过程中可能还会存在一些瑕疵，教师可以引导学生通过讨论交流，对研学旅行方案进行修订和完善。

5. 展示研学旅行成果

展示项目成果应突出以学生为中心的理念，激发学生的研学旅行创造性，引导学生决定研学旅行成果展示的类型和内容。

6. 研学旅行评价反思

对研学旅行项目的完成过程和结果进行评价和反思并得出结论。评价应避免简单化，要关注过程性评价。

（四）小组合作法

小组合作法是指学生在研学旅行小组或团队中为了完成共同的任务，有明确责任分工的互助性学习方法。小组合作法要求学生要主动参与、全员参加、人人有岗位。小组合作法实施流程如下：

（1）首先引导学生选择、确定研学旅行活动主题，制订活动方案（活动目标、活动准备、过程设计）。

（2）按照小组制订的计划开展活动，随时做好活动记录。

（3）活动告一段落时，要及时总结活动的体验，准备小组交流的材料。

（4）在做活动总结时，尽量通过多种形式展示研究成果。

（5）活动结束之后，要求每一位学生对整个活动过程进行反思，以激发学生内心深层次的触动和感受。

（五）参观访问法

参观访问法是指研学旅行指导师通过有计划、有组织地安排学生到有关单位参观访问，使学生得到启发、巩固所学的知识和技能的一种教学方法。参观访问法实施流程如下：

（1）要明确自己所要采访的对象及范围。

（2）联系参观的地点及有关人员。

（3）根据参观访问主题查阅参观访问对象的相关资料。

（4）指导师可协同组织并设计参观访问的路线及人员。

（5）选择并设计参观访问的内容。

（6）要求学生带好记录工具，做好记录。

（7）指导师以例证方式进行具体指导，如在描写参观对象时，要写清方位、布局、形状、色彩、构造、特色、功能等，能用数字说明的尽量用数字说明；注意所写内容的科学性、知识性和趣味性；用词要求准确、形象。

（8）参观行程结束后，进行简短的讨论总结，查看是否到达预期目的。

（六）成果展示法

成果展示法就是学生把自己或小组在研学旅行活动中的收获汇集、整理成各种形式的成果（作品），并通过多种方式在班级、年级或学校进行交流、展示和评价。成果展示法实施要求如下：

（1）成果展示是全体学生共同参与的活动，不是少数优秀学生的表演，指导师应尽量给所有的学生提供充分表现的机会。

（2）成果展示不能流于形式、追求热闹，要体现应有的深度。引导学生在展示的过程中发现自我、欣赏他人，最大限度拓展学生学习的空间，培养学生良好的情感态度与新时代价值观。

（3）成果展示要注意学生的个性差异，指导师对每一位学生所展示的成果的特色，在评价时都要充分考虑到。

（4）学生原有的学习基础不同，展现的成果水平也会不同。指导师应对学生付出的努力程度给予更多的关注，避免为学生的学习作品或成果分等划类。

（5）成果展示内容和形式要由指导师和学生共同商议，确保展示活动能够有计划、有顺序地进行。

（6）成果展示引导学生对研学旅行成果进行总结和自我反思，为下一步开展研学旅行活动积累经验。

二、典型案例

案例呈现

案例4-10：

角色扮演法——《巧断铜钱案》情景剧（片段）

地点：山西华兴科软有限公司教学培训部

导演：郝学生

演员：山西省双师型教师培训班学员。学员小张扮演知县、学员小李扮演牛肉店老板娘李氏、学员小王扮演衙役王三、学员小曹扮演师爷，其他学员扮演围观百姓。

道具：汉服、官服、鼓、县衙大堂设施

教学方法：角色扮演法、情境体验法、小组合作法、头脑风暴法

教学过程：

一、小组准备

指导师根据研学旅行课程目标提供平遥县衙《巧断铜钱案》案例，介绍案件的时代背景、发生缘由、审理过程以及断案结果，使学生们充分了解案情始末，编写《巧断铜钱案》情景剧剧本、设计制作相关道具等。

二、选出扮演者

指导师引导各小组研讨、修改剧本，帮助学生们分析剧本中的角色特点，调动所有学生参与扮演的积极性，最后由学生采用头脑风暴法自行讨论、协商、达成一致，完成组内主角、配角、群演等各类分配角色及组员具体分工。

三、安排活动场景

学生自己安排古装定制，准备钱袋、铜钱、水盆等道具，布置县衙断案场景中的各类大堂设施。指导师将每位学生的角色介绍、出场顺序、时间、台词、走位等流程标准化，以研学教案形式发放给对应的学生，让其提前预习、排练。

四、组织观众

学生导演组织未参与角色扮演的学生以观众身份即围观断案的普通老百姓共同配合本次情景剧的完成。每位观众都有在断案过程维持现场秩序，在断案结束后合理发表对案件的见解并对演员表现进行点评和建议的权利。

表演结束后学员相互点评　　摄影：李岑虎

五、实施表演活动

学生们在一片"威武"声中开始表演，呈现《巧断铜钱案》的完整剧情：牛肉店老板娘李氏状告衙役王三到她牛肉店里拿肉、抢钱、砸店、打人。知县传王三上堂，王三不认罪，反说李氏诬陷官差。李氏和王三厮打，钱袋从王三身上掉下，李氏见是自己的便和王三争抢。知县见状，命师爷把钱袋里的铜钱放入盛水的盆中，水面漂起油花。知县说："水面漂着油花，说明铜钱沾有油腻，可见袋子装的是李氏的卖肉钱。"王三见状便磕头认罪受罚。

六、讨论和评价

小演员们完成断案后，以小组为单位，和台下的研学旅行指导师、未参演的观众展开互动。首先，由观众提出观看感受，选出代表口头陈述；其次，每位观众根据和研学旅行指导师一起提前设计好的演出评价表进行逐项打分；再次，研学旅行指导师给出专业的点评和改进建议；最后，由观众和专业评委共同选评出本场情景剧的最佳演员和最佳表演团队。

七、总结评价

研学旅行指导师安排班长当主持人，主持人结合讨论和评价的结果，和每位参与情景剧的学生进行再次沟通，给出剧本解读、角色塑造、舞台表现、情感处理、团队协作等多方面、深层次的建议和方法，并引发学生对断案案例本身的思考，将研学课程所获应用到生活实践中，使其更好地学习和传承中国古代人民的智慧和优秀传统文化，增强民族自信和文化自信。

案例4-11：

项目式教学法——重庆市巴蜀小学"理想帆"之毕业研学旅行项目学习教学方法流程

以六年级"理想帆"之毕业研学为例。基于项目学习的流程如下：

首先，项目确定阶段。

六年级大队委组织进行了全年级的调研，以调查问卷和学生代表座谈的形式，就"你最向往的毕业研学目的地""你最感兴趣的学习主题"等问题进行了了解，在与老师、家长及研学基地的课程团队一起进行了三轮备课以后，确立了研学主题："丽江生态文明"。

接着，进入项目设计环节。

同学们和老师一起，充当教师角色，制订了详细的课程方案。师生共同查阅六年级各学科课程标准，整合、提炼，拟定了学习的评价标准——量规，并研制了项目学习手册，供每一个小组自主使用。

然后，项目探究过程，执行研学计划。

同学们结成6人的学习小组，细化学习方案，在拉市海、玉龙雪山脚下及束河古镇展开了研学之旅。6天里，320名学生组成了20多个课题组，进行实地考察探究，带着"滇渝生态环境比较""生物多样性下的动物栖息地""东巴扎染"等课题，在自然的课堂里，在营地资源和专家力量协助下，通过实践寻找自己的答案。

同时，修订和完善研学旅行方案。

在执行的过程中，发现原定的研学旅行计划方案，存在一些不易操作的环节，指导师引导学生通过讨论交流，对研学旅行方案进行修订和完善，同学们按照修订好的方案继续执行。

最后，进行项目成果发布。

回到重庆，学校为同学们搭建了一个真实的"项目发布"平台。在重庆市标志性的解放碑步行街，发布了"童言观生态·共筑绿色梦"的项目成果，同学们带着自己的研学手册、生态文明宣传或调查海报，更带着真实、鲜活的研学经历与感受，与伙伴、父母和市民交流分享，呼吁携手共筑美丽的绿色家园梦，养成生态文明好习惯。

案例 4-12：

综合使用场馆研学法，考察北大红楼，探究红楼革命精神

研学内容：红楼的建筑历史、建筑特点、结构、功能、文物遗存、红楼里发生的革命大事件及其历史意义。

研学方法：参观访问法、职业体验法、小组合作法、查阅资料法、现场考察法、走访调查法。

北京大学红楼　　摄影：丁海秀

研学过程：

第一步，参观北大红楼。跟随讲解员参观，聆听讲解。学生边听边记录，拍摄重要的图片文物，或者绘画出重要节点。带着课前布置的任务，现场提问、咨询、了解。

第二步，体验讲解员职业。听完讲解后，挑选10名优秀学生，担任纪念馆讲解志愿者，分别带领相应数量的学生模拟讲解，体验讲解员职业。

第三步，组建研学小组，分配考察任务。讲解员职业体验后，全班分成五个研学小组：建筑考察组、文物考察组、历史发展组、革命事件组、宣传报道组。每组自行选出组长。给每个小组分配研学旅行考察任务。

（1）建筑考察组，对红楼的建筑文化进行考察，组长一名，成员若干。

（2）文物考察组，对红楼里的革命历史文物进行考察，组长一名，成员若干。

（3）历史发展组，对居住过红楼的革命历史人物及其事迹进行考察，组长一名，成员若干。

（4）革命事件组，对发生在红楼里的革命事件及其历史意义进行考察，组长一名，成员若干。

（5）宣传报道组，负责对研学资料进行整理印刷、宣传报道，组长一名，成员若干。

第四步，自主开展活动。

（1）以小组为单位，小组组长带领组员根据各组任务独立开展考察活动。

（2）通过查阅资料法、现场考察法、走访调查法等方法，完成自己小组分配的任务，写出调查报告，推出研究成果。

（3）指导师指导前面四个组长写出调查报告。

（4）最后由宣传报道组编辑整理，汇总成档案。

第五步，总结评价。

通过学生访谈、填写评价表、提交报告、北大红楼项目专家评价等方式，进行总结评估。采用学生自评、学生相评、专家评价、导师评价、学校评价五部分进行综合评价。

案例评析

以上三个案例采用的研学旅行方法的共同点是：以一种方法为主，多种方法并存，而不是使用单一的方法。

"案例4-10"运用的研学旅行方法主要是角色扮演法，同时也采用了情境体验法、小组合作法、头脑风暴法、设计制作法、劳动教育法的一些程序和技巧，充分调动了学生的积极性，深得学生喜爱。

"案例4-11"顾名思义是项目式教学法，但是，本案例同时也运用了调查问卷法、代表座谈法、教师角色扮演法、教师职业体验法、实地考察法、小组合作法、成果展示法，多法并举，研学课堂之活跃可见一斑，研学效果必将事半功倍。

"案例4-12"是场馆研学旅行课程，采用的研学方法按照传统思维理解应该是参观访问法，但是本案例也是一反常态，别开生面，大胆采用职业体验法、小组合作法、查阅资料法、现场考察法、走访调查法、评价激励法，把整个场馆研学活动一步步推向高潮。

研学大美，韵味无穷，需要我们真情投入，精心打磨，心血浇灌。

（本案例由李岑虎点评）

专家访谈

今日话题： 高级导游转变成研学旅行专家的成长历程，以及处理研学旅行故障的经验。

特邀嘉宾： 文化和旅游部人才交流中心研学旅行指导师等级考试考评员、云南省教育厅对外交流中心中外交流研学实践教育专家委员会委员王明忠

专家心语： 我叫王明忠，是昆明市导游协会从业20余年的中文导游员。1998年至今，我从导游带团服务、导游培训、院校教学、研学旅行课程开发与执行、人员培训等工作中一路走来，成长为一名国家高级导游员。自2012年起，作为同时持有教师证和导游证的"双师型"教师，常年在云南大学职业与继续教育学院、昆明学院、云南省旅游职业学院、昆明冶金专科高等学校等院校讲授旅游专业类、旅游民族文化类课程。其间依然在一线从事带团工作。

王明忠老师谈研学旅行故障处理

这些年，在对两万余名学生的服务过程中，积累了大量研学旅行故障的处理经验。比如学生在研学旅行过程中的走失，就是一个大问题。把处理这一类问题的实践经验和研学旅行的特殊性结合起来，我有意识地进行了总结。自己在类似的工作实践中，每一个团结束，我都会和老师、学生和承办方的相关人员进行总结，尽量找到这一类问题的个性和共性，把它们浓缩成关键词，形成总结记录。同时也和同行——执行活动的承办方交流，收集信息，探讨案例，不断完善，找到解决问题的办法与思路。丰富案例库，并把一些案例用到教学实践中，让学生和研学旅行指导师试着处置，然后共同分享这些知识与经验，让他们在成长的路上少走弯路，在实践中尽快成长起来。

2016年被原国家旅游局推选为"2015中国好导游"；2018年起常年被聘为云南昆明"半山耕云"劳动教育实践基地中小学劳动教育实践课程开发的专家顾问；2019年主持开发了主题为喀斯特地貌及民族文化的石林风景区研学旅行课程，并完成了执行人员培训；2019年作为《昆明市研学旅行服务规范》团队标准的主要研究和执笔人完成了该标准的制定；2020年被聘为文旅部人才交流中心研学旅行指导师等级考试考评员；2020年还被云南省教育厅对外交流中心特聘为"中外交流研学实践教育专家委员会委员"。

 名师风采

带着课本行走的语文教师

我是一名多年从事小学语文教学的教师，多年来一直捧着课本站在三尺讲台上，向学生传道、授业、解惑。直到2018年我接触了研学旅行，才从课堂走出教室，带领学生走进社区、走进乡村，探究祖国的大好山川，领略大自然的风光，开始了真正提升学生核心素养的旅途。

自古就有"读万卷书，行万里路"的教育理念，教育部也已将研学旅行纳入中小学教育教学计划。现在的小学生，所学的大多是书本知识，即使通过实验获得知识，也是以间接经验和理性知识为主。我组织的接地气的感性研学旅行方式，给学生们带来最深的感触、崭新的收获。

三年级上册语文《一个小村庄的故事》告诉了我们要保护大自然，我让学生们

去户外走一走，让学生们成立调查小组，设计表格，分工负责。发现许多破坏环境的行为，找到家乡受污染的地方，给孩子们带来心灵的触动，意识到环境污染的严重性。学习三年级上册第 6 课的课文——《秋天的雨》，我带领孩子们到山村的田野、果园去采摘、售卖等参与体验。我让学生们去拥抱乡土乡情，走进社会，亲近自然，在真实的情景中体验、合作、探究，获得积极的情感体验，真正形成适应未来社会发展的必备品格和关键能力。学生只有真正走出去亲身经历，才能收获对自然的认识、做到知行合一。研学旅行把培育创新精神放在首位，全面加强学生的综合运用、动手实践、解决问题的能力，促使课本知识与实践操作融会贯通，努力做到校外研学活动要让学生高兴，学校满意，家长放心，社会高度评价。

为增强学生的凝聚力，体现团结友爱的团队精神，加深同学之间的感情，每次研学活动我都让同学们组建合作小组，分工合作，了解彼此走近彼此，建立深厚的同学友谊，形成团队合作精神。

在研学旅行前，我精心设计，为师生提前规划好路线，准备好必需的物品，如水、食物、药品等必需品为研学旅行提供保障。

在研学旅行中，授课时，我坚持立德树人理念，积极开展社会主义核心价值观教育，激发学生对党、对国家、对人民的热爱之情；我坚持创新人才培养模式，采用多种教学方式和方法，让学生动手、动脑开展设计制作、动手体验，引导学生主动适应社会，促进书本知识和生活经验的深度融合。

罗长珍老师心语

在研学旅行回来后，我组织师生及时评价、及时总结经验教训，对优秀学生进行表彰激励，把研学成果转化为学生前进的动力。

由于我在教育教学和研学旅行教学中做出的贡献，2022 年我被聘为"全国中小学研学旅行专家库专家"。我多次义务为博物馆、研学旅行基地讲解员讲解中小学教育教学理论、教学方法，培训研学旅行指导师。2019 年被邹城市人民政府评为"优秀教师"、济宁市教育局评为"家访先进个人"，2020 年被济宁市教育局评为"教育教学先进个人"、获得邹城市人民政府颁发的"五一劳动奖章"。

综合实训

阅读材料，回答问题

2021 年 12 月 17 日河南省教育厅官方网站公布 2021 年河南省研学实践教育精品课程评选结果。2021 年河南省研学实践教育精品课程拟认定名单，课程名称为：寻黄河之美 做有根少年、从砺剑山野到踏云步天、我是中医中药传承人、奇趣汉字游、锦衣华裳 同系袍泽、一颗枣的旅行、登芒砀之巅 溯大汉之源、研读夏都文化 走进第一王朝、我当小小艺术家。

2021 年河南省研学实践教育特色课程拟认定名单，课程名称为：探寻"最早的中国"、小镇藏历史 运河接古今、文明在宛 穿越历史 触摸汉文化、大美中医寻仲景、大国重器 江河相会、千字韵文润童心、天中赤子 信仰之光、诗经文化研学课程、"爱家乡"月季课程、采茶制茶品茶 传承中国茶文化、跟着诗词游河南、探济水之源 学济水精神、品红色经典 塑红色人生、宝泉宝水孕一方沃土 人杰楷模助时代发展、赓续红色血脉 培育沙澧少年、弘扬传承革命精神 为中华崛起而读书、走进鸡公山探索自然和历史的秘密、洹水之南 殷商大邑、寻访太行年轮 感悟时空岁月、从自然孕育而来向世界璀璨盛开。

请问：

1. 研学旅行课程主题命名的基本要求是什么？选出本案例中你最喜欢的名称。
2. 罗列出陈述课程目标常用的50个以上的行为动词。
3. 结合实例分析说明如何确定研学旅行教学内容。
4. 结合实例分析说明正文中每一种研学旅行教学方式的实施流程。
5. 结合实例分析说明正文中每一种研学旅行教学方法的实施步骤。

研学旅行带团技能篇

- 第五章　研学旅行备课技能
- 第六章　研学旅行上课技能
- 第七章　研学旅行导游带团服务规范
- 第八章　突发事件和常见问题的处理技能

第五章

研学旅行备课技能

● **本章导读**

　　本章分三节，第一节重点阐述了研学旅行指导师备课的基本要求，提出了研学旅行教学备课的"九备法"，同时指出编写研学旅行课程方案三个过程。第二节重点讲解研学旅行主题课程方案包含的要素和编写格式。第三节重点讲解研学旅行专题课程方案包含的要素和编写格式。两种编写方案均以案例的形式做了展示说明，供读者参考模仿使用。

 名师之光

深藏在学生心中的人民教师——高霞

高霞老师在桂林旅游学院研学旅行指导师培训班上　摄影：郝滢屹

　　高霞，文化和旅游部人才中心研学旅行指导师考评员，中国关心下一代工作委员会教育中心劳动教育标准撰写组专家，全国团体标准《劳动教育实践基地创建与服务规范》《劳动实践指导教师职业能力评价》核心起草人，全国中小学教师资格证面试考官，山东省教育学会数字化教育资源专业委员会理事，曲阜远东技术学院客

座教授。全国高等院校"十三五"规划研学旅行管理与服务专业教材丛书总编委会专家,《研学旅行教育理论与实践》副主编,《研学旅行指导师基本素养》副主编,《中小学研学旅行教师指导用书》副主编,《北京红色研学旅行课程指南》副主编,山东省小学课本《劳动教育实践活动课程指导》(三年级下册)核心编委,《新时代劳动教育课程设计》核心编委,发表论文多篇。

高老师常年从事中小学教育、教师继续教育和学生校外实践教育工作,一直工作在教育教学的第一线,深藏在学生中、家长心中。她视家长为亲人,视学生为子女,同自己的学生做朋友。她是专家型、学术型的老师,眼里只有自己的学生、只有自己的教育教学、只有自己的学术研究。在多年的教学实践中她积累了丰富的教育教学经验,对教师的备课和上课有独到的见解和认知。她认为研学旅行指导师在开展研学旅行活动之前首先要学会备课。备课要做到:备学生、备教材、备问题、备主题、备研学旅行目的地、备背景、备研学点、备安全、备方式、备方法。无论是老师、指导师、导游,还是其他从事教育教学的工作者,哪怕是短暂的培训老师,上课前都必须备好课,写好教案。只有备好课,才能上好课。那些拿着教材直接上课堂念书的老师是没有教学生命力的,无论他有多高的头衔、多大的光环,再美丽的鲜花总会凋谢,唯有备课才是永恒。

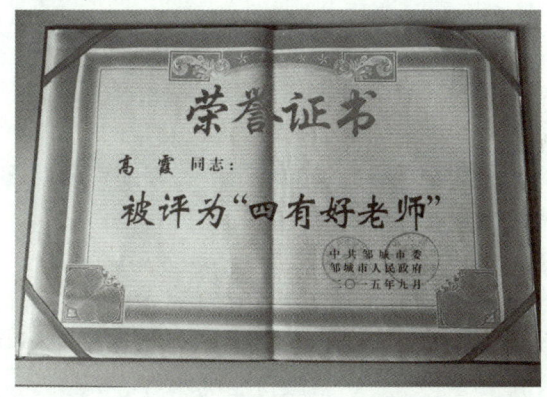

第一节 备课的基本要求

武鸣区五彩壮乡中小学生研学实践教育基地,又名壮族五色糯米饭制作技艺传承基地,是广西第三批自治区级中小学生研学实践教育基地。多年来该基地在开学前都要开展集体备课活动,活动形式丰富多彩,有声有色,得到广西壮族自治区教育厅、南宁市教育局和社会各界的充分肯定,并在全区得到广泛推广。

研学旅行导游服务

基地领导班子亲自到现场参加备课　　图片来源：潘进忠

 案例思考

1. 为什么要开展集体备课？
2. 研学旅行指导师备课有什么要求？

高霞老师说备课

一、备课要求

在研学旅行过程中，如果导游想要承担研学旅行的教学任务，就得像研学旅行指导师或教师一样在开展研学旅行活动之前首先学会备课。备课是上课的前提。为了上好课，必须做好准备，即备好课。备课要做到以下几个方面。

（一）熟悉研学旅行过程

按照时间和进度的不同划分，研学旅行过程分为研学旅行前、研学旅行中、研学旅行后三个基本阶段。根据每个阶段的任务不同划分，研学旅行过程包括研学旅行前的备课、研学旅行中的上课、研学旅行后的服务等环节。

（二）掌握备课基本内容

研学旅行教学的备课至少要做到以下九个方面，即"九备"。

1. 备学生

执教者要了解、熟悉学生的来源、学生所在年级、学生现有的知识技能储备状况和对研学旅行目的地综合知识的掌握程度，以及学生身体状况、家庭状况、习惯特点等方面的内容，做到因人而异、因材施教。

2. 备教材

研学旅行使用的教材既包括研学旅行基地（营地）课程教材，也包括中小学现行课程教材。研学旅行课程教材是研学旅行基地（营地）根据学校提出的研学旅行主题，结合自身的研学旅行课程资源和文化特色而编制的研学旅行课程参考教材。

3. 备问题

研学旅行前要把研学旅行过程中涉及的问题或预料到的问题整理出来，并确定解决问题的办法，把问题提前一周交给学生，让学生们带着问题去讨论去学习。

4. 备主题

确定研学旅行课程主题是开展研学旅行的第一步，它直接影响研学旅行能否顺利开展以及开展后的课程实施效果。主题要选择研学旅行目的地的地域特色文化。

5. 备研学旅行目的地

研学旅行目的地包括研学旅行基地（营地）、研学旅行综合体等研学旅行资源单位。只有把每个目的地的历史沿革、地理环境、文化脉络、经济发展等知识进行收集整理并进行有机串联掌握起来，在针对不同学段的学生施教时才能做到得心应手，游刃有余。

6. 备背景

研学背景包括研学旅行目的地的历史背景、文化背景、政治背景、旅游资源背景、研学旅行基地（营地）背景、食住行情况背景等。

7. 备研学点

研学点就是导游通常理解的小景点、教学点、实践点、教学内容等，在整个课程实施中起画龙点睛的作用。

8. 备安全

研学旅行安全的备课包括六个方面：研学旅行安全管理工作方案；研学旅行应急预案操作制度；研学旅行产品安全评估制度；研学旅行安全教育培训制度；未成年人监护办法；疫情、地震、火灾、食品卫生、治安事件、设施设备故障等各项突发事件应急预案，定期组织演练方案。

9. 备方式和方法

研学旅行主要的研学方法有：项目式教学法、讲授法、问题探究式、训练与实践式、现代信息技术、参观游览法、从做中学法等。

研学旅行主要研学方式有：考察探究、社会服务、设计制作、职业体验、劳动教育、党团队教育活动、博物馆参观等。

（三）掌握方案编写过程

执教者备课完毕后要及时编写研学旅行课程方案。研学旅行课程方案编写的过程包括个人编写方案、集体讨论方案、现场完善方案三个过程。这里要提醒的是，无论哪一种方案都要吸纳学校、旅行社或者研学旅行服务机构的意见，共同确定课程方案，签订相应的研学旅行服务合同。

研学旅行导游服务

二、典型案例

案例呈现

案例 5-1：

认真备课，是有效研学旅行的基础与前提
陈铁

世上有许多知识靠书本是不能充分理解内化的，需要走进大千世界，在研学旅行中丰富、拓宽知识的视野。研学旅行是一种传统的学习方式，也是新教育所倡导的教育形式。近年来，各地研学旅行热正悄悄兴起，使教育进一步回归本真。

去年暑期，我去北京开会，在回程的火车上，恰逢同车的大部分人是去北京研学旅行结束的学子，出于教师的本能，我便与这些学生聊了他们有关研学旅行的话题，问他们这次研学旅行中学到了哪些东西，感触最深的是什么。可学生只能说出去了天安门、故宫、长城等地方，至于学到了什么，说不清，也说不出多少。

我了解了这次研学旅行是由旅行社单独组织的。由此可见，这种研学旅行是游而不学，其实就是一种旅游，失去了研学旅行的真实意义。作为一种学习的形式，研学旅行应重在研与学，在游的过程中，要让学生学到知识，提升能力。

因此，研学旅行的性质是一种开发的校本课程，应充分准备与组织，要由学校与旅行社共同来组织，才能真正起到研学旅行应有的效果。学校应以课程的目标要求进行组织与管理，必须要认真备好课、上好课。

01 预备课

让学生明白研学旅行的目的。研学旅行出发前，要给参与研学旅行的学生上好预备课，不仅要强调组织纪律，确保研学旅行的安全，而且要对学生讲明白本次研学旅行要去的地方，这些地方有什么特殊的人文景观、人文情怀，有什么风俗习惯，有什么传统的文化，还要告知学生到这些地方要去感受什么，学习什么。设计好研学旅行要点，印发给学生，便于学生及时查阅完成学习任务。

例如游长城，可让学生从以下几个方面去研学旅行：

你对长城的总体印象是什么？长城建于什么年代？

为什么要修建长城？长城的建筑材料是什么？

为什么历经千年的风雨沧桑，至今雄伟仍在？

你想要对即将去长城旅游的朋友说些什么？有什么需要提醒他们？

这样，学生在游长城的过程中，就不会只顾观光，会认真听导游的解说，还会自己深入思考。学生在旅游的过程中，就会留心所看到的一切，会了解长城的历史，更会仔细观察长城，研究长城的构造，从多方面丰富自己的经历。

也有组织研学旅行的旅行社，给学生发一张旅游研学作业单之类的东西，但存在

一些问题。一是多数旅行社所发的研学单过于空洞，不细不实；二是在研学旅行前不组织学生学习，学生也不看，在研学旅行过程中，更是只顾傻玩；三是有些组织者干脆要求学生研学旅行回来后，到网上找一点东西随便写一写，这种研学单效果不好。

02 解说课

让学生开阔眼界提兴趣。研学旅行的过程中，导游的解说不能与旅游观光的解说完全相同，要突出引导学生去观察世界，思考世界，诱发学生对某一方面产生强烈的好奇心，从而培养学生对某一方面探究的兴趣。还要耐心地解释学生所提出的问题，对没有定论的问题或一时不能答复的问题，要鼓励引导学生研学旅行结束后进行讨论研究，这是研学旅行中至关重要的，决定了研学旅行的效果。

例如，到长城研学旅行时，到了长城脚下，导游先让学生往远处眺望，看长城的雄伟；再登上长城，给学生讲述长城的历史、烽火台的作用；然后引导学生观察脚下的砖头是什么形状的、是用什么材料制成的。曾有学生问导游：砖头之间黏合用的是水泥吗？导游说：建造长城时，还没有水泥。听说是用糯米和灰调和后来黏合的。你们现在仔细观察，看看是什么，回去以后再查查资料，研究一下是用什么作为黏合剂的。你如果有兴趣可进行深入研究，说不定你将来就会成为材料专家呢。这样的研学旅行指导课，能使学生深入了解长城的历史，切身体验到长城的雄伟，对建筑材料也产生好奇，有利于培养学生创新探究的意识。

03 总结课

让学生感悟经历留记忆。研学旅行不同于旅游，游完就了事，回程后还要认真上好总结课。对研学旅行预备课上所布置的学习任务，要进行总结，让学生进行交流，交流各自的学习结果，坐下来讨论在研学旅行过程中没有弄明白的问题，还有其他什么收获也鼓励学生说出来，让大家共享。

这个总结的过程，不仅是检查学生在研学旅行过程有没有用心去学，而且使学生游后能静下心来，回味研学旅行的经历，进一步感悟地域的人文，进一步思考研学旅行中的好奇与疑问。

认真备好课，是有效研学旅行的基础与前提，是学校层面管理中的重要环节。认真备好课，做好充分的研学准备，使学生在研学旅行中，不会游而不学，会用心地感悟体验，会留心地观察思考，使学生长见识、长知识，培养他们研究问题的兴趣，提升他们的综合素养。

（本案例来源：《教书育人·校长参考》2018 年第 3 期

网站：http：//jsyc.qikan.cn）

案例评析

本文作者系中国教育学会理事、中国教育学会特约观察员、江苏省如东县九总小学副校长，他从人民教师的角度，经过对参与研学旅行学生的调研，在开篇时开宗明义地指出：这次研学旅行是由旅行社单独组织的，这种研学旅行是游而不学，其实就是一种旅游，失去了研学旅行的真实意义。然后指出了问题所在，并提出了解决的办法：研学旅行的性质是一种开发的校本课程，应充分准备与组织，要由学校与旅行社共同来组织，必须要认真备好课、上好课。

在上预备课、解说课、总结课三种课程时，作者认为都要提前备课。他指出，在预备课时，要备研学旅行的目的、备组织纪律、备研学旅行安全、备目的地历史背景、人文背景、风俗习惯，备研学要点、备学生任务。在解说课时，要备研学旅行方式、研学旅行的方法，调动学生的积极性；提出研学旅行的过程中，导游的解说不能与旅游观光的解说传授法完全相同，要突出考察探究式，引导学生去观察世界、思考世界，诱发学生对某一方面产生强烈的好奇心；采用问答法、讨论法，培养学生创新探究的意识。在总结课时，提出让学生感悟经历留记忆，研学旅行不同于旅游，游完就了事，回程后还要认真上好总结课，让学生交流各自的学习结果，延伸研学旅行，进一步感悟地域的人文，进一步思考研学旅行中的好奇与疑问，让大家共享。

因此说，备课是上课的前提，为了上好课，必须备课，导游在开展研学旅行活动之前首先学会备课。

（本案例由李岑虎点评）

案例 5-2：

五彩壮乡研学基地集体备课的特色做法

一是领导亲临现场策划。基地董事长潘红华长期从事非物质文化遗产传承保护工作，对于开展非遗研学情有独钟。基地研学总策划、四级调研员潘进忠，曾任南宁市武鸣区文新广体局局长、教育局党组书记，对研学基地申报和运营管理轻车熟路。基地班子领导亲自到现场和指导师们一起参加研学备课活动，组织有力，效果良好。

五彩壮乡研学基地老师们集体备课　摄影：潘进忠

二是导师备课热情高涨。基地重视师资队伍建设，现有研学旅行高级导师3名，教师16名，助理导师5名。聘请有教师资格证的退休老师加入，给基地研学提供了师资保障。同时，将基地工人转型为教育教学或者研学服务人员，从思想上、业务上加强培训，实现了质的飞跃。备课当天，大家认真学习，积极讨论，认识了研学的意义和形势发展，审议通过了研学整体方案，明确了教师的任课和分工。

三是课程凸显壮族文化。武鸣是中国壮乡，具有深厚的壮民族文化底蕴，新壮文于20世纪50年代中期在武鸣明秀园创制，官方认准广西武鸣壮语为壮语标准语音，广西壮校坐落于武鸣灵水湖畔，武鸣"壮族三月三"被国务院公布为国家级非物质文化遗产名录。基地充分利用这些独特资源，科学设计课程，建设壮民族文化研学旅行特色课程体系。研学主题是：走进五彩壮乡，探秘越人歌源。目前，设置10个课程，包括：《习得千年越人歌——壮族歌圩探源》《那里饭香——壮族五色糯米饭制作技艺》《壮语原乡——壮族语言口述历史》《越人衣裳——壮族服饰的STEAM课程》《五彩缤纷——五色糯米饭植物染料的萃取》《指尖艺术——神奇的五色糯米饭艺术创作》《非遗传承——壮乡非遗探秘》《工业研学——一个礼盒的诞生》《俍兵射箭》《俍兵古武艺吹箭》。今后，还将研发更多的课程，以满足中小学生研学需要。

四是研学线路不断优化。基地致力于优秀传统文化教育，不断完善软件、硬件设施，先后被命名（或评定）为国家级非物质文化遗产代表性项目"壮族歌圩"传承基地、自治区级非物质文化遗产代表性项目"壮族五色糯米饭制作技艺"传承基地、中央民族大学壮侗学研究所教研基地、南宁市首批中小学生研学实践教育基地、自治区级中小学生研学实践教育基地、自治区级文化产业示范基地，是中小学生研学实践教育的理想场所。在各级文化、教育、旅游部门领导的指导帮助下，基地挖掘潜力，按照课程设计几条研学线路，内容涵盖合唱红歌、非遗保护、壮族五色糯米饭制作体验、折叠礼盒、学说壮话、学唱山歌、传统民俗竞技游戏等。

五是实操演练落地见效。理论联系实际，编写教案、编排研学流程之后，及时邀请学生进入基地试教，及时开展实战演练，及时检验设备运行、人员配合、服务保障、活动衔接等环节，使备课不流于形式，有实实在在的效果。

（本案例由广西武鸣区五彩壮乡研学基地潘进忠编写）

案例评析

本案例作者潘进忠老师，曾经是广西南宁市武鸣区中小学教师、教导主任、乡镇党委书记、文新广体局局长、教育局党组书记、四级调研员、研学旅行高级导师，是地地道道、实实在在、名副其实的中小学教育专家、旅游教育专家。他引进中小学校老师们常用的集体备课方法进入研学旅行备课领域，譬如，领导班子亲临现场策划、一把手亲自参与备课、集体审议方案、及时邀请学生进入基地试教、及时开展实战演练等，都是中小学老师常用的非常恰当有效的备课方法。同时，在进行基地备课活动时又注入了研学旅行元素，譬如，将基地工人转型为教育教学或者研学服务人员、依据当地资源设计课程、课程凸显壮族文化特色、不断优化研学线路等，都展示了研学旅行指导师对研学旅行教育教学精益求精的人师品德和对党的教育事业的忠诚。作者最后提到的及时检验设备运行、人员配合、服务保障、活动衔接等环节更是锦上添花，捆牢了学生安全的爱心红绳，为研学旅行的安全、顺利进行奠定了良好的综合服务基础。师者仁心，指导师对学生的满满关爱淋漓尽致地跃然纸上，可谓备课之经典，人师之楷模。

（本案例由李岑虎点评）

第二节 编写主题课程方案

案例导入

教育部原社区教育研究培训中心家庭教育实验室研学旅行专家委员会副主任、河南省旅游行业协会研学旅行分会副会长王亚娇老师在给导游员讲解编写研学旅行课程方案的方法时指出：研学旅行主题课程方案是执教者根据研学旅行活动所用的研学旅行资源单位教材、学校教科书和学校教学总要求，结合研学旅行学生具体情况，按照研学旅行目标来编制的整体的研学旅行进度计划，是研学旅行活动的前提和依据。就是研学旅行实践上的"一日研学行程单""三日研学旅行线路行程"，类似导游熟悉的"北京四日游行程单""二日游旅游线路"和中小学教师的"学期教学进度计划"以及"课题（单元）计划"。编写研学旅行主题课程方案，项目要齐全，要素要详细，不能漏掉一个环节。同时课程方案格式要规范，做到一目了然，拿来能用。

王亚娇解读主题课程方案

案例思考

1. 本案例中王亚娇老师提到的研学旅行主题课程方案要素是什么？
2. 你认为研学旅行主题课程方案应该有什么样的格式？

一、编写要求

（一）主题课程方案要素

研学旅行主题课程方案包括研学旅行要素和学校常规要素两个方面。

1. 研学旅行要素

研学旅行要素是指研学旅行涉及的要素，主要包括：项目组长、研学旅行目的地、项目具体负责人、师资配置情况、活动经费、安全管理制度及防控措施等。

其中研学旅行具体项目负责人包括指导师、导游、安全员、项目专家等。

研学旅行师资包括参与研学旅行活动的学校代表、带队老师、指导师、安全员、导游、项目专家和其他工作人员。在实践中，有的把救生人员、医务人员、安保人员、家长志愿者列入其中，安排相应的任务，赋予岗位职责，也可参考安排。

活动经费就是举办研学旅行活动所需要的各种开销的费用。包括住宿费、餐费、门票（半价、免费）、交通费、授课费（研学旅行指导师费、授课项目专家费）、服务费（研学机构服务费、场地租赁费、旅行社服务费、导游服务费）、保险费、服装费、材料装备费、教材费等。

安全管理制度及防控措施包括：研学旅行安全管理工作方案；研学旅行应急预案操作制度；研学旅行产品安全评估制度；研学旅行安全教育培训制度；未成年人监护方法；地震、火灾、食品卫生、治安事件、设施设备突发故障等各项突发事件应急预案等。

2. 学校常规要素

学校常规要素是指学校常规教学教案中常有的要素，包括：课程名称、学校班级、备课人、学校代表、带队老师、课时、教学内容、教学方式、教学方法、教学评价、教学反思等。其中研学旅行方式主要有：考察探究、社会服务、设计制作、职业体验、党团队教育活动、博物馆参观等。研学旅行研学方法主要有：项目式教学法、讲授法、问题探究式、训练与实践式、现代信息技术、参观游览法、从做中学法等。

（二）主题课程方案编写格式

研学旅行主题课程方案编写的格式主要有条目式和表格式两种形式。

1. 条目式

研学旅行主题课程方案（条目式）内容如下：

研学旅行主题课程方案（条目式）

【课程名称】　　　　　　　　【学校班级】

【备课人】　　　　　　　　　【备课时间】

【项目组长】　　　　　　　　【指导师】

【学校代表】　　　　　　　　【带队老师】

【导游】　　　　　　　　　　【项目专家】

【研学旅行目的地】　　　　　【总课时】

【课程总目标】

【研学重点】

【研学难点】

【研学旅行课程内容及流程】（流程里的每个专题均包括研学时间、研学方式、研学方法、研学工具、项目专家、项目负责人、研学内容、研学过程等要素）

第一步：研学前

第二步：研学中

专题课程一：

专题课程二：

专题课程三：

专题课程四：

专题课程五：

专题课程六：

第三步：研学后

【师资配置】

【安全防控】

【研学评价】

【研学反思】

【经费说明】

2.表格式

研学旅行主题课程方案（表格式）如表5-1所示。

表5-1 研学旅行主题课程方案（表格式）

课程名称			设计人		设计时间	
项目组长		执行人		学校代表		联系方式	
学校班级		研学人数		带队老师		联系方式	
总课时		研学目的地				
课程总目标						
研学重点						
研学难点						
主题课程内容及教学过程						
（每个专题均包括研学时间、研学方式、研学方法、研学工具、项目专家、项目负责人、研学内容、研学过程等要素）						
专题课程一						
专题课程二						
专题课程三						
专题课程四						

续表

专题课程五	
专题课程六	
师资配置情况	
安全防控措施	
研学旅行评价	
活动经费说明	
研学旅行反思	
备 注	

3. 格式说明

研学旅行课程方案的编写是一种创造性劳动,不同的指导师有着不同的编写风格,实践中也不可能用统一固定的格式来要求每一个不同的指导师按同一个格式来设计课程,需要每位指导师发挥自己的聪明才智,做出创造性的研学旅行主题方案设计。但是无论哪种格式或模板,研学旅行主题课程内容中的基本要素都是不能忽视的。

二、典型案例

 案例呈现

案例 5-3:

走进湛江军港,体验海洋文化,做中国好少年

【研学背景】

中国人民解放军海军南海舰队的前身是中国人民解放军中南军区海军,成立于 1949 年 12 月,为中国人民解放军海军三大舰队之一,是中国海军力量的重要组成部分。南海舰队是目前中国海军三大舰队之中防御海域最大、实力最强的舰队,云集了目前中国海军最先进的战舰。通过参观南海舰队军史馆、游览湛江十里军港,了解中国海军发展史,走进军史馆,追溯南海舰队的前世今生。向中国海军致敬,感受各种战舰的飒爽英姿,参观先进的武器装备、干净整洁的舰容、英姿飒爽的水兵,让学生感受到了我国海军力量的日益强大,利于培养学生的爱国主义情操。

【研学目标】

通过亲历、参与军港湛江的研学活动,了解国家海洋强国战略的意义,感受海洋

国防对于国家发展的重要性。身临其境感受军港的壮观，让孩子们了解舰艇的相关知识，感受海军的风采，增强国防观念和组织纪律性，养成良好的学风和生活作风，掌握基本军事知识和技能，激发热爱祖国情怀，增强国家自信、民族自信、文化自信。

让学生在本次研学过程中认识大海，帮助学生构建海洋知识框架，在实践中学会学习，激发学生探索世界的兴趣，以及积极寻找解决问题的方法。

培养学生的科学素养、创新思维意识、人文精神；提高学生的自主学习兴趣与学习能力，收集信息、自主决策和自主探究的能力、动手能力、与人合作能力和解决问题的能力。

通过系列红色研学旅行教育活动，让学生传承我党红色基因，赓续我党红色血脉，坚定跟共产党走的决心，做新时代优秀青少年。

【课程链接】

研学对象为小学三年级学生。提前让学生查找出小学三年级与湛江、军港、海洋有关的课文。

人教版小学语文三年级上册第18课《富饶的西沙群岛》

人教版小学语文三年级上册第19课《海滨小城》

人教版小学语文三年级下册第23课《海底世界》

人教版小学语文三年级下册《在金色的海滩上》（选学课文）

【研学方式】

考察探究式、军史馆参观式、设计制作式、劳动教育式、团队活动式

【研学方法】

小组合作法、讲授法、项目式教学法、从做中学法、多媒体教学法、团队教学法等

【研学重点】

参观军港、军史馆、体验军营生活、沙滩寻宝、海边拓展、赶海捡贝壳、环岛研学。

【研学难点】

如何激发热爱祖国情怀，增强国家自信、民族自信、文化自信。如何让学生传承我党红色基因，赓续我党红色血脉，坚定跟共产党走的决心。

【师资配置】

每班研学旅行指导师1名、带队老师2名、导游1名、安保人员1名、医护人员1名、家长志愿者2名。

【研学过程】

研学旅行前

（1）提前一周基地研学旅行指导师等工作人员进入学校，与学校协商组建研学旅行小组。

（2）发放湛江军港有关能公开的图片、研学教材、研学旅行手册、宣传材料等。

（3）请在你学过的教材中查找与军港、海军、湛江有关的资料。
（4）学校举办研学旅行开课仪式。

主持人：1师1生主持，校长致辞；学校带队老师发言；研学旅行指导师代表发言；导游代表发言；学生代表发言；校长检阅仪式；校长授旗；出发。

（5）制订安全方案（见《海洋文化研学旅行手册》）

①制订研学旅行安全管理工作方案。
②制定研学旅行应急预案及操作手册。
③制定未成年人监护方法。

研学旅行中

大巴上研学准备：

（1）大巴上告知学生研学旅行学习目标和研学方案。
（2）引导学生组建研学旅行学习小组，6人一组，选拔小组长，组内进行责任分工，并创意学习小组名称、口号。
（3）引导各学习小组展开研学旅行知识预习研讨会。

专题课程一：探究南海舰队十里军港

研学过程：

（1）研学旅行指导师提前布置观光时的研学旅行任务。
（2）领队、导游带领学生坐游船，观看南海舰队十里军港外景，配合指导师教学。

湛江是粤西门户海上花园城市，抵达湛江后乘坐粤西最大的豪华红嘴鸥号游船，畅游南海舰队十里军港，海面碧蓝如玉、波澜不兴，渔帆点点、巨轮争流，海鸟掠浪飞翔，近距离眺望赴亚丁湾执行护航任务的军舰，感受南海舰队的强大军力及各类军舰的飒爽英姿。向中国海军致敬，培养学生的爱国主义情操。

（3）考察十里军港的意义、著名的研学点、亚丁湾执行护航任务的意义、赴亚丁湾执行护航任务的军舰外形拍照或者绘画。了解南海舰队的历史发展，记住中国各类主要的军舰名称及其特点，查看研习中国南部疆域地图，学习中国海洋知识，辨析中国海产品等。

（4）指导师对各组研学成果进行点评启发。

专题课程二：走进南海舰队军史馆

研学过程：

（1）组织教学，集合整队，宣布纪律，排队进入军史馆。
（2）参观南海舰队军史馆，聆听讲解员讲解。南海舰队军史馆2006年12月筹建，2012年6月建成开馆。南海舰队军史馆展览面积5400平方米，展线2500米，展览共分上下两层，一层展示舰队光辉历史，二层展示舰队辉煌成就。馆内共展出图片2500余张，有南海舰队肇始奠基的组图，有执行重大任务时的历史记录，有历次海战的光辉再现，有舰队从小到大、从弱到强的筚路蓝缕，内容丰富，史料齐全。展出的实物1000余件。2015年获全国博物馆十大精品陈列展览精品奖，2018年被教育部评选为全国中小学生研学实践教育基地。

学生一边听讲解一边做笔记，拍照记录。牢记军史馆主要展品文物名称特点；了解南海舰队主要战役；听听英雄模范光辉事迹；看看国家领导人关怀情况；学习海洋主权知识。

（3）讲解结束后，以小组为单位，学生独立开展调研活动，并挑选出本小组最喜欢的某一展馆，进行该展馆的知识记录、整理，随后选出代表向全团分享自己小组所整理的内容。

（4）最后评价总结，激励提升。

专题课程三：中国少年先锋队队员入队仪式

研学地点：金沙湾海滩

仪式流程：

中国少年先锋队队员入队仪式流程

（1）主持人宣布：中国少年先锋队队员入队仪式正式开始，全体立正。

（2）出旗（鼓号齐奏，全体队员敬礼）。

（3）唱队歌。

（4）宣布批准新队员名单。

（5）授予队员标志（授予者双手托红领巾授予新队员，新队员双手接过，放在颈上，授予者给新队员打上领结，接着互相敬礼）。

（6）宣誓（由仪式主持人领誓。背誓词时举右手）。

（7）共青团或学校领导讲话。

（8）呼号。

（9）退旗（鼓号齐奏，全体队员敬礼）。

专题课程四：绳结方法大比武

研学过程：

（1）渔民讲解绳索的作用，了解绳索在渔船中的运用。譬如，系缚工具、绑连靠岸船只、救助遇难渔船拖带等。

（2）渔民讲解并演示绳结的结法，引导学生学习绳结的结法。

（3）指导师引导各小组对绳结知识展开研讨。

（4）各小组分工练习绳结的结法，授课渔民和指导师分头指导。练习后进行"绳结方法大比武"。

（5）研学旅行指导师对"绳结方法大比武"全程进行点评启发。

专题课程五：我来制作小小木船模型

研学过程：

（1）聆听造船专家讲解船的结构和船在海上丝绸之路的作用。

（2）造船专家演示小木船模型的制作。

（3）指导师引导各学习小组展开木船模型知识讨论。小组长组织组内进行讨论，进行知识汇整，并选出代表在全团进行分享汇报。

（4）学生动手制作小木船。通过制造模型，感受制作的乐趣。

（5）学生代表分享制作小木船的感想和体会。

（6）指导师对各组汇报成果进行点评启发。

（7）学生作品展示、评价，每组评选出2件最好的作品，然后参与全班小小木船模型作品比赛，适当予以奖励。

专题课程六：海洋趣味小手工

研学要求：利用净滩行动所得的材料，废物利用。

研学过程：

（1）首先进行海滩净滩行动，收集海滩所得材料，准备开展废物利用。

（2）指导师讲解、展示部分生物模型。

（3）引导各小组对海洋生物模型进行讨论学习。

（4）随后进行责任分工，引导学生利用所得材料，发挥自己的想象，自主创作海洋生物模型，把收集到的物品制作成海洋生物。大大小小颜色不一的贝壳在孩子们的搭配下变成了风铃，轻轻晃动发出悦耳的音符。孩子们还用乌贼壳做帆船底，把自己喜欢的图案色彩画在白纸上做出一只帆船。

（5）引导各小组展开心得体验分享。研学旅行指导师进行点评启发。

（6）学生作品展示、评价，每组评选出2件最好的作品，然后参与全班海洋生物模型作品比赛，适当予以奖励。

专题课程七：海岛求生我能行

研学过程：

（1）指导师引导学生探究单兵灶制作及野外食物的加工方法。

（2）研学旅行指导师引导各学习小组在海岛、沙滩上集训。海岛求生以体验活动为主，通过带领学生在海岛、沙滩上集训，训练体能并增加其对海洋知识的了解和对大自然的敬畏，学习必要的生存技能。利用岛上的一切资源，搭建一个庇护所，以供人员休息。海岛上虽然有少许淡水水源，但是无法直接饮用，需要过滤及净水，那么我们就要学会过滤水源取得可食用的干净水。饿了可以用想办法抓鱼、捞海螺、挖野菜等方式充饥。发挥团队的聪明才智，挑战生存极限。

（3）研学旅行指导师对各组表现进行点评启发。

研学旅行后

一、研学总结交流

（1）在大巴上引导各小组进行研学旅行回顾。研讨本次研学旅行活动的收获、存在的问题、改进的方法。

（2）引导各小组进行研学旅行心得体验分享。

二、研学后的事务整理

（1）整理学生作品，展示学生作品。

（2）做好写实记录。

（3）建立档案袋。

（4）开展科学评价。评价贯穿全程。采用自我评价法、同学互评法、指导师评价法、家长评价法、基地评价法等多元化评价方式，具体略。

【安全措施】

详见《研学旅行安全管理工作方案》《研学旅行应急预案及操作手册》《未成年人监护方法》

【活动经费】

指导师会同学校财务部门确定，或者学校财务部门会同旅行社等服务方商定。

【研学反思】

老师、学生均要反思，具体略。

 案例评析

本案例属于条目式的研学旅行课程方案，课程方案项目齐全，要素清晰，利于实施。整个研学旅行施教活动紧紧围绕"湛江军港 海洋文化 中国好少年"主题，设置了7个研学旅行专题课程，个个都是优质珍品。连同往返大巴上的活动，都不是简单地观看、听讲，突出了学生动手、体验的环节，增强了研学旅行的思想性、教育性、实践性和实操性，每一处有很多借鉴之处，值得参考。最值得提出赞美的是本案例中的课程链接部分，作者不厌其烦，写得详细齐全。小学三年级的学生参加军港研学，指导师提前让学生查找出小学三年级与湛江、军港、海洋有关的《富饶的西沙群岛》《海滨小城》《海底世界》《在金色的海滩上》四篇课文，极大地调动了学生的积极性和参与性，既巩固了教材书本知识，又身临其境，亲自参与考察探究体验，利于学生核心素养的培养。特别是研学旅行教学目标的编写，全程突出红色教育思想，强化立德树人宗旨，堪称红色研学旅行之经典。

另外，在研学旅行方法上，笔者始终强调以下环节：小组长组织组内进行责任分工；学习小组展开知识讨论，进行知识汇报总结；引导学生自主制作、开展活动；研学旅行指导师引导学生探究方法；组织各个学习小组做好记录；选出代表向全团分享自己小组所整理的内容；指导师对各组考察探究成果进行点评启发；指导师对各组汇报成果进行点评启发；写心得体会，分享心得体会。这些都打破了传统的填鸭式方法、满堂灌教学方式，强调指导师的任务是引导、启发，而不是机械传授讲解，这正是研学旅行课程的精髓和魅力。正是这些真情投入、心血浇灌的研学旅行指导师引领着中国研学旅行乘风破浪，砥砺前行，他们理应受到全社会的敬仰和尊重。

不足之处是，本案例字数过多，超过了2000字的要求。提醒大家，今后凡是没有表达完善且又不能缺少的内容，可以以二维码的形式补充。同时也可以用二维码的形式，增加研学旅行活动视频，把普通文档课程方案变成科技含量高的数字化课程方案，在参加评选优质研学旅行课程方案时可能有较大优势。

（本案例由李岑虎点评）

案例 5-4：

寻访鲁西南战役纪念园里的红色记忆

课程名称	寻访鲁西南战役纪念园里的红色记忆				研学地点	鲁西南战役纪念园
项目组长	周中见	学校代表		备课人	高霞	
研学对象	初中二年级	研学人数	45	带队老师	研学资源	
总课时	6	研学时间		6月		
研学目标	通过本次瞻仰刘邓大型雕塑、悼念革命先烈、纪念碑廊考察、鲁西南战役纪念馆考察、支前民工情景剧表演，让学生熟悉解放战争中的鲁西南战役及其重大意义，了解中国共产党及其人民解放军为了人民的幸福和全中国的胜利解放，无数革命先烈抛头颅洒热血，用生命换来了今天的幸福生活，引导学生树立热爱中国共产党、永远跟党走的坚定信心						
研学内容	瞻仰刘邓大型雕塑、悼念革命先烈、团队宣誓仪式、纪念碑廊考察、鲁西南战役纪念馆考察、支前民工情景剧表演						
研学方式	参观考察式、团队教育式、考察探究式、职业体验式、劳动教育式						
研学方法	讲授法、参观法、角色扮演法、头脑风暴法、调查访问法、体验法						
师资配置	每班研学旅行指导师1名、学校带队老师2名、导游1名、安保人员1名、医护1名、家长志愿者1名						
研学重点	瞻仰刘邓大型雕塑、悼念革命先烈、纪念碑廊考察、鲁西南战役纪念馆考察、支前民工情景剧表演，让学生熟悉解放战争中的鲁西南战役及其重大意义，了解中国共产党及其人民解放军为了人民的幸福和全中国的胜利解放，无数革命先烈抛头颅洒热血的革命历史						
研学难点	如何引导学生感悟革命先辈们的艰辛和初心，继承革命先辈的遗志，学习革命先辈不怕牺牲、英勇斗争的精神和甘于奉献的革命优良传统。引导学生树立热爱中国共产党、永远跟党走的坚定信心，为中华民族的伟大复兴和发展做出自己的贡献						
主题课程内容及实施流程						

【研学准备】

　　研学旅行指导师提前2周按照学校要求到学校布置开展鲁西南战役纪念园研学旅行任务，把研学旅行内容告知学生，让学生利用周末的时间上网或去图书馆查阅资料、查看照片，查找有关鲁西南战役及其历史人物事迹材料，了解鲁西南人民支援前线的英雄历史。组建研学旅行小组，学生进行自我管理，做好研学准备工作。

专题课程一：瞻仰刘邓大型雕塑，赓续我党红色基因

【研学时间】45分钟

【研学地点】刘邓大型雕塑

【研学方式】参观考察式、团队教育式

【研学方法】讲解法、体验法

【研学过程】
一、瞻仰刘邓大型雕塑，追忆刘邓英雄革命事迹
1. 上车前发放研学手册。检查原来布置的问题，查看手册中的鲁西南战役纪念园材料。下车后导游、带队老师组织学生在刘邓大型雕塑广场前集合，排列整队。
2. 聆听讲解员讲解刘邓大型雕塑，讲解鲁西南战役的经过和历史意义，讲述刘伯承、邓小平事迹，接受红色革命教育。
学生一边聆听，一边做记录，课后写出研学记录。
二、共青团员入团仪式
1. 团委书记宣布新团员名单。
2. 授予团员标志，佩戴团徽。
3. 宣誓。由仪式主持人领导，面对鲜红团旗，举右手握紧拳头，庄严宣誓。
中国共青团的入团誓词：我志愿加入中国共产主义青年团，坚决拥护中国共产党的领导，遵守团的章程，执行团的决议，履行团员义务，严守团的纪律，勤奋学习，积极工作，吃苦在前，享受在后，为共产主义事业而奋斗。
4. 新团员代表讲话。
5. 仪式结束。
三、少先队员重温入队誓词
1. 全体少先队员佩戴鲜艳的红领巾。
2. 出示少先队队旗。
3. 少先队员握紧拳头，在辅导员引领下，庄严宣誓：
我是中国少年先锋队队员，我在队旗下宣誓：我热爱中国共产党，热爱祖国，热爱人民，好好学习，好好锻炼，准备着：为共产主义事业贡献力量！
四、领导致辞讲话
1. 纪念园首长讲话。首长为各中队旗手佩戴红领巾，并表达了对青少年殷切的希望。希望每一位同学珍惜新时代美好时光，勤奋学习，不怕困难，在追逐梦想的路上砥砺前行。
2. 学校领导讲话。纪念园是全国爱国主义教育示范基地，在这里举办入队、入团仪式，更能激发学生对少先队、共青团的热爱。在刘邓大型雕塑前系上红领巾、戴上团徽，并庄严宣誓，更能加强学生的历史使命感和责任感，铭记作为"强国一代"的责任与担当，继承和发扬中华民族坚贞不屈、自强不息的爱国主义精神。

专题课程二：缅怀革命先烈，传承红色血脉

【研学时间】45分钟
【研学地点】烈士公墓、纪念碑廊
【研学方式】悼念活动式、考察探究式
【研学方法】讲解法、讨论法、小组合作法、比赛法
【研学过程】
一、我为鲁西南战役革命先烈敬献花圈
负责人：导游、指导师、带队老师、安全员
基本流程：
1. 瞻仰刘邓大型雕塑后，列队分组由老师带队跟随讲解员依次走到烈士公墓前，排列整队。
2. 学校代表宣布向抗日纪念馆敬献花篮仪式正式开始。
3. 唱国歌。齐唱《中华人民共和国国歌》。
4. 默哀。国歌唱毕，全场肃立，向抗日英勇献身的烈士默哀。
5. 致队礼，默哀毕，手持鲜花的学生代表起头，集体面向烈士纪念馆高唱《没有共产党就没有新中国》，并致少年先锋队礼。
6. 献花篮。2名学生代表手捧鲜花篮，缓缓走向纪念馆，摆放在公墓"革命先烈永垂不朽"碑前。
7. 全员依次排队在花篮前驻足凝视。随后站回原位。
8. 仪式结束。

续表

二、寻找我心中的抗战英雄

资源概况：为纪念晋冀鲁豫野战军在鲁西南战役中牺牲的八千五百多位烈士，1986年4月建造了烈士公墓，墓群中埋葬着在鲁西南战役中牺牲的108位烈士，其中营级以上干部28位。

1. 按姓氏分成临时研学小组，最多不超过7人，每个姓氏超过7人再重新分组。姓氏少于2人的，合并成立综合组。

2. 以组为单位，在公墓内108位烈士中分头寻找和自己姓氏一样的英雄人物，查找数量及其事迹，做好记录笔记。

3. 然后分组讲解自己姓氏或者喜欢的英雄任务事迹。

4. 在规定时间内返回集合地，回校后参加《我心中的鲁西南战役英雄》主题演讲比赛。

三、考察纪念碑廊

资源概况：纪念碑廊是2007年为纪念鲁西南战役胜利60周年而建造，碑廊总长91米，建筑面积390平方米，碑廊内陈列着刘伯承、邓小平、刘华清等参战首长以及众多名人书法家的题词100余幅。"碑廊"二字由山东省原副省长、金乡县原县委书记王玺亲笔题写。

1. 聆听讲解员讲解。

2. 分组摘抄、摄影、录制纪念碑廊里当年参战首长以及众多名人书法家题词，感受革命先驱的丰功伟绩和不朽功勋。比一比看谁收集得最多、最有代表性。

3. 在规定时间内返回集合地，回校后参加《鲁西南战役题词收集制作比赛》。

专题课程三：走进鲁西南战役纪念馆，考察探究革命英雄事迹

鲁西南战役纪念馆　摄影：周中见

【研学时间】1小时

【研学方法】讲解法、查阅资料法、现场考察法、走访调查法

【研学过程】

（一）纪律教育

指导师和带队老师要做好纪念馆内参观纪律教育，提醒学生：由于纪念馆较小，请各组小声讨论，不要有夸张的动作，不要大声喧哗，服从管理；肃穆、庄重、安静；各组不掉队，全员参加。

（二）聆听纪念馆讲解员讲解

集合后，分组排列，有序安检，进入纪念馆内。以班级为单位集中听讲解员讲解，通过"走、听、访、谈"，参观纪念馆，观看英雄事迹。指导师配合提示、引导。师生同讲解员互动配合，学生一边听，一边记录在自己的研学手册里。以小组为单位讨论、记录。

鲁西南战役纪念馆总建筑面积6000平方米，分为鲁西南战役陈列馆和鲁西南战役全景画馆两部分，馆名由中央军委原副主席刘华清题写。

研学旅行导游服务

续表

全景画馆高19.47米，寓意战役发生在1947年，是按照抗日战争纪念馆的标准建设的一座利用声、光、电等现代先进技术，演示当年战斗情形的全景画馆。

鲁西南战役陈列馆采用目前流行的庭院式、通透式的建筑风格，分为东西两个展厅，整个展馆格调庄重、舒展大气，陈列资料丰富，创作精细，内容翔实，全面反映了鲁西南战役的胜利进程，真实地再现了刘伯承、邓小平率领的晋冀鲁豫野战军在中共中央、中央军委和毛主席带领下，运筹帷幄、纵横驰骋，突破国民党军的黄河防线，鏖战鲁西南，挺进大别山的壮阔场景，让人充分体验到战争的残酷与无情，使人们更加珍视现在的稳定与和平。

鲁西南战役纪念馆内有毛主席给刘、邓首长的亲笔信；有当时晋冀鲁豫野战军司令部发布的"渡河命令"电文；有刘伯承、邓小平同志过黄河以后的合影；有我军挺进大别山途中的照片；有我军包围羊山之敌和生俘敌整编六十六师中将宋瑞珂、少将参谋长郭雨林的照片；还有《人民日报》《冀鲁豫日报》《大众日报》当时报道"鲁西南战役"和"羊山战斗"取得辉煌战果和胜利的消息等。

（三）考察探究自由活动
活动过程：
第一步 分组活动
分成6个研学小组：建筑考察组、文物考察组、英雄人物组、反动人物组、革命事件组、宣传报道组。
第二步 分配任务
给每个小组分配考察任务。
1. 建筑考察组：对纪念馆的建筑进行考察，组长1名，成员6~8人。
2. 文物考察组：对纪念馆的文物进行考察，组长1名，成员6~8人。
3. 英雄人物组：对鲁西南战役主要英雄人物及事迹进行考察，组长1名，成员6~8人。
4. 反动人物组：对鲁西南战役主要反动将领人物及事迹进行考察，组长1名，成员6~8人。
5. 革命事件组：对西南战役前前后后主要革命事件进行考察，组长1名，成员6~8人。
6. 宣传报道组：负责资料整理、编写、宣传，组长1名，成员6~8人。
第三步 开展活动
1. 以小组为单位，小组长带领组员开展活动。
2. 通过查阅资料法、现场考察法、走访调查法等方法，完成自己小组分配的任务，写出调查报告，推出研究成果。
3. 最后由宣传报道组整理汇总。
4. 指导师组织及6个组长写出调查报告。
【总结评议】
通过学生访谈、填写评价表、提交报告、纪念馆项目专家评价等方式，进行总结评估。采用学生自评、学生相评、专家评价、导师评价、学校评价五部分进行综合评价。

专题课程四：我是鲁西南战役支前小民工情景剧

【研学时间】40分钟
研学地点：鲁西南战役纪念园植物园
研学方式：职业体验
研学方法：角色扮演法、查找资料法
剧情简介：
1947年6月30日夜，刘伯承、邓小平遵照党中央、毛主席的战略部署，率领晋冀鲁豫野战军挥戈南下，突破黄河天险，挺进鲁西南地区。为取得鲁西南战役的胜利，1947年1月，党中央指示刘伯承、邓小平冀鲁豫解放区成立了黄河河防指挥部，招募大量民工来为后续渡河工作造船，民工和群众拿出自家的木材来帮助部队建造船只，并挑选大批水性好的民工帮助部队指导水兵训练项目。

同时，支前民工整修鲁西南地区军运道路，利于交通运输，确保军需物资先期到达。6月30日战斗打响，解放军到哪里，负责物资运输的支前民工就要冒着生命危险帮着部队运输物资到哪里。

民工除贡献人力物力来支援前线外，还协助军队歼灭进犯的国军，一度让济宁和金乡两地的国民党守军十分恐慌，以为是刘邓大军回来了，在一定程度上影响了国民党对刘邓大军行军路线的判断，促进了鲁西南战役的胜利。

154

续表

民工支前离开家乡后,当地政府和地方各级部门组织其他村民帮助支前民工家里耕种,以确保家庭正常的农活能够按时完成,使支前、生产两不误。鲁西南人民甘于为支援前线奉献自身的一切力量,并保证了鲁西南战斗的胜利,推动了解放战争胜利的进程。

表演过程:

1. 布置场景。指导师需要根据教学目标和内容准备教学材料和道具,布置表演的场景,为学生提供角色扮演活动的流程、每个角色的介绍资料、角色扮演活动的教学评价表。指导师还可以根据角色需要,安排道具组适当给学生提供服装或道具。

2. 选择小组。采用学生自愿组合和指导师制定相结合的方法,成立各种工作小组,共同完成劳动教育任务。

3. 分配任务。指导师根据各个小组的分工,布置相应问题,说明相应任务,强调演出过程中的合作和沟通。要强调这是一个小组作业,而不是个人表现。学生一起努力来呈现一次有效的表演。小组长去负责和班级中其他人的沟通。

鲁西南战役支前小民工情景剧任务分工:

导演组:负责情景剧策划、导演等全部剧务工作。

首长组:负责整个战役的指挥。主要首长有刘伯承、邓小平、刘华清、李德生、尤太忠、肖永银、陈再道、陈锡联、杨勇等。

担架组:负责剧中担架制作、伤员运送。

车辆组:负责战争中的大车、小车、独轮车的建造、征集和运输。

运输组:负责炸药、手榴弹、弹药的管理、运送。

马料组:负责解放军战马的食料征集、运输。

船只组:负责解放军渡船制造。

水兵训练组:负责水兵训练,渡过黄河。

粮食组:负责粮食、食油、食盐和白面的征收、管理、运输。

救护组:负责解放军伤员救护运输。

战斗组:负责鲁西南战役抗击国民党军。

维修组:负责帮助解放军修理车辆、船只、枪炮。

棺木组:负责棺木制造和烈士遗体运输安葬。

4. 选拔演员。小组成员选好演员,准备表演。小组集体分析讨论决定角色扮演的人物和表演的大体思路,集体描述人物并大致勾勒出行动的可能进程。学生要挑选人物场景并讨论这些人物是如何对情景做出反应的,最大限度地激发学生参与的能动性和积极性,保证角色扮演活动的顺利进行。

5. 组织观众。观众的存在更能保证情景的真实性,有助于学生表演发挥,并让学生产生真实的情感体验。观众也要承担配合表演、维持秩序、参与互动、表演评价等具体任务,让每一个学生参与角色扮演活动。

6. 开展表演。这是情景剧的主要阶段。开展表演要设定时间限制,明确后续工作要求。

根据具体情况,每个小组大约 6 分钟的表演时间,在第 5 分钟的时候,提醒一次。在表演后,指导师可以指导各组进行一次小型的讨论,也可以延迟到所有的小组表演结束后进行讨论,还可以让扮演者来描述他们扮演角色的感受。

7. 回顾讨论。小组成员回到组内讨论表演体会,小组长准备向全团报告小组的讨论结果。指导师带领全团同学回顾整个过程。保存整个过程的文稿或录像等资料。

8. 演员合影留念。

研学评价	可采用自我评价法、同学互评法、指导师评价法、家长评价法、广场评价法等多元化评价方式,具体略。
安全措施	详见《研学旅行安全管理工作方案》《研学旅行应急预案及操作手册》《未成年人监护方法》
活动经费	指导师会同学校财务部门确定,或者学校财务部门会同旅行社等服务方商定。
研学反思	老师、学生均要反思,具体略。

(本案例由文化和旅游部人才中心研学旅行指导师考评员高霞编写)

案例评析

本案例为表格式红色研学旅行课程方案，格式清晰，项目齐全，课程要素一目了然，堪称表格式红色研学旅行课程设计编写模板。尤其是主题课程内容及实施流程中的"鲁西南战役纪念园中的考察探究自由活动和我是鲁西南战役支前小民工情景剧"之阐述，打破传统的走马观花、听讲观看、合影拍照方法，学生亲自参与体验，清新隽永，活灵活现，引人入胜，让读者跃跃欲试，欣然前往，探究那红色的峥嵘岁月。

（本案例由新四军江南指挥部纪念馆吴竹清点评）

第三节 编写专题课程方案

案例导入

李岑虎在文化和旅游部人才中心研学旅行指导师（山西）培训班上与学员交流时指出：研学旅行专题课程是指在实施研学旅行教育教学的过程中，为达到某一专门教学目的或解决某一专门问题而对学生进行的教育课程。譬如，山西高平市古代冶铁遗址考古体验、面塑制作技术、抗战歌曲《在太行山上》发源地探究等研学旅行专题。专题课程方案是对研学旅行专题课程目标、研学内容、研学方式的规划和设计，是研学计划、研学教材等诸多方面实施过程的总和。类似于景区小景点、小景观导游讲解，类似于中小学教师的课时计划（教案）。

他们在谈到专题课程和主题课程之间的关系时，李岑虎认为：研学旅行课程包括主题课程和专题课程，主题课程中的研学内容是由众多专题课程构成的，专题课程内容是主题课程内容的基础，所有专题课程共同组成研学旅行主题课程。

案例思考

1. 研学旅行专题课程方案包括哪些要素？
2. 研学旅行教学实施过程包括哪些步骤和环节？

一、编写要求

（一）专题课程方案要素

专题课程方案包括学校常规要素和研学旅行要素两个方面。

1. 学校常规要素

学校常规要素是指学校老师备课时教案中常有的要素，主要包括：专题课程名称、学校班级、带队老师、设计人、指导师、专题课时、课程目标、研学内容、研学重点、研学难点、研学教具、研学方法、研学方式、研学过程、研学评价、研学反思等。

其中的研学过程是指研学旅行教学过程,是研学旅行指导师在研学旅行活动中授课或学生接受教师授课,学生获得知识、增强技能、提高觉悟、培养核心素养的过程。研学旅行教学过程按照实施时间的顺序可分为:研学旅行前、研学旅行中和研学旅行后三个基本步骤。按照实施步骤和任务,这三个基本步骤可划分为五个基本环节,即研学准备,设置问题;研学导入,提出问题;研学新课,解决问题;研学总结,拓展问题;研学评价,反思问题。这"三步五环"就是研学旅行的基本教学过程。

其他要素前面章节已经进行了说明,此处不再赘述。

2. 研学旅行要素

研学旅行要素是指研学旅行过程中涉及的要素,包括研学背景、研学链接、导游、研学旅行目的地等。其中的研学链接是指研学旅行专题课程内容和中小学现行课程教材中相关联的知识链接,在研学旅行实践中俗称"研学链接"。其他要素前面章节已经进行了说明,此处不再赘述。

(二)专题课程方案编写格式

研学旅行专题课程方案的格式主要有条目式和表格式两种形式。

1. 条目式

研学旅行专题课程方案(条目式)内容如下:

研学旅行专题课程方案(条目式)

【课程名称】　　　　【设计时间】
【设计人】　　　　　【指导师】
【学校班级】　　　　【学校代表】
【带队老师】　　　　【导　　游】
【专题课时】　　　　【研学地点】
【课程目标】　　　　【研学背景】
【研学内容】　　　　【研学链接】
【研学重点】　　　　【研学难点】
【研学方式】　　　　【研学方法】
【研学工具】
【研学过程】

第一步:研学旅行前
【研学准备,设置问题】

第二步:研学旅行中
【研学导入,提出问题】
【研学新课,解决问题】

【研学总结，拓展问题】
第三步：研学旅行后
【研学评价，反思问题】

2. 表格式

研学旅行专题课程方案（表格式）参见表 5-2。

表 5-2　研学旅行专题课程方案（表格式）

专题课程			研学地点			
学校班级			校方代表		带队老师	
设计人		指导师	导　　游		专题课时	
课程目标						
研学背景						
研学链接						
研学内容						
研学重点						
研学难点						
研学方式						
研学方法						
教具准备						
研学过程						
研学前	［研学准备，设置问题］					
研学中	［研学导入，提出问题］					
	［研学新课，解决问题］					
	［研学总结，拓展问题］					
研学后	［研学评价，反思问题］					
研学成果						
研学反思						
备　注						

3. 格式说明

（1）研学旅行专题课程方案是研学旅行教学预案，不可能穷尽一切教学要素和环节，有的研学旅行课程方案则需要指导师随着研学旅行过程的实施，不断地进行调整和修订，而不是简单机械地模仿和复制。只有本着教育化、实践化、生活化的原则，创造性地自主开发、自主设计，才能不断丰富研学旅行专题课程内容。

（2）研学旅行过程的编写方案是一种最基本的、具有普遍性的、常规的研学旅行实施方案模式，更适合考察探究、社会服务、设计制作、职业体验和劳动教育类课程。有的研学旅行活动如团队教育活动、博物馆参观等，需要和第四章第四节研学旅行教学方式统筹考虑，来确定具体恰当的研学旅行模式，弥补传统校园活动的缺憾和不足，彰显研学旅行独特的育人效果。

二、典型案例

 案例呈现

案例5-5：

材料一：《泉州洛阳桥研学旅行课程》中的研学链接

洛阳桥也叫"万安桥"，位于福建省泉州市洛阳江水道之上，也是世界著名的跨海梁式大石桥，素有"海内第一桥"之誉，是中国古代"四大名桥"之一。福建省三明少共研学文化传播有限公司王远志老师在给研学旅行指导师培训讲课时，以编写初三学生参加《桥的模型制作》研学旅行课程方案为例，让指导师首先查阅小学到初中课本中关于桥的文章：三年级上册《赵州桥》描写了距今有一千四百多年的赵州桥；四年级上册的《跨越海峡的生命桥》描述了台湾人民和大陆人民难以割舍的骨肉亲情，五年级上册的《小桥流水人家》表达了对故乡的思念；八年级上册的《中国石拱桥》和《桥之美》。指导师自己先明白研学旅行基地和课本的关联，然后让学生再去查看，去体会。提醒指导师来泉州洛阳桥研学旅行时，让学生用眼睛去欣赏，用心灵去感受。指导师备课时要让学生把课本知识与洛阳桥实地知识相联系，用洛阳桥实景知识印证或强化学生的课本知识。

材料二：铁皮石斛叶脉拓印化石制作与中小学课本的联系

福建省三明少共研学文化传播有限公司王远志老师在帮助年轻的导游和研学旅行指导师编写八年级学生《铁皮石斛叶脉拓印化石制作》课程方案时，专门购买了从小学三年级到高中三年级的全套纸质课本，同时又把电子课本网站发给年轻的导游和指导师，要求导游和指导师首先查阅初中三年级以来学过的相关课本知识，并把在紫楹山庄铁皮石斛种植基地研学旅行课程——叶脉拓印作品制作与课本知识联系起来。譬如，人民教育出版社小学语文二年级上《活化石》、小学科学六年级《小草和大树》、中学生物八年级下《生物的进化》等多处都有化石的描述，然后要求导游和指导师要把这些内容和研学旅行课程有机地结合起来，运用到研学旅行教学中。

王远志、黄小霞在泉州紫楹山庄铁皮石斛种植基地商讨研学旅行课程

案例评析

本案例两篇短文选取专题课程方案中的一个"研学链接"要素，重点介绍了查找"研学链接"的做法。案例中的王远志老师诚恳地听取了我在福建省泉州紫楹山庄铁皮石斛种植基地谈过的方法和知识，自己购买了整套中小学课本，随时用手机查找电子版中小学课本内容，把正在开展的研学旅行课程内容同学生学过的中小学课本相关联的知识链接起来，既能巩固学校的课本知识内容，又能加深对课本知识的认识和理解，还能够激发学生的学习兴趣，养成将书本知识运用到社会实践中、同社会实践相结合的良好学习习惯。更让人欣慰的是王老师用自己的现身做法来指导培养年轻的导游和研学旅行指导师，这种做法为没有中小学教学经验的导游、研学旅行指导师提供了方法论的指导，可见王远志老师对研学旅行事业的热爱和敬仰。如果我们每一个旅游工作者都这样勤奋研究、薪火相传，中国研学旅行创新之花必定遍开八闽大地。

（本案例由李岑虎点评）

案例 5-6：

三月三北部湾，跳竹竿舞，做竹筒饭

【课程名称】三月三北部湾，跳竹竿舞，做竹筒饭
【学校班级】钦州市第十六中学初一（3）班　　　　【学生数量】45人
【带队老师】陈校长、马小芳主任　　　　　　　　　【联系电话】
【设　计　人】李子尚、杨显毅　　　　　　　　　　【联系电话】

【指　导　师】马小芳、石华先　　　　　　　　【联系电话】
【导　　　游】刘芳、黎可欣　　　　　　　　　【联系电话】
【专题课时】2课时
【研学地点】北部湾大学研学实践教育基地
【课程目标】

（1）价值体认：通过参加竹竿舞团队活动与实践体验，亲历竹竿砍伐制作，加深对竹竿舞文化的价值体验。能主动分享自己的跳舞体验和感受，与老师、同伴交流思想认识，形成国家认同，热爱中国共产党，热爱家乡，热爱少数民族兄弟姐妹，增强少数民族自豪感。

（2）责任担当：观察北部湾大学研学实践教育基地周围的生活环境，增强为同学服务意识、服务他人的行动能力；初步形成探究壮族竹竿舞文化的意识，学生愿意参与团队活动，担任砍伐制作师、竹竿舞敲打师、安全员、救护员，初步形成对他人、社会负责任的态度和社会公德意识。

（3）问题解决：能关注北部湾自然、社会、生活中的现象，深入思考并提出有价值的竹竿舞文化系列问题，将问题转化为有价值的竹竿文化研究课题，学会运用科学方法开展研究。能主动运用所学物理、生物、音乐知识理解与解决竹竿舞课堂问题，形成基本符合规范的竹竿文化研究报告或其他形式的研究成果。

（4）创意物化：运用学到的竹竿乐器制作的操作技能解决生活中的问题，将一定的想法或创意付诸实践，通过设计、制作或装配等，制作和不断改进较为复杂的竹笛、竹筷子等竹板制品或劳作用品，发展实践创新意识和审美意识，提高创意实现能力。

【研学链接】
人教版七年级语文下册《竹影》；教育部编版六年级语文上册《伯牙鼓琴》；人教版道德与法治四年级下册《我们当地的风俗》。

【研学内容】竹竿的裁切制作；竹竿舞的跳法（有多样跳法）、竹筒饭制作

【研学重点】
竹竿的裁切制作；竹竿舞的跳法（有多样跳法）

【研学难点】
通过竹竿舞体验和竹竿砍伐制作，提高动手能力，形成对国家文化的认同，热爱中国共产党，热爱家乡，热爱少数民族兄弟姐妹。增强为他人服务的意识、服务他人的行动能力；形成对他人、社会负责任的态度和社会公德意识。

【研学教具】
长300厘米、粗3~5厘米的竹子16根，手锯2把；砂纸10张；竹刀3把；音响1套

【研学方式】
劳动教育、考察探究、设计制作、生活体验

【研学方法】

小组合作法、情境体验法、角色扮演法、讲授法等

【研学过程】

研学旅行前

第一环：研学准备，设置问题

（1）提前一周前往学校，与校方沟通组建研学旅行小组，根据人数组建数个学习小组，并选出组长。要求在出发前，请各小组组长组织组员为自己的学习小组命名，并创意小组学习口号。

（2）指导师与参加研学旅行的学生见面，告知学生研学旅行行程安排，并布置预习作业，要求在学习过的教材及生活中了解有关"壮族、竹竿舞"的知识。课前任务研学前发放明白纸，明白纸内容包含：壮族民俗及服饰文化知识；壮族竹竿舞的来源与文化内涵；竹竿的制作方法；以及竹竿舞的表演方法等。

研学旅行课前任务

1. 竹竿舞怎么跳的？有哪些少数民族跳？
2. 了解壮族少数民族及其他少数民族的服饰历史。
3. 了解全国56个民族的服饰特色。
4. 了解少数民族地区分布及形成原因（从地理知识去理解）。
5. 了解壮族竹竿舞的来源与历史文化内涵。
6. 了解跳竹竿舞的少数民族地区分布及民族文化特色。

研学旅行中

第二环：研学导入，提出问题

（1）引导班委组织召开"壮族文化研讨会"。

（2）引导班委发言布置任务，由各组组长引领本组组员进行知识分享，交流自己在参加研学旅行前的预习内容，并进行知识汇总。

（3）讨论完毕后，引导班委组织各小组选出本组代表进行发言，向全团分享本组的预习内容。

（4）所有小组全部发言完毕后，引导各小组相互对其他小组发言进行点评纠错，随后由研学旅行指导师传授壮族的兴起来源及发展历史的正确知识。

第三环：研学新课，解决问题

考察北部湾大学研学实践教育基地，了解北部湾少数民族文化；然后到竹林学习竹竿的制作，看壮族人砍竹竿表演示范。

一、壮族竹竿制作项目专家示范教学

（1）壮族专家演示竹竿的选择、展示砍伐过程，学生学习体验竹竿的制作。

（2）随后指导师引导学生提出问题：

①竹竿的选择方法有哪些？
②砍伐竹竿所需要的工具都有哪些？
③砍伐的技巧和方法有哪些？
④砍伐的注意事项有哪些？

（3）引导各小组进行内部讨论，交流自己在观看竹竿制作项目时所留意的问题答案，并进行知识汇总。讨论完毕后，组织各小组选出本组代表进行发言，向全团分享本组的答案。随后组织各小组对全部方案进行修改，定制出最适合本团队的活动方法。

（4）布置任务"制作本小组的竹竿舞道具"，要求各小组组长组织组员进行责任分工，各小组组长带领组员进行道具制作。

二、竹竿舞道具的制作流程

第一步：依据之前环节的规划，引导小组长带领组员对舞蹈场地进行勘察测量，预设出适宜场地及本组人数的竹竿长度及数量。

第二步：小组长在组内进行责任分工，进行竹竿制作。前往规定竹林，砍伐合适的竹子，随后将竹子进行切割，对竹竿手握部分进行打磨等。

第三步：组内选出代表，向全团分享自己小组的制作过程。

制作完成后，组织各组进行展示，并选出质量优秀的道具。随后请制作出质量优秀的道具的小组去协助其他小组完善道具。

道具全部验收完毕后，组织各小组更换民族服装，练习竹竿舞，随后各组进行表演。

三、学习竹竿舞的基本步伐

第一步：首先请壮族舞蹈专家跳竹竿舞，展示壮族竹竿舞文化。播放音乐：《跳起来》。让学生欣赏壮族青年男女跳竹竿舞的过程。美妙的旋律，鲜明的节奏，引发学生不由自主地用身体的动作感应舞蹈和音乐的节拍，从而尽情享受舞蹈和音乐带给人们的快乐。

第二步：引导小组长进行组内人员分工，并规划出竹竿操纵人员与跳舞人员的切换。

第三步：舞蹈项目专家教授学生跳竹竿舞的基本步法。学生练习竹竿舞的竹竿操作与跳法。一对一、面对面，蹲在地上，双手紧握竹竿顶端贴在地面上反复做开、合（两拍）练习。要求与《跳起来》的音乐吻合，没拿竹竿的学生原地坐下，模仿动作练习，指导师有意识地从开合的竹竿中间跳过去，第一次出现跳竹竿舞的完整动作。

第四步：在竹竿操作与跳法熟练后，引导小组长带领组员进行跳法升级实验及练习。

第五步：引导班委组织"竹竿舞王争霸赛"，由各小组陆续登场表演。并组建评委团（可请学校代表、基地代表、领域专家等），对各小组舞蹈表演的熟练度及跳法升级的难度等方面进行综合评分。

第六步：最后播放一些记录研学点滴的照片、小短片，同时整个集体跳一次竹竿舞，指导师带着学生参与，增进师生情谊，给研学旅行画上一个圆满的句号。

学生体验竹竿舞　摄影：杨显毅

第四环：研学总结，拓展问题

一、竹制品的拓展制作，亲手做一次竹筒饭

第一步：前往竹子工坊，参观各类竹制品，如碗筷、杯子、笔筒、书签等制作过程。

第二步：指导师引导学生以小组为单位开始制作竹筒饭。先由指导师讲授、示范，然后学生动手制作体验。

第三步：请各小组选出代表向全团展示自己小组所制作竹筒饭，分享竹筒制作要点及竹筒饭制作过程。

学生制作竹筒饭　摄影：杨显毅

二、研学总结

引导学生分享自己今天的研学旅行心得，讲述自己在不同研学环节做了什么、学到了什么；在活动中、工作中哪里做得好，哪里还有些欠缺；自己的伙伴有哪些值得自己学习的地方，有哪些是需要自己帮助的地方。随后由研学旅行指导师对学生所掌握的知识点进行梳理，对学生个人感悟进行鼓励提升。这节课，同学们不仅学唱了《跳柴歌》，而且学会了竹竿舞的基本舞步，还促进了同学之间的团结合作。请学生发言，畅谈理想，自己长大后要做什么，要如何为家乡为国家做贡献。

研学旅行后

第五环：研学评价，反思问题

一、竹竿舞研学评价

学生通过访谈、填写评价表、提交报告等方式，进行总结评估。聘请相关人员为整个竹竿舞演练、竹筒饭的制作等进行测评。

方式：学生自评、学生相评、专家评价、导师评价、学校评价五部分。

二、研学反思

（1）参加活动的学生较多，年龄不大，且现代学生劳动量少，户外动手机会也不多，在实施活动过程中存在一些安全风险，例如：乘车时容易出现拥挤的现象、在操作刀锯切割竹子时有打滑现象，制作竹筒饭时可能烧伤烫伤。

（2）因研学地点在大学校内，受疫情防控要求影响，能进大学校园开展活动的时间不确定。

（3）研学的课题内容再拓宽一些，让学生更充分了解竹子在日常生活中的作用，多动手劳动，提高团队合作精神。

（4）这次竹竿舞体验研学活动，练习跳的过程占用时间较多，有的学得快，有的学得慢，偏向了学习练习跳，竹子的相关知识或竹子的精神容易被减少或忽略。

《三月三北部湾，跳竹竿舞，做竹筒饭》感言

小组长杨蕴婧说，竹竿舞以前都只是听说过，或在电视中看到哥哥姐姐们跳过，自己从来没有真正跳过竹竿舞，今天参加了学校组织的研学活动，终于有机会感受竹竿舞的魅力，它不仅是一种舞蹈也是一种体育研学活动，让我们可以在跳舞过程中得到锻炼。

我第一次使用木锯，也第一次做竹筒饭，这让我们增加了生活的独立性、自理性，以及同学之间相互配合的默契性；通过这次研学活动，我感觉我们平时在生活中能自己动手制作东西的机会太少了，所以操作工具时都不太会用，又怕伤到手，小心翼翼地，都使不上劲，费了半天时间才弄好，男生相对而言比我们女生好一些。特别是在做竹筒饭时，更不容易了，要割竹子，要放搅拌好的米料，还要加适当的水，最关键的是烧火的时候，又被烟熏又热，又怕不熟没得吃，终于感受到爸爸妈妈平时给我们做饭的时候有多么辛苦！

（本案例由文化和旅游部人才中心研学旅行指导师考评员高霞、广西钦州金凤凰研学文化发展有限公司杨显毅编写）

案例评析

本教案是条目式的研学旅行专题课程方案，该方案涉及课程名称、学校班级、学生数量、带队老师、设计人、研学旅行指导师、导游、联系电话、专题课时、研学地点、课程目标、研学链接、研学内容、研学重点、研学难点、研学教具、研学方法、研学方式、研学过程、研学评价、研学反思21项，而且增加了电话号码，利于研学旅行联络、咨询、服务活动，可谓要素齐全，要点充实，符合中小学教师教案要求，又具有研学旅行课程教案特点。

研学旅行目标从价值体认、责任担当、问题解决、创意物化四个维度编写，恰当合理，利于立德树人教育；研学旅行方法有小组合作法、情境体验法、角色扮演法、讲授法等，灵活多样，具有较强的参与性和实用性；教学方式有考察探究、设计制作、职业体验、劳动教育等，多种方式统筹使用，多法并举，机动灵活，而不孤立某一个方式方法，不墨守成规，课堂气氛之活跃可见一斑。研学旅行内容包括竹竿舞道具的制作、竹竿舞的跳法、竹竿舞文化探究、竹筒饭制作，层层递进，逻辑合理，设置科学；研学旅行教学过程采用"三步五环"基本教学法，研学前、研学中、研学后三步清晰明了，利于开展教学；"研学准备，设置问题""研学导入，提出问题""研学新课，解决问题""研学总结，拓展问题""研学评价，反思问题"五个环节，环环相扣，有条不紊，高山流水，风景独好。

研学评价方法多样，通过学生访谈、填写评价表、提交报告、基地研学项目专家等方式进行总结评估。采用学生自评、学生相评、专家评价、导师评价、学校评价五部分进行综合评价。这些方法打破了以往仅靠指导师给学生简单打分的方式，客观、公平，利于学生、家长、学校全面掌握学生研学旅行的表现和取得的优秀成绩。

研学旅行教学过程中主要突出以下方法，值得参考和模仿。

1. 研学过程分为研学前提前一周前往学校，与校方沟通组建研学旅行小组，并布置预习作业、发放明白纸。

2. 研学导入，引导班委组织知识研讨会；引导班委发言布置任务；各组组长引领本组组员进行知识分享。所有小组全部发言完毕后，小组之间相互点评纠错，随后由指导师传授正确知识。

3. 研学新课，采用实地考察法，考察壮族村寨，学习竹竿的制作，看壮族人砍竹竿表演，学习竹竿舞道具的制作流程，学习竹竿舞的基本步法，培养了学生的劳动精神和品德。

4. 除了学习竹竿舞、制作竹竿舞道具以外，最后进一步拓展问题，拓展制作竹筒饭、制作碗筷、杯子、笔筒、书签等竹制品，升华了本次研学旅行活动课程，达到了预期的教育目的。

5. 最后"拓展问题"环节，制作竹筒饭、学生唱《跳柴歌》、跳竹竿舞，促进了同学之间的团结合作。请学生发言，畅谈理想，谈谈自己长大后要如何为家乡为国家做贡献，引导学生由竹竿舞的文化认知延伸到为国家做贡献，把本次研学旅行活动推向高潮。因此说，本案例具有很高的学术价值和实践参考价值，完全是一个教科书式的经典品牌课程。

受作者优质教案的感染，借此机会，笔者强烈呼吁，那些不熟悉中小学教育教学规律的研学旅行指导师，一定要研究中小学教育教学规律，去中小学校，虚心学习学校老师们的备课方法，去课堂学习老师的讲课技巧，按教育规律开展研学旅行活动，设计出符合教育规律的研学旅行教案，讲解出研学旅行指导师为人师表、立德树人的职业尊严。

（本案例由李岑虎点评）

案例 5-7：

弘扬伟大的抗战精神
——中国人民抗日战争纪念馆研学旅行专题课程

专题课程		弘扬伟大的抗战精神——中国人民抗日战争纪念馆研学旅行专题课程			
研学地点		北京市丰台区卢沟桥宛平城内街101号			
学校班级		初三学生	校方代表		带队老师
备课人		指导师	导　游	专题课时	3课时
课程目标	价值体认	通过参加考察抗日纪念馆活动，亲历社会实践，加深有积极意义的价值体验，也使学生明白只有国家富强、民族团结、社会稳定、国防强大才不会挨打、不会被欺辱，才能巍然屹立于世界民族之林。能主动分享体验和感受，与老师、同学交流思想认识，形成国家认同，激发爱党爱国之情。			
	责任担当	通过抗战系列活动教育，增强服务意识，养成独立的生活习惯；愿意参与学校服务活动，增强服务国家的行动能力；肩负民族复兴使命，主动从小事做起，践行当代学生责任担当。			
	问题解决	能够树立审慎的思辨思维，学会从历史中悟历史的经验和教训，学会用发展的眼光看待问题，正确理解抗日战争是人民的抗战。明白落后就要挨打的道理，了解中国人民的抗战精神，树立中国必胜的信心，学会运用抗战精神理解与解决国际社会打压中国的问题，并做出基于证据的解释，形成发愤图强、勿忘国耻的系列行动。			
	创意物化	学会运用抗战精神识破国际社会各种列强妄想灭亡中国的企图，坚定中国人民的文化自信、制度自信，尝试分析解释国际社会问题。编写为"人民的抗战"的朗诵词。			

续表

研学背景	中国人民抗日战争纪念馆是全国唯一一座全面反映中国人民抗日战争历史的大型综合性专题纪念馆，是国家一级博物馆、全国优秀爱国主义教育示范基地、全国国防教育基地、全国廉政教育基地、全国百家红色旅游经典景区，是中国抗日战争史学会秘书处所在地、中国博物馆协会纪念馆专业委员会主任委员单位。 　　中国人民抗日战争纪念馆的文物藏品以 1931 年至 1945 年抗日战争时期的各种历史文献和相关实物为主，同时也收藏日本自 1874 年以来侵略和占领台湾的各类文物，内容涉及军事、政治、经济、文化、社会等诸多历史侧面。 　　2017 年 12 月，入选教育部第一批全国中小学生研学实践教育基地、营地名单。2019 年 2 月 27 日，入选第五批全国学雷锋活动示范点名单。2020 年 4 月，入选北京市首批新时代文明实践基地名单。
研学链接	人教版七年级语文课本第 16 课《中国人民抗日战争纪念馆》；人教版八年级上册历史课本《中华民族的抗日战争》；人教版八年级上册道德与法治课本
研学内容	人民的抗战
研学重点	中国人民抗日战争纪念馆的构成、馆内八个部分的主要内容，每一部分反映出的抗战精神，抗战文物，以及文物反映的历史事件和重大意义
研学难点	中国人民抗日战争纪念馆内八个部分每一个部分所反映出的抗战精神
活动方式	考察探究、团队教育活动、博物馆参观
教学方法	讲授法、小组合作法、训练与实践式、讨论法、现代信息技术法
教具准备	研学旅行指导师：1. 任务单；2. 讲解评价表；3. 研学旗；4. 身份证 学生：1. 中国人民抗日战争纪念馆讲解词；2. 学生证
研学旅行过程	
研学前	［研学准备，设置问题］（行前一周） 　　分组，查找资料，印刷研学手册，解释问题。带好研学旅行用品，做好校外研学旅行思想准备。 　　问题一：中国人民抗日战争纪念馆建造的意义是什么？ 　　问题二：中国人民抗日战争纪念馆都有哪些陈列品？
研学中	［研学导入，提出问题］（15 分钟） 　　研学旅行指导师（车上）：同学们，车行前方就是中国人民抗日战争纪念馆了，纪念馆坐落在北京市丰台区卢沟桥畔宛平城内。1937 年 7 月 7 日，日军悍然进攻宛平和卢沟桥，"七七事变"就此爆发，中国的全民族抗战就此拉开序幕。这场战役是中华民族奋力抗敌、保家卫国、争取独立自由的伟大战役。稍后我们将看到纪念馆里记载了抗日战争历史的各项陈列，请同学们思考以下问题： 　　1. 进入纪念馆要遵守的纪律有哪些？ 　　自觉配合安全检查；自觉存放包裹；不携带易燃易爆等危险品入馆；文明参观，勿在馆内跑动、喧哗、嬉闹、乱扔废弃物、随地吐痰等；注意参观安全；不触摸、攀爬、损毁展品，衣着要整洁；不携带宠物入馆。 　　2. 广场上的雕塑卢沟醒狮象征着什么？ 　　3. 为什么称抗日战争是人民的战争？ ［研学新课，解决问题］ 　　集合后，导游带领学生按 30 人一组有序安检进入馆内。然后跟随讲解员和指导师进行参观考察。请遵守馆内规章制度，不脱离团队。 　　一、参观倾听，全面了解纪念馆的组成 　　研学旅行指导师与学生一起跟随讲解员进入展览馆，认真倾听讲解员的讲解，一边聆听，

续表

研学中	一边做记录，重要环节和文物拍照。馆内共分八个部分，逐一参观、聆听。第一部分：民族危机、救亡兴起；第二部分：国共合作、共赴国难；第三部分：抗战灯塔、中流砥柱；第四部分：日军暴行、惨绝人寰；第五部分：浴血疆场、民族壮歌；第六部分：得道多助、国际支援；第七部分：历史胜利、巨大贡献；第八部分：以史为鉴、面向未来。 二、讲解员讲解后，请同学们分组讨论下列问题 1. 抗日战争爆发的原因、经过是什么？ 2. 抗日战争中国共两党如何合作的？ 3. 抗日战争中中国共产党是怎样发挥中流砥柱作用的？ 4. 列举抗日战争中日军制造的惨绝人寰的案例。 5. 抗日战争中中华儿女是如何抵抗日军侵略的？著名的战役有哪些？ 6. 中国人民抗日战争的历史胜利有什么意义？ 7. 新时代青少年如何牢记使命，勿忘国耻？ 8. 通过考察抗日战争纪念馆你有什么收获和想法？（必答题） 每小组都要讨论回答3个问题。每个人都要记录在自己研学手册里。 三、文物辨别 讲解员讲解后，研学旅行指导师将学生分成6个小组，每组再进行各自分工，给出20分钟时间，请学生就自己印象最深刻的文物进行照片和小视频拍摄，或者绘画，并记录具体内容，回校后打印、编辑成册，进行展览。 1. 抗日英雄的相关文物。抗日战争中牺牲的先烈们用生命和鲜血谱写了中华民族解放事业的壮歌，与他们有关的各类文物在展陈中则默默地诉说着这段历史，如戴安澜的铁汉印章、左权的望远镜、张自忠初葬处的石碑、国际主义战士白求恩做手术时使用的医疗器械、外交九烈士之一的姚竹修的眼镜及名片、八百壮士谢晋元团长的纪念像章、小白龙白乙化的记事本、新四军政委廖海涛的绑腿、东北义勇军韩述彭的毛毯、许昌战役中牺牲的吕公良的望远镜、淞沪抗战中牺牲的旅长蔡炳炎写给妻子的书信、120师战斗报记者丁基生前的日记本、为表彰解救群众英勇牺牲的武委会主任田广生而颁发的"舍生取义"木匾、南侨机工彭海勇的奖状等。 2. 卢沟桥抗战文物。1985年修复宛平城墙时出土的中国国民革命军第29军士兵在卢沟桥抗战时佩戴的钢盔、帽徽，使用过的子弹、弹壳，29军士兵使用过的大刀，南苑战斗中镶有子弹的木桩，在南苑抗战中牺牲的佟麟阁将军使用过的砚台和字帖，冯治安将军使用过的闹钟、钢笔，29军军训团学员保存的南苑抗日纪念章，卢沟桥事变大画册等，这些都是"七七"事变的有力见证。 3. 侵华日军的武器装备。日军武器装备是日军侵华的主要罪证，纪念馆收藏了数以千件的日军军事装备，如大炮、枪支、指挥刀、子弹、望远镜、水壶、饭盒、钢盔、背包、军装等。 〔研学总结，拓展问题〕 1. 学生展示，小组评分。研学旅行指导师请各组结合拍摄小视频的内容和绘画的内容，每组自选2～3人就视频呈现内容进行讲解和观点表达。 2. 研学旅行指导师提升、拓展问题。研学旅行指导师总结提升：中国人民抗日战争纪念馆向我们深刻揭露了日本侵略者在侵华战争中犯下的滔天罪行。我们要时刻铭记历史，不能忘记这段历史给我们国家和人民带来的巨大灾难，我们要以史为镜，永记落后就会挨打，时刻铭记奋发图强的自强意识。
研学后	〔研学评价，反思问题〕 1. 分析在抗日战争中国共产党的作用，形成自己的观点，撰写文章。 2. 布置研学后的作业。绘制抗日战争的发展历史，形成思维导图。 3. 指导师反思自己的教学能力、组织能力、评价能力、带团服务能力，客观反思自己在研学旅行方面存在的问题，以利于今后改正，提高自己的研学旅行服务能力。
研学成果	1. 将个人图片、学生心得体会、感言等成果汇总后编辑成册，展览存档。把学生录制的小视频、绘画作品汇总后加工成活动视频，进行宣传，刻成光盘存档。 2. 与你的家人、朋友、同学分享研学活动之后的心得体会，或者作为日记写下来。
研学反思	略

案例评析

本案例属于表格式研学旅行专题课程案例，红色研学旅行主题鲜明，红色教育氛围浓郁，爱国主义精神感人至深，立德树人目标贯穿始终。教案格式正确，要素齐全，研学旅行"三步五环教学法"运用熟练，教学方法多法并举，娴熟恰当，尤其是将研学后的教学艺术展示得淋漓尽致，堪称纪念馆研学旅行之经典案例，具有重要的参考价值。

（本案例由新四军江南指挥部纪念馆吴竹清点评）

专家访谈

今日话题： 如何设计研学旅行课程方案
特邀嘉宾： 太原旅游职业学院研学旅行教研室主任王慧

太原旅游职业学院王慧老师给导游讲解研学旅行课程设计

专家心语： 各位朋友大家好！我是太原旅游职业学院王慧。随着研学旅行行业如火如荼的发展态势，如何策划、设计研学旅行课程方案已然成为当下作为研学旅行专业人员队伍组成之一的导游必须掌握的职业技能，也是顺利转变为一名合格研学旅行指导师的必备素养。今天老师给大家总结了一个在策划、设计研学旅行课程方案时的必备要点，即"主""专"兼备两手抓。

"主"指的是主题课程方案，"专"指的是专题课程方案，即研学旅行课程方案包括"主""兼"两部分。为方便理解，大家可以去想象一串珍珠项链，"珍珠项链"可看作主题课程方案，而项链上的一颗颗珍珠就是专题课程方案，所有专题课程方案共同组成主题课程方案。

主题课程方案是指导师在研学旅行开始前编制设计，对某次研学旅行教学的总体规划与准备。比如"一日研学行程单""三日研学旅行线路行程"，是不是类似于旅游行程中的旅游线路呢？那么在设计主题课程方案时有什么需要注意的吗？老师给大家总结了一个口诀：即"掌握五要素三环节，熟悉九内容一过程"。

而专题课程方案简言之就是为达到某一专门的教学目的或解决某一专门问题而设计的课程。我们来看一下主题课程方案《孔孟之乡儒家文化》的组成内容。

（1）车上儒家文化研讨会，研学旅行安全知识研讨会。

（2）着汉服，礼仪传统文化体验。

（3）孔府鲁菜坊品尝了解孔府官府菜，体验学习孔子饮食文化的内涵。

（4）孔子生平事迹讲解比赛。

（5）大成殿前祭拜孔子体验，诵读孔子名言。

（6）古代诗词楹联知识比赛。

（7）孔府家风、家规、家训摘录，诵读活动。

大家可以发现，从1到7的每个小课程都能独立成课，而这就是专题课程，也共同构成了这一完整的研学旅行主题课程。同样地，在设计专题课程方案时也具有相应的要求，如正确的研学旅行目标设计、能调动学生积极性和主动性的教学方法设计、恰当的研学旅行方式设计、纠正并解决学生错误和困惑的预案设计等。

而这一"专"一"兼"另外还具有相应的格式、要素及实施流程的设计要求，还需要大家进一步深入学习，具体可参考教材《研学旅行课程设计》（第2版）。

好了，那今天的内容就到这了，我们下次再见。

 综合实训

1. 结合实际，写一篇研学旅行指导师备课的案例。2000字左右。

2. 结合当地研学旅行资源和学生实际，编写一个研学旅行主题课程方案。

3. 结合当地研学旅行资源和学生实际，编写一个研学旅行专题课程方案。

4. 邀请五六位研学旅行指导师，组成研学旅行课程设计小组，开展课程设计比赛活动。

5. 根据当地要求，参加一次所在地研学旅行课程设计大赛。

第六章

研学旅行上课技能

● 本章导读

本章重点阐述了研学旅行指导师上课的三个基本步骤、五个基本环节，提出了著名的"三步五环教学法"。重点阐述了第三环节"研学新课，解决问题"，这是整个研学旅行课程教学的中心环节，也是本书的关键章节，更是研学旅行指导师必须掌握的基本功夫。尤其是提出的研学旅行指导师上课要注意的问题，务必牢记。

名师之光

行走在黄河与大海相约地的研学兵

甄鸿启研学心语

我是一名老兵。我叫甄鸿启，在黄河与大海相约地山东省工作，担任山东省教育科学研究院地理教研员，专门从事地理教育教学和研学旅行教育研究。1999年9月组建山东省第一个研究性学习兴趣小组，在实践与体验中变革学习方式，激发学习兴趣。组织开展基于生活体验的学习探索，初步尝试并验证实践教学的有效性、可操作性及基本规范。23年的矢志不渝，主持开发"一山一水一圣人、千里民俗一条线、黄金海岸、红色沂蒙、水浒故里、鲁风运河、黄河入海"七个研学课程群，百余项校级研学课程，直接受益师生百余万，得到教育部原陈宝生部长、王晓燕所长的高度赞誉，在全国京、桂、吉、鄂、豫、皖、晋等省市分享研学经验。

我也是一名新兵。针对研学课程及实践中"不真""不实"等问题，立足山东，面向全国，胸怀世界，采用分布式领导与自主教育相结合的项目化管理，通过让学生爱上实践到会实践再到实践素养提升的三步走战略，且行且学。我是全国教育系统第一个把研学旅行实践融入中学常规地理学科的省级教研员；全国第一个被文化和旅游部聘为研学旅行指导师考评员的省级教研员；全国第一个被全国研学旅行指导师认定委员会聘为全国中小学研学旅行专家库专家的省级教研员；同知名研学旅行专家李岑虎、李凤堂、丁海秀先生一起，在全国率先提出研学旅行指导师必须学习中小学教育理论；我主编了全国第一套官方出版的高等院校研学旅行专业教材《研学旅行教育理论与实践》；主编全国第一本官方出版的中小学教师研学旅行专用教材《中小学研学旅行教师指导用书》；在全国第一本研学旅行合集《研学旅行案例选评》中担任副主编；在全国第一本劳动教育课程设计专业教材《新时代劳动教育课程设计》中担任专家指导委员会副主任；我指导并出版市县研学课程3册。随着研究深入，越发发现自己的无知与浅薄，研学路上，我还是一名新兵。

甄鸿启做客桂林旅游学院研学旅行专家论坛　摄影：丁海秀

　　我志当一名好兵。2018年4月至今先后成功组织山东省六届研学实践教育活动课程开发与研学指导师专题研讨会议、现场会等，现场参与师生三千余人。指导济南十四中等16市近百所学校开展研学实践，并组建市、县（区）、校三级研学课程开发及实践系统。主持山东省教育科学"十三五"规划重点课题等4项省部级课题并顺利结题。因工作需要，主持中国儿童少年基金会"护航计划"山东研学实践项目，先后受聘于桂林旅游学院、旅游教育出版社、国家教育行政学院、武汉商学院研学旅行研究院，担任特聘专家。2022年我受中国关心下一代工作委员会教育中心委托进入劳动教育标准撰写组专家，成为全国团体标准《劳动实践指导教师职业能力评价》核心起草人。我所主持的活动先后被CCTV、光明网、人民网、凤凰网、齐鲁网、中国山东网等媒体报道。

　　奋力当好教育教研的研学兵。我在全国各地努力地传播研学旅行教育教学常规，让研学旅行工作者上好每一堂研学旅行课，教好每一个参与活动的学生。按照研学前、研学中和研学后三个步骤，做好研学前的准备、研学中的授课、研学后的总结评价和反思。让研学成为学生自励、自省、自信的助推器，成为教师立德树人新舞台，我将奋力做好教育教研的研学一兵，并努力实现：研学，让教育在立德树人道路上行稳致远而奋斗不息！

　　上课是整个研学旅行工作的中心环节，也是提高研学旅行质量的关键。一堂好的研学旅行课其结构按照实施时间的顺序可分为：研学旅行前、研学旅行中和研学旅行后三个基本步骤。按照教学任务这三个基本步骤可划分为五个基本环节，即研学准备，设置问题；研学导入，提出问题；研学新课，解决问题；研学总结，拓展问题；研学评价，反思问题。这就是研学旅行课的结构。在实践中，我们把这"三个步骤五个环节"的研学旅行教学方法称为"三步五环教学法"（见图 6-1）。

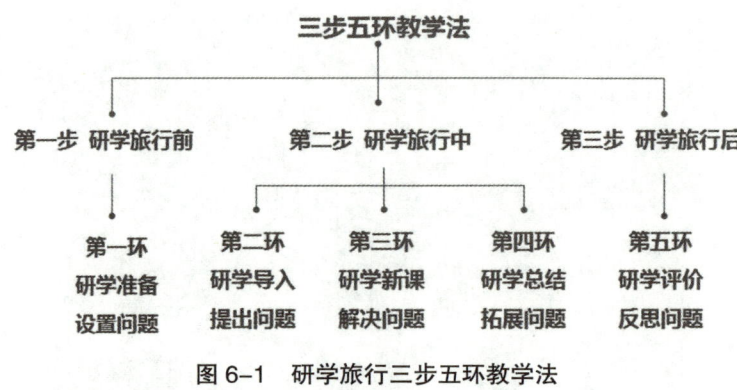

图 6-1　研学旅行三步五环教学法

第一节　研学准备，设置问题

 案例导入

新导游向有带研学团经验的老导游请教

南京市某旅行社招聘了一位导游江源源（化名），刚上班的第一个任务就是带从安徽来的一个"百年南大，六朝古都"研学旅行团，由于自己没有从事过研学旅行团队的接待工作，一下子不知所措。计调经理让她请教有多次接待研学旅行团经验的地接导游郝婧婧（化名），婧婧热情地给江源源讲解了研学旅行团队接待的有关问题。

 案例思考

1. 导游带研学旅行团需要做好哪些准备？
2. 假如你是郝婧婧，你应该向江源源讲解哪些问题？

一、上课要求

研学准备就是研学旅行前的准备，是指在研学旅行活动开始前，指导师把有关的研学旅行问题、事宜，提前让学生做好准备，提前为顺利开展研学旅行课程创造条件，达到预期的研学旅行教学效果。

研学准备的内容主要包括：组建研学旅行小组、告知课程目标、布置研学任务、做好研学事务准备。

（一）组建研学小组

具体做法是：将每班分成若干个研学小组，一般每组4~6人，设组长1名、副组长1名，成员若干。保证个个有岗位，人人有职责，事事有人管。研学小组成立后，拟定研学小组名称、学习口号，进行全班演讲，表明决心，还可以组织小组成员宣誓仪式，增强责任意识和团队意识，发挥小组干部的模范带头作用，培养学生价值体认、责任担当的能力和意识。

（二）告知课程目标

告知课程目标的方法：印发明白纸；多媒体展示；指导师口头传达；简易黑板书写；终端设备转发。譬如，指导师用手机、电脑、平板电脑等设备上的微信、QQ等工具平台，转发研学旅行目标文字材料。

（三）布置研学任务

为了圆满完成研学旅行活动，指导师一般要提前对学生布置研学旅行任务，准备研学工具、准备研学问题、准备研学资料。这些任务指导师都要提前设计出来。

（四）做好研学准备

一般来说，指导师的准备工作包括以下几个方面：

1. 熟悉主题课程方案

指导师要熟悉主题课程方案中的学校名称、年级、来自城市、总人数、男女生数量、年龄、风俗、饮食习惯、领队老师、电话号码、线路、用车情况、司机、导游、研学内容、研学方法、研学工具、研学地点、研学时间、安全措施、评价方法、研学专家、项目负责人等内容，做到心中有数。

2. 做好专业知识准备

做好有关知识和资料的准备，尤其是计划中所列新开放研学点知识的准备。准备的过程中应注意知识的更新，及时掌握最新信息。掌握基地专有名词术语、词汇；做好当前热门话题、国内外重大新闻以及学生可能感兴趣的话题的准备；做好生源地有关知识的准备；注意在语音、语调、语法和用词等表达方面的选择与准备。

3. 做好研学物质准备

研学旅行物质准备包括：研学旅行团主题课程方案（接待计划表）、研学旅行服务质量反馈表、研学旅行团名单、研学旅行团费用结算单等。

设计出必带的工作物品。工作物品包括：工作证、执业身份标识、研学旅行旗、音像设备、宣传资料、通讯录、研学旅行手册、研学评价表、安全管理手册，以及按研学旅行团人数发放的物品（如研学旅行帽、研学旅行图或其他研学旅行纪念品）等。

同时也要设计出必带的个人物品。个人物品包括：名片、手机及充电器、防护用品（雨伞、遮阳帽、润喉片）、常备药物、记事本与工作包等。

4. 做好个人形象准备

面容整洁，不浓妆艳抹。头发要保持清洁、整齐；着装要符合指导师的身份，并要方便研学服务工作，整体要求衣着要简洁、整齐、大方、自然。

5. 做好心理准备

指导师需要具备良好的心理素质，时刻准备面临艰苦复杂的工作，向学生提供热情周到的服务，而且还要充分考虑如何对特殊学生提供服务，以及如何去面对、处理接待过程中可能发生的问题和事故。要冷静、沉着地面对，无怨无悔地继续做好研学服务工作。

二、典型案例

案例呈现

案例6-1：

《探究濮阳龙都文化》教学过程——成立研学小组、检查布置任务（片段）

【授课人】濮阳示范性综合实践基地张双军

【分组讨论流程】

第一步：学生登上大巴后，指导师引导学生成立研学旅行学习小组。每6人一组，设组长1名。拟定研学小组名称、学习口号，全组呼喊口号。

第二步：由各小组组长组织本组学生检查、汇报、讨论研学前布置的任务。

第三步：各位组员在本组内展开研学前准备情况汇报。汇报的内容主要有：研学工具准备情况、布置问题准备情况、濮阳龙都文化研学资料查找情况，以及每一项内容是否正确、符合要求。如果不符合要求，怎样补充解决？

第四步：各组选出代表在全班交流分享。每组两人，组长必须参加交流讲话，再委派一名口才好、表达能力强的同学补充发言。

第五步：其他小组结合自己小组情况对刚刚分享的小组发言进行点评。

第六步：指导师对各小组汇报进行点评、鼓励、启发。

（本案例由濮阳示范性综合实践基地张双军编写）

案例评析

本案例介绍了成立研学旅行小组法、学生自我检查法、学生讨论教学法、小组合作教学法。在这些方法的运用中，我们不难看出我们的导游已经从导游职业角色完美地转变成了指导师职业角色。此时导游既不用导游的讲解方式进行讲解，也不用老师"上课"的方式去"教"学生，而是学生研学旅行活动的组织者、参与者和促进者，引导学生自己参与，突出互动性，让学生成为研学旅行的主角。本案例中导游采用的方法，都能充分调动学生的研学积极性和主动性，这些方法正是研学旅行指导师上好研学旅行课的基本功，还请导游朋友仔细体会，并模仿使用，融会贯通。

（本案例由华东师范大学基础教育改革研究所长三角研学旅行教育联盟常务理事景荣点评）

第二节　研学导入，提出问题

 案例导入

扣人心弦的组织教学法

湖南湘潭某旅行社导游梁智惠从学校接到去往韶山开展研学旅行活动的团队，上车后，首先致欢迎词，然后开始点名，点名后宣布本次活动纪律和评比积分办法，同学们聚精会神，认真倾听。说完这些，她话锋一转，说："同学们，下面我来检查一周前去你们学校给大家布置的作业任务，请各小组组长分别汇报，班长组织同学们给各小组评分。"

 案例思考

1. 上研学旅行课时组织教学都有哪些方法？
2. 本案导游梁智惠组织教学用了哪些方法？
3. 在研学旅行带团实践中，你作为导游检查布置教学任务都用过哪些方法？

一、上课要求

"研学导入，提出问题"是三步五环教学法的第二环节，这一环节的主要内容有组织教学和检查任务。

（一）组织教学

组织教学是指指导师通过对学生情绪状态的调剂和研学纪律的维护，使学生能跟随指导师的研学步骤，从而有效地实现预定的课程目标的过程。组织教学是保证研学旅行过程中师生活动正常进行的基本条件，贯穿于整个教学活动中。

组织教学的方法：口头语言变化法；态势语言变化法；姓名举例提醒法；研学方式变换法；研学方法变换法；小组积分激励法；设置问题法；竞赛刺激法；中途休息法等。

（二）检查任务

指导师在开展研学旅行活动前一般都要提前给学生布置研学旅行的准备任务，在研学旅行活动开始时要对准备的任务落实情况进行检查，这个过程就是检查任务。

检查任务的方法：学校领导检查法；项目组长检查法；问答检查法；报表检查法；自我检查法；抽样检查法；交叉检查法；重点检查法。

二、典型案例

 案例呈现

案例6-2：

用课堂约定组织教学

课堂约定，简单来说就是课程教学正式开始前，指导师与学生约定在课堂上要遵守的行为准则。传统的课堂约定方法，就是老师事先制定好规则，在上课前向学生们宣读，要求学生们做到。但往往事与愿违，特别是在研学旅行这样开放式的教学环境中，学生们更是愿为自由故，规则皆可抛。为什么呢？

因为这些规则即使有意义，即使学生们都知道是什么意思，但学生们感觉他们被强加于这些规则，他们通常没有把这些规则和自己的行动关联起来，也没跟个人责任挂钩。

我的解决办法是——共同约定，把这些规则从单方面要学生遵守，变成合作。研学活动的教学过程是师生合作的过程，更是学生和学生之间合作的过程。共同约定是合作的具体表现之一。譬如，海洋馆研学之约。

海洋馆研学之约

（1）把学生分组后，每个老师负责召集自己的小组，找个舒适的区域展开讨论。

（2）提问一："同学们，在这次海洋馆研学活动中你们有什么期待？"

提问二："为了实现这些期待，让我们都感到开心有趣、而且每个人都很安全、都能受到尊重，我们应该做一些什么样的约定？"

（3）在孩子们回答的时候，老师用粗彩笔记录在随身卡上。如果没有约定到的事项，例如"帮助需要帮助的人、不取笑别人、不评判别人、接受不完美、我要为我的队尽力"等，则提醒他们补充进去。

（4）回答完后，请一个学生上前大声念出共同约定，询问大家是否愿意遵守约定和规则，是否需要补充。大家大声回答"愿意"后，击掌为证，或全体签字敲定。

（5）挑选队长、副队长，宣布队长的职责是领头，做好示范带头作用；副队长的职责是整理队形，让队员一个不掉队。当组员出现不遵守约定的行为时，任何人都应及时友善地提醒。

（6）在研学活动进行的过程中，当学生出现打破规则的行为时，老师的工作是提醒队员们互相监督、邀请学生自我反思和自我改正。

（7）在研学活动结束时，带领大家共同总结约定的执行情况，提出完善建议。

（本案例由广西旅发科技有限公司麦静编写）

案例评析

案例中的这种课堂约定其实就是组织教学。指导师与学生首先约定在课堂上要遵守的行为准则，用提前约定的方式对学生情绪状态进行调剂，维护研学纪律，引导学生对参与研学旅行教学过程做好心理上、纪律上和物质上的准备，吸引学生的注意力，形成一种良好的研学情境或气氛，贯穿于整个教学活动中。

开展课堂约定，是一项融科学和艺术于一体的富有创造性的工作。要做好这项工作，指导师不仅要懂得研学旅行的教育教学规律，掌握一定的研学旅行教育学、心理学知识，还必须关注每一位学生，运用一定的组织艺术，调动学生的有意注意，激发学生的情感，让学生在愉快、轻松的心境中全身心地投入研学旅行活动。

本案例约定教学规则的流程主要有讨论规则、制定规则、宣读规则、补充规则、征求意见、表明态度、击掌承诺、全体签字、队长示范、管理监督、友善提醒、自我反思、自我改正、总结约定、完善建议等环节，供大家参考。

（本案例由全国跟着课本去旅行教育专家委员会秘书长罗则勇点评）

第三节　研学新课，解决问题

案例导入

诲人不倦的导游

网络视频：5月，某研学旅行团地接导游邱鹤芬（化名），在孔庙碑林，给小学四年级学生讲解儒家文化研学旅行课程，扛着导游旗，拿着话筒，一个人慷慨激昂，大讲特讲孔子事迹、孔子的精神，号召大家学习孔子，学习儒家文化。画面显示小学生无精打采、汗流浃背、交头接耳、东张西望，面对导游"是不是？""对不对？""行不行？"的提问，机械点头应付，回答有气无力。导游讲解一直持续了7分钟，仍然滔滔不绝地讲解……

案例思考

1. 本案例导游邱鹤芬上课主要用了什么样的教学法？你认为她的教学法存在什么问题？

2. 你认为怎样才能上好研学旅行课？

一、上课要求

"研学新课，解决问题"是三步五环研学法的第三个环节，也是整个研学旅行课程教学的中心环节。中小学教师们常说的上课，主要是指这个环节。上课这个环节是提高研学旅行教学质量的关键。这一环节的主要内容有：传授知识和技能、演练知识和技能、提高学生的核心素养。

怎样才能上好研学旅行课程，完成研学旅行教学任务？首先要坚持以研学旅行教学理念为指导，遵循研学旅行教学规律，结合研学旅行行业特点，创造性地运用研学旅行教学方法的基本原则，并注意以下几个方面的问题。

（一）全程始终围绕研学旅行目标教学

正确的研学旅行目标是正确实施研学旅行课程的前提。研学旅行教学过程是否有正确的目标，是否自觉贯彻和实现了预定的目标，这是衡量研学旅行课程成功或失败的一个主要依据。

研学旅行教学活动全程注重以立德树人、培养人才为根本目的，突出核心素质教育导向，让广大中小学生在研学旅行中感受祖国大好河山，感受中华传统美德，感受革命光荣历史，感受改革开放伟大成就，增强对坚定"四个自信"的理解与认同；同时学会动手动脑，学会生存生活，学会做人做事，促进身心健康、体魄强健、意志坚强，促进形成正确的世界观、人生观、价值观。要通过学生在研学旅行活动过程中的体验感受、身心、思想和意志品质等方面的发展，落实立德树人根本任务，帮助中小学生了解国情、开阔眼界、增长知识，着力提高他们的社会责任感、创新精神和实践能力，全面提高学生的核心素养，培养他们成为德智体美全面发展的社会主义建设者和接班人。

（二）确保思想性和科学性

在科学性上，指导师或者项目专家要准确无误地向学生传授知识，引导他们进行正确操作，及时纠正学生在研学旅行中的种种差错，理论联系实际地引导学生掌握重点和难点，抓好研学旅行的基础知识和基本技能教学。在思想性上，要深入发掘研学旅行资源教材的内在的思想性，师生共同切磋，认真探求真知，让学生深受启迪、震撼或认同，激起学生的思想共鸣，使他们深受教育。这些内容和环节在实施过程中务必体现出来，确保研学旅行课程整体方案的思想性与科学性。

（三）突出实践性和互动性

研学旅行要突出学生亲自动手参与的环节，要求学生人人参与，亲自实践体验，让学生成为研学的主体，确保每个学生都能成功，享受成功的喜悦，享受研学旅行带来的快乐。如果脱离了实践性和学生参与互动的环节，就成为"旅游版"的研学旅行，而不是真正意义上的研学旅行课程。

（四）采用三步五环教学法

无论哪种方式的研学旅行课程都有研学前、研学中、研学后三个基本步骤，都有五个基本环节。无论指导师运用哪个模式开展教学活动都要结合五个基本环节来设计课程方案，多法并举，统筹使用，完成研学旅行全部目标，提高研学旅行课程教学效果。

（五）始终分组开展研学旅行活动

全程始终分组开展活动，引导学生在各自的小组内，尽职尽责，分工合作，培养团结合作意识和责任担当意识。在研学旅行中分组开展活动，利于激发学生的活动兴趣；培养学生的自学能力；提高学生解决问题的能力；锻炼学生的发散思维能力；培养团队合作能力；营造互助合作的氛围。

（六）调动学生的积极性和主动性

指导师要千方百计地引导学生的思路，启发学生的思维，激活学生的智力活动，确保学生在整个研学旅行活动都能表现出研学热情和活力。在整个研学旅行过程中，指导师要想方设法让全体同学都参与既竞争又协作的研学探索，让学生真切感到自己才是学习的积极参与者和主人，并为自己的积极参与及其多方面收获感到兴奋、幸福，富有成就感。

（七）采用灵活机动的教学方法

研学方法应符合研学旅行资源的特点和学生的特征，在研学过程中，要随时关注研学的内容、探讨的方式与深度、运用的教学方法等是否能激发学生的求知欲、主动性，使研学真正成为师生双向互动的活动，一发现问题就要立即根据实际情况及时调整和修改研学方法，确保研学旅行完美进行。

（八）发挥先进学生的模范带头作用

整个研学旅行过程，始终发挥班干部、共青团员、少先队员等先模人物的模范带头作用，依靠先模学生，引领全体学生全身心投入研学旅行。

（九）改变导游角色，变成研学旅行指导师

在研学旅行过程中，研学旅行指导师不是传统意义上的老师，也不是旅游中的导游，而是熟悉研学旅行行业特点和规律的专业技术人员。指导师在研学旅行教学过程中，既不能用导游的讲解方式讲解，也不能用班级授课制式的上课的方式去教学生，要求指导师成为学生研学旅行活动的组织者、参与者和促进者，引导学生主动去探究、去体验。

（十）及时纠正学生存在的错误

纠正并解决研学旅行过程中学生的错误和困惑是正确实施研学旅行课程的关键。在研学旅行过程中指导师纠正并解决学生的错误和困惑。指导师通过向学生提问，或让学生模拟讲解、操作、演练、示范、参观等方式，来暴露学生在理解和运用知识中存在的问题，并有意引发不同的看法和争论，然后加以解决。这样，不仅使全体学生的知识技能和思想方法普遍得到提升，而且研学氛围紧张热烈，学生的探究兴趣高涨，活动结束后还会对研学旅行教学过程不断回味与留恋。

（十一）提升跨学科教学能力

研学旅行涉及语文、数学、地理、历史等多门学科，要求指导师要更新教学观念，加强跨学科知识研究学习，积极与不同学科指导师合作，整合不同学科的研学旅行课程内容，将不同学科的研学内容有机渗透在研学旅行教学中，从而促进研学

旅行在跨学科中顺利开展。

（十二）处理好与研学旅行团队人员的关系

研学旅行指导师开展研学旅行教学时离不开其他相关部门和工作人员的协作。研学旅行指导师要尊重学校代表、带队老师、导游、司机、项目专家、安全员等工作人员，积极向他们学习请教，遇事多与他们商量，支持他们的工作，不要"打个人小算盘"，建立良好的人际关系，处理好与他们的关系，积极争取他们的支持，同他们及时协调、密切配合，争取协作单位和其他工作人员的帮助，方能顺利完成本次研学旅行教育服务。

（十三）提高综合服务质量

研学旅行综合服务质量直接影响研学旅行活动质量，开展研学旅行活动要努力提高研学旅行综合服务质量。积极做好研学前事务准备，全程随时开展研学旅行评价激励活动，时时刻刻开展安全意识教育，做好安全事故的预防与处理，把安全和爱心放在心中。引导学生开展文明旅游、文明研学旅行活动，正确处理学生个别要求，正确处理研学旅行事故，掌握重大自然灾害救助办法，完善研学旅行后的教育服务。

（十四）研学旅行评价贯穿全程

广义上的研学旅行评价既包括对研学旅行基地（营地）的评价、研学过程的评价、指导师的评价、教学方法的评价、研学资源的评价，也包括对学生的研学态度、研学能力和方法、研学结果等方面进行综合性评价。因此要求研学旅行评价要贯穿整个研学旅行过程。

二、典型案例

 案例呈现

案例6-3：

核心素养目标培养贯穿整个新宾满族剪纸研学过程（片段）

【课程名称】参与新宾满族剪纸体验，做非物质文化遗产传承人

【授课人】赵杨

【项目简介】新宾满族剪纸有着二百多年的传承历史，它是以满族萨满文化和满族民俗节日活动为主要表现内容，包括满族宗教信仰、民间传说、神话故事、乡风民俗、人生礼俗、花鸟草虫等。2008年入选第一批国家级非物质文化遗产扩展项目名录。

满族剪纸制作　摄影：赵杨

【研学对象】高中生

【教学过程】

一、教学要求

（1）在满族剪纸的制作过程中，每个环节都要精心设置一些促使学生亲自参与的实践环节。

（2）在每个环节中要突出学生核心素养目标的培养。新宾满族剪纸核心素养目标培养及教学方法见表1。

表1　新宾满族剪纸核心素养目标培养及教学方法

序号	核心素养目标	核心素养目标培养及教学方法
1	学会发言	能清楚表达自己的观点，接受他人的意见并改正、补充
2	学会倾听	乐于倾听别人的意见，掌握别人发言的要点，对别人的发言勇于做出评价
3	学会质疑	敢于提出不同的看法，表达个人观点，听不懂时请求对方再讲一次
4	学会组织	主持小组学习，能根据他人的观点，做总结性发言
5	学会担当	小组成员之间职责定期轮换，培养责任意识，体验多种角色，进行换位思考
6	学会参与	要求人人参与，对发言多的进行次数限制，机会均等，实现全员参与
7	学会点评	采用学生自评、小组互评、生生互评、师生互评等方式，发挥先进、典型学生的示范效应，引导全体学生全方位地参与研学旅行评价过程
8	学会合作	引导学生积极主动同别人交流、探讨、合作，团结、互助，共同进步

二、教学流程

（1）运用小组合作法让学生自主提出满族剪纸问题，自己解决问题。

（2）小组合作讨论提出满族剪纸问题，师生共同解决问题。

（3）学生讨论新宾满族剪纸的特色。新宾满族剪纸乡土气息浓烈，民族特点鲜明，它造型简练，线条粗犷，朱白对比强烈，整体明快，概括性强。画面流畅自如，拙中见巧，丰富恢宏。剪、说、唱一体，心、脑、手并用，是新宾满族剪纸的又一大特色。新宾满族剪纸在画面上还结合满文，这种图文并茂的剪纸造型，是新宾满族剪纸中的一大亮点。

（4）引导学生讨论新宾满族剪纸的技法。剪纸技法古朴、自然，不描不画、不打底稿，全凭一把剪子，剪随心动，一气呵成。有时还根据画面上的需要用木炭、烟头、香头，烫出点、线来表现画面，这种手法的运用是新宾满族剪纸中的一大特色。其中独有的吊线剪纸、立体组合剪纸更是其他民族剪纸中所没有的。火头烧烙剪是用木炭或烟头等在画面上烫出点线用于画面的表现。还有吊线动画剪，立体组合剪等。

（5）观摩制作满族剪纸使用的工具，并学会使用。主要的剪纸工具有：剪刀、纸、铅笔、大头针等。

（6）聘请剪纸工艺美术师分析满族剪纸的制作，展示制作方法。剪纸的具体流程是起稿、折剪、剪纸、刻纸、凿纸。

（7）指导师指导学生制作满族剪纸，学生合作互助制作满族剪纸。

（8）小组内相互交流评价剪纸作品，推出两件优秀作品，然后全班交流评价。

（9）回顾本次活动，反思自己存在的问题，进一步改进和提高自己的剪纸技术，增强对中华民族传统剪纸文化的坚定自信心。

（本案例由赵杨编写）

 案例评析

本案例授课人上课的特色有两点：一是每个环节都精心设置了一些促使学生亲自参与的实践活动；二是每个环节都突出了学生核心素养目标的培养。这两点正是研学旅行立德树人根本任务的要求，也是新时代中小学新课程标准规定的教学目标的基本要求。尤其是核心素养目标细致、全面、具体，具有可操作性，核心素养目标培养贯穿整个新宾满族剪纸研学过程。教案全文字里行间浸透着授课人对满族民族文化的热爱和对研学旅行事业的忠诚，值得我们每一位研学旅行工作者敬仰。

（本案例由李岑虎点评）

案例 6-4：

《现代农业的"绿色花园"》教学过程中的发现教学法

【课程设计】广西旅发科技有限公司麦静

【研学对象】小学五年级

【课程目标】

（1）通过实地参观考察，使学生对温室的概念和基础知识有具体形象的认知。

（2）通过发现式学习法，让学生学会运用发现清单和问题清单，探究温室的功能特点及设计原理，了解水、土壤、空气、光照对植物生长的影响，发展探究性思维。

（3）通过生动直观的现场体验，感受我国现代农业的美，激发尊重自然、绿色生活、可持续发展的理念和行动。

（4）通过让学生自己去经历知识发现的过程，培养他们勇于探究、批判质疑、理性思维的科学精神，以及乐学善学、勤于反思的学习能力。

【教学方法】发现教学法与分组讨论、参观、访谈、经验分享、演绎等相结合的教学法

【教学过程】

1. 提出问题，创设情境

让学生们走进温室，自由赞叹一会儿，再提问："同学们，你们好好体会一下，走进这个房间后，你们有什么不一样的感觉啊？"发放一张《发现清单》空白表，让学生们把发现的记录下来。

一般学生们会说出很热、很暖和、很宽敞、很明亮等最直接的感官感受。这时要用引导式追问激发学生们的好奇心，进一步引导学生从不同角度和方位去探究。比如问：

"房子的顶面和周围都是什么样的啊？"（透明）

"房顶是什么形状的？"（斜的）

"这里的植物长得什么样啊？"（绿油油的）

"你们有没有看到苍蝇或其他昆虫，有没有被蚊子叮咬啊？"（没有）

"还有没有其他的发现？"（学生们开始各种发散思维）

由此帮助学生们完成温室的初体验的过程，获得第一个知识点——温室的基本特征。

2. 提出假设，大胆猜想

再发放一张《问题清单》空白表，把刚才的发现都加上"为什么""可不可以""不这样会怎样"等，写在问题清单上，成功地引起学生们探究的兴趣。

"房子为什么都是透明的？不透明会怎样？"

"知不知道我们这个房子里面和外面的温度相差了多少摄氏度？"

"大家猜一猜我们的蔬菜宝宝最喜欢的温度是多少摄氏度？"

"房顶为什么是斜的？可不可以是其他形状？"

"刚才有同学说这里没有蚊虫叮咬，真的吗？为什么？"

"这里的蔬菜为什么不长在地里？为什么长得这么多这么密？"

"到了夏天怎么办？蔬菜会不会热死？"

"蔬菜住在屋里，喝不到雨水，会不会渴死？"

……

把学生们的问题汇总分类，把学生们也分成多个小组，每个小组认领一类问题。各小组分头讨论认领到的问题，鼓励同学们大胆地猜想和假设，无论对错，允

许有不一样的答案。(这个环节让学生们嗨起来)

3. 验证假设,搜集"证据"

等各组开心地拍完脑袋,再宣布接下来的任务是要想办法检验这些假设、寻找答案,请各组分头讨论行动方案并开始行动。

每个组要有一位老师或助教跟随,注意观察,适时地给予指导和鼓励。例如:

带着发现清单和问题清单继续参观温室,观察蔬菜种植的分区和布局;

跟现场的工人进行访谈、交流活动;

留意观察温室里的设施、设备、张贴的管理制度、检查表、指示牌等;

发放温度计测量室内和室外温度,演示温度计的使用方法和记录方法,让学生们体验科学测量的过程。

通过以上方法,看能不能找到例证,验证在第2步骤中,学生们自己提出的假设和猜想是否正确,如果不正确,那有什么新的发现,把它记录在发现清单里。

4. 发现和概括,得到结论

请各小组轮流上台,分享他们搜集的可用于做结论的资料,分享解决问题的过程,让台下的其他小组一起来帮助检查和补充,老师再做适当的补充,从而得出每一类问题的结论,即一个知识点。比如说:

温室都要使用透光材料,因为这样升温快、光线好,晴天大棚内温度比外界高出20摄氏度以上,而大多蔬菜生长的最佳温度在20至30摄氏度,所以在温室里,蔬菜的品质和产量都会大大提高;

温室里还有很多高科技设备,比如自动控制系统、喷淋系统、空气调节系统、光照调节系统等,所以夏天蔬菜不会热死,也不会渴死;

温室里确实很少有蚊虫,因为温室本身能最大限度地隔绝病虫害;

在温室里,为了解决在有限的土地资源上种植蔬菜的问题,人类发明了无土栽培和立体栽种技术,所以会看到蔬菜不长在地里,住在"楼房"里。

5. 转化和巩固

以小组为单位设计一个《我的绿色花园》温室样板间效果图;

请各组上台分享和演绎自己的作品;

集体总结与回顾今天的知识点,进行感谢和鼓励教育。

(本案例由麦静编写)

案例评析

首先,教学设计环节由浅入深、环环相扣,从设计问题、大胆猜想、搜集证据、对比评价到发现事实,充分体现了"注重学生的探究过程而不是现成知识"的教学理念,这正是发现教学法的本质。

其次,在教育方法上还运用了头脑风暴法、小组讨论法、实地观察法、访谈法、分组探究法、经验分享等组合方法,使得课堂生动有趣,有利于保持学生们参与学习的兴趣。

最后，在教学过程中引导学生运用到了概念、判断和推理的思维形式，以及比较与分类、抽象与概括、分析与综合的思维过程，教学目标转化得很清晰。

总而言之，这是一个立德树人的好课程。温室的外观看上去就像一个童话中的水晶球，温室的内部干净整洁、生机勃勃、绿意盎然，完全摆脱了人们对搞农业就是两脚泥满身污的刻板印象。温室的研学体验，会让孩子们感受到现代农业是美好的、令人向往的，未来可期。

（本案例由李岑虎点评）

案例 6-5：

如果我来当河长——保护邕江研学旅行课程 PBL 式教学法

【研学对象】初中生

【研学任务】

让学生体验当一回邕江的小河长，管理从 A 大桥到 B 码头这段五千米的河段（附地图）。请各组在沿江徒步 5 千米的过程中，完成一份保护邕江的方案书，并完成一次保护水资源的宣传任务，则算通过小河长试用期考核。

【教学目标】

通过当河长这个工作情境体验，让学生们深入了解母亲河的水文、水资源，以及城市河流是如何运作和管理的；通过科学、严谨的工作体验，学会借助现实生活中的各种资源进行问题探索，培养理性思维和成长型思维，启发和扩展思维的方向；通过亲身参与保护邕江母亲河行动，让学生意识到母亲河保护行为与我们日常生活的联系，帮助学生增强社会责任感、树立绿色生活理念。

【教学方法】PBL 式教学法、跨学科教学法、调查访问法、实验法、小组合作法

【教学时间】6 小时

【教学过程】

1. 情境导入，明确任务

（邕江边集合）

项目驱动问题：同学们，我们来过很多次邕江，但这次不一样，我们要来当邕江的小河长。我们首先要做一份《如何当好邕江小河长》的工作方案。

学生们经过交流讨论，提出 4 个子问题。

子问题 1：什么是河长？河长的工作职责都有哪些？

子问题 2：邕江上有哪些家当，都有什么用？数量有多少？

子问题 3：为什么要管理和保护邕江？有哪些需要改进的问题，特别是环境污染方面？

子问题 4：我们如何让他人了解和参与邕江的管理和保护？

2. 收集资料，制订方案

子问题1，老师给各组10分钟分头去寻找答案。10分钟后，各组派代表宣读搜集到的信息，并分享是如何找到答案的。

学生的学习模式：实地勘察（找江堤上的河长公示牌），调查问卷（向来往的路人调查），网络搜索，信息的整理、优化和共享。

阶段性成果：把各组找到的河长工作职责内容汇总整理成一份完整的工作职责。

3. 自主协作，探究实践

子问题2和3，各组决定采取实地勘察的方式，利用所学的数据收集与整理技术，进行资源情况普查、检验检测、登记造册。

各组要有一个老师跟随，在沿途提示学生细心观察、详细记录，包括古城墙、植物、水文标识、泄洪设施、警示牌、救生设施、分界牌、桥梁、航运设施、人类活动甚至垃圾污染等。不但要记录，还要搞懂这些稀奇古怪的东西是干吗用的。

学习模式：学生主动探究，小组讨论，独立思考，利用已有的知识储备分析新问题。

学生观察了解立体种植技术　　摄影：麦静

4. 点拨引导，过程检查

老师把握好几个关键知识点的教学和学习检查，如：

（1）特殊的水文标识和设施。在洪水历史水位线标注点、邕字巨石、净空尺、工业用水和饮用水水源分界处，用引导式提问，让学生们推测这些设施的用途，最后老师再公布答案、讲述背后的故事。

（2）水质取样。在工业用水和饮用水水源河段，让学生观察比较有什么不同之处，并引导各组学习水质监测的取水，学习样品标签的书写。

（3）检测试验。在终点处集合，发放水质监测材料包，用演示法教各组完成水质监测试验。学习计量仪器和试剂的使用、试验数据的记录方法。

（4）互助学习。请各组围圈而坐，将每个人的沿江发现问题记录本顺时针传递给下一个同学，拿到别人笔记本后帮他补充内容，继续传递直至记录本回到自己手中。

阶段性成果：邕江资源管理统计表、邕江存在问题调查表。

5. 展示成果，交流与修改

各组围绕自己的资源统计表和问题调查表、实验数据，拟订管理和保护邕江的工作计划方案，再将讨论出来的计划方案写在大白纸上，各派 2 名代表出来分享，并回答其他组的问题，以获得修改完善的建议。

学习方法：小组讨论，经验分享，互动提问。

6. 拓展升华，反馈评价

各组根据以上环节的调查结果，设计一幅保护邕江的宣传海报，发动亲戚朋友发朋友圈，并向至少 10 个路人进行宣传。完成此任务后，集体进行爱护邕江、保护环境的宣誓。

老师宣布通过邕江小河长的试用期考核，致谢，活动结束。

学习方法：公益宣传，宣誓。

（本案例由广西旅发科技有限公司麦静编写）

案例评析

PBL 教学法（又叫项目式学习）是一套设计学习情境的教学方法，是以现实生活为背景，让学生借助生活中的各种资源进行问题探索的、以学生为中心的教育方式。就像本案例中，如何做好城市河流的河长工作是现实中存在的工作情境。通过这个研学课程，帮助孩子了解到，原来司空见惯的母亲河流域，还有这么多需要人维护的工作内容，体会到工作职责的意义，建立了资源和责任的概念。

由于现实情境中许多问题是错综复杂的，需要联合多个学科的知识才能解决。因此会让孩子们学会打破学科的界限，实施跨学科开展研学旅行活动，有助于培养孩子解决现实问题的能力。

项目式学习能帮助学生解决生活中的实际问题，因此具有一定的现实意义和社会效益。学生通过对不同领域项目的研究、跨学科学习，可以慢慢产生对自己日后职业发展方向的思考。

本案例 PBL 式教学法同其他教学方法一样不是孤立存在，更不是单独只此一种。作者在教学过程中，使用了跨学科教学法、调查访问法、实验法、小组合作法等多种教学方法，共同完成了本次研学旅行教学任务，值得大家参考。

（本案例由赵树文、麦静点评）

第四节 研学总结，拓展问题

 案例导入

武夷山研学旅行课程总结

亲爱的同学们：

我们为期五天的武夷山研学旅行课程马上就要结束了。五天来，我们参观了闽越王城博物馆、考察了古汉城遗址，了解了历史文化遗产——古闽越文化；我们去了天游峰景区，到了武夷精舍（紫阳书院）学习，又去武夷山大红袍景区制茶，感受到茶文化的博大与精深；考察了自然地理资源武夷风光、丹霞地貌，体验九曲溪竹筏、观大王峰；亲自到中国历史文化名村朱子故里五夫镇，重走圣贤路，探究朱子理学的圣人之光。

请大家拿出研学旅行手册，看看哪位同学做的记录周全、详细、内容多。请各小组长检查，汇报给班长。然后每小组选出 2 个代表，上讲台谈谈本次研学旅行的体会。

（本案例根据武夷山微微草堂杨丽君老师上课录音整理）

 案例思考

1. 本案例的研学总结环节和自己平时的研学旅行总结有什么不同？
2. 在自己的带团实践中，你是怎样拓展延伸那些有意义的研学旅行问题的？

一、上课要求

"研学总结，拓展问题"是三步五环研学法的第四环，这一环节的主要内容有：回顾总结本次课程的知识和技能、运用所学的知识和技能拓展解决新的问题，全面提升学生综合素质和核心素养。

（一）回顾总结

回顾总结的基本要求：回顾研学全程，再现课程全貌；效果测试评估，检查课程目标；提升课程价值，激发应用动力；布置课后任务，设计课后作业。回顾总结方法多种多样，实践中常用的抢答式、卡片式、考察式、日记式、点睛式、悬念式、激励式、呼应式、游戏式、故事式等。

（二）拓展问题

指导师要引导学生进一步巩固所学的知识和技能，培养学生运用所学知识、技能独立分析问题和解决问题的能力，并使技能达到熟练，从而拓展解决新的问题，

做到举一反三、触类旁通，提高自己的思想觉悟和实践技能。

二、典型案例

案例呈现

案例6-6：

《客家"红军茶"：一段血火凝霜的红色记忆》教学过程——拓展问题（片段）

【授课人】福建省龙岩市永定区孝善研学营地廖延斌、廖木兰

【前课回顾】考察永定客家山茶种植基地；探究红军茶的由来；研习红军茶的制作技艺；学习红军茶冲泡法。革命苏区人民凭着对党的无限忠诚，依靠自己的勤劳与智慧，将红军茶文化发扬光大。

研学者采茶体验　摄影：安溪县青少年茶艺学会叶耀玲

【拓展问题】

在学生掌握了红军茶叶的制作技艺后，指导师引导穿上红军服的学生开展下列活动：

1. 学唱《十送红军》歌：一送里格红军介支个下了山，秋雨里格绵绵介支个秋风寒，树树里格梧桐叶落尽，愁绪里格万千压在心间。问一声亲人红军啊，几时里格人马介支个再回山……

2. 用亲手制作的红军茶为最亲的老师泡一杯浓茶，捧献给老师，以表达对老师的敬意。

学生义务送茶　摄影：孙银桥

3.引导学生举行义务送茶活动。送给在田间干活的农民，送给路边开车的司机喝一口馨香四溢的红军茶，在为人民服务中体会做一名优秀的新时代青少年的意义。

案例评析

这是研学旅行上课过程中开展研学拓展问题的案例。正常情况下前面的教学环节已经完成教学任务，上课就该结束了，然而该授课指导师别开生面，一反常态，又拓展了课堂教学内容。在教学过程的最后环节采用"学唱《十送红军》歌""为老师冲泡、捧献红军茶""义务送茶活动"等方式，一浪接一浪地把本次研学旅行活动推向高潮。"红军茶"真情再现了革命苏区人民采茶、种茶、献茶的过程，"红军茶"见证了苏区革命历史，"红军茶"根植于军民群众。通过这些拓展活动，让我们看到了，烽火岁月中的苏区军民为民族独立、人民解放事业而前仆后继、奋勇前进的身影，让我们再现了那一段血火凝霜的红色记忆，引导学生不忘初心、牢记使命，传承我党红色基因，赓续我党红色血脉。本案例"拓展问题"触景生情，催人泪下，感人至深，起到了良好的红色革命教育作用，可见授课人研学旅行教学功底之深。

（本案例由李岑虎点评）

第五节　研学评价，反思问题

案例导入

青岛啤酒博物馆开展研学总结反思活动

青岛啤酒博物馆姜绪军研学旅行团队每次在研学旅行活动结束时，都组织全体讲解员及时开展教学总结反思。针对教学过程中了解的学生情况是否全面、课程目标是否达标、确定的研学内容是否合理、使用的研学方法是否恰当、每一个研学过程衔接是否合理、方案执行情况是否良好、综合服务是否到位、还存在哪些问题都一一进行教学反思等。

案例思考

1. 为什么要开展研学旅行教学反思？
2. 在带团实践中，研学旅行后的环节你都做过哪些工作？

一、上课要求

"研学评价，反思问题"是三步五环研学法的第五环节，这一环节的内容有研学后的评价、研学后的服务、研学后的反思三部分。

（一）研学后的评价

评价的内容主要包括思想觉悟、学习态度、合作精神、探究能力、社会实践能力、人际交往能力、收集信息能力、创新创造能力、设计与操作能力、反思能力等方面。

评价的方法有自我评价法、同学互评法、指导师评价法、家长评价法、基地营地评价法、旅行社评价法等。

注意要点：评价结果不能简单地以等级和分数来呈现；评价结果要客观、全面地记录、描述学生在每个活动环节中各项发展指标的表现情况；研学旅行过程中要及时评价说明学生做得比较好的地方和做得不完善之处，以便于学生明确自己的不足和今后努力的方向；呈现方式要以鼓励和调动学生的积极性为前提，不能伤害和打击学生的创造性和自尊心。

（二）研学后的服务

研学旅行后的教育服务主要有送行服务、善后服务、回头生的宣传三个方面。送行服务包括：回顾行程和致欢送词。欢送词的内容同导游词的内容基本相似，主要包括感谢语、惜别语、征求意见语、致歉语、祝愿语。善后服务包括处理遗留问题、结清账目、提交物品、撰写教学日志等。回头生的宣传工作包括：与学校沟通汇报研学旅行情况，共同制订学生的素质能力培养计划；与家长沟通汇报学生在研学旅行活动中的表现，协助家长，共同做好学生成长工作；与学生保持联系，鼓励帮助学生健康成长。

（三）研学后的反思

研学后的反思是指研学旅行指导师通过对研学活动进行的理性观察与矫正，从而提高自身研学能力的活动，是一种分析研学技能的技术。研学反思的撰写形式：点评式、提纲式、专项式、随笔式等。研学反思的内容包括对课程目标的反思、对研学内容的反思、对学生情况的反思、对研学方法的反思、对研学资源的反思、对研学过程的反思、对方案执行的反思、对综合服务的反思等。

二、典型案例

案例呈现

案例 6-7：

《带你体验杧果采摘，走进百色杧果文化》研学旅行反思

【授课人】桂林旅行家国际旅行社李柳丽

【研学地点】广西百色国家农业科技园区杧果庄园劳动实践基地

【研学反思】

一场《带你体验杧果采摘，走进白色杧果文化》研学课下来，虽然很累，但是我高兴，我快乐，收获多多。

（1）通过这次活动，我认为导游作为研学旅行指导师在研学活动中应扮演的角色不是原来旅游团的导游。研学旅行课要以学生的直接经验或体验为基础，将学生的需要、动机和兴趣置于核心地位，充分发挥学生的主动性和积极性。

（2）导游要鼓励学生自主选择活动主题，积极开展活动，在活动中发展创新精神和实践能力。研学旅行活动是由师生双方在活动开展过程中逐步建构生成的课程，而不是导游自己讲解、自己表演或者让演员表演，然后学生只是观看，或者只有少数个别学生简单参与一下。

（3）导游在活动中切忌大包大揽，不能自己一肩挑，总是喋喋不休，这样出力不讨好，应放手给学生，让他们在开放的情境中通过各种探究方式，关注自然、社会，发现自我，开发多方面潜能，形成积极的人生态度。但放手给学生不等于不管不问，适时进行指导还是非常必要的。

（4）导游要亲自参与课题的全过程，在参与中指导。只有参与了，才能了解学生各方面的动态和他们的研究情况，才能起到良好的指导作用。但千万不要让学生感觉你高高在上，富有权威而不可否定。我们应当坐下来和他们一起研究内容，听他们的计划、他们的意见，再和他们探讨合理性。让学生感觉他们与导游具有同等的权利，学生会把导游当成老师看待。

导游采用的教学法除了讲解法以外，还有多媒体教学法、小组合作法、体验法、讨论法等。

（5）导游不要过多地干预学生的选择，要允许失败，让他们真正地在生活中磨炼。当经历失败后要及时给予引导，引导学生反思失败的原因，找寻弥补的方法；在具体方法上不做过细的指导，让学生自己设计、创新。

（6）学生反对满堂灌，学校老师抵制喋喋不休的说教，把时间还给学生，让学生做研学的主人。

（本案例由李柳丽编写）

案例评析

本案例的研学反思以提纲式的反思方式，全面评价上课的成败得失，把自己感受到的问题提纲挈领一一列出，并结合上课的实际情况言简意赅地加以批注、评述。提纲式的反思方式是非常恰当的反思形式，言简意赅，利于记忆和改进，能够促进以后的研学旅行教学工作。

从反思的内容来看主要有：

1. 导游角色的反思。此时的导游不是原来旅游团的导游，而是研学旅行指导师。导游上课要将学生置于教学的主体地位，充分发挥学生的主动性和积极性。

2. 教学方法的反思。培养学生的创新精神和实践能力。研学旅行活动是师生双方的活动，而非导游自己讲解。应放手给学生让他们在开放的情境中通过各种探究方式，关注自然、社会，发现自我，开发多方面潜能，形成积极的人生态度。但放手给学生不等于不管不问，适时进行指导还是非常有必要的。导游不要过多地干预学生的选择。

3. 对教学方式的反思。导游要亲自参与课题的全过程，不能使用旅游中的"放羊式""自由活动式"。

4. 对学生的反思、对学校的反思。学生反对满堂灌，学校老师抵制喋喋不休的说教，把时间还给学生，让学生做研学的主人。

以上这些反映了一大批导游从事研学旅行教学的真实心声，我相信我们的导游经过不断的努力，总结经验教训，会慢慢适应并胜任这份研学旅行指导师的工作。

当然，有的反思还包括对课程目标的反思、对研学内容的反思、对研学资源的反思、对研学过程的反思、对方案执行的反思、对综合服务的反思等。具体反思什么，则需要考虑自己哪方面存在问题，也不必追求面面俱到。

（本案例由贾宝华点评）

专家访谈

今日话题： 由于目前劳动教育的全面发展，很多导游、劳动实践指导教师开始从事劳动教育带团、教学工作，那么导游、劳动实践指导教师怎样才能上好劳动教育课呢？

特邀嘉宾： 邹城市教育和体育局主任科员孔凡平

专家心语：

孔凡平谈劳动课教学

指导教师怎样上好劳动课？

各位导游员朋友：

大家好！感谢大家对中小学教育事业的大力支持和热心参与！

下面针对导游、基地劳动实践指导教师怎样上好劳动教育课我谈谈自己的看法。

在劳动过程中，学生是实践任务的操作者和完成者，教师是学生实践的启发者、指导者和呵护者。教师在指导时，对劳动过程中的关键步骤、技能要及时点拨，对劳动中出现的问题要指导学生及时解决，适时激励、启迪、引导学生在劳动过程中创新，强调劳动过程中的安全、规范操作。

1. 情境创设指导

注重真实性。立足学生真实生活经历或体验，面向现实生活。一方面可从真实的劳动需求出发创设情境，另一方面也可从真实的问题出发，指导学生明确劳动任务。

凸显教育性。注重创设有利于学生理解劳动任务价值、激发劳动热情、解决挑战性问题等劳动实践学习的情境。注重劳动文化在情境创设中的有机融入，充分挖掘与劳动项目相关的儿歌、谚语、警句、人物事迹等在劳动实践学习中的育人价值。

体现开放性。注重从学校和学生的特点出发，充分利用好各方面的资源，为学生的日常生活劳动、生产劳动和服务性劳动选择适合的时间和空间。就时间而言，既可根据当前劳动项目的实际进程创设学习情境，也可结合特定节日创设学习情境，如学雷锋纪念日、植树节、"五一"国际劳动节、中国农民丰收节等；就空间而言，根据劳动项目的开展需要，既可将劳动实践学习情境创设于学校劳动实践室，也可依托其他校外场所创设，如家庭、田地、工厂、餐饮机构，以及公共图书馆、科技馆、博物馆、植物园、动物园等。

2. 准备阶段指导

孔凡平到蔬菜种植基地踩点备课

在劳动准备阶段，需要结合学生、家长、劳动场域等方面的准备情况做出指导。在学生方面，主要围绕项目所涉及的劳动观念、劳动纪律、劳动相关法律法规、劳动知识与技能进行讲解和示范。例如：可结合学生实际情况，选取适当的案例、故事、任务等，让学生明辨是非、认清事理，引导学生重视劳动过程中的伦理问题；

可利用微视频或现场示范、模仿、练习等方式，帮助学生了解项目所涉及的劳动观念、劳动纪律、相关法律法规、知识与技能，以及实践过程中可能遇到的困难与挑战，并指导学生设计相应的劳动方案。在家长方面，要根据劳动项目的实际情况，全面及时地与家长沟通，以获得家长的理解和知情同意，及其对时间和交通等方面的支持。在劳动场域方面，要事先做好劳动场所、工具设备、材料，以及劳动文化氛围营造等方面的可行性、安全性、适应性等准备。

3. 实施阶段指导

在劳动的实施阶段，主要进行学生劳动技能的淬炼、劳动习惯的培养及劳动品质的塑造。这个阶段是劳动实践的核心环节，要让学生完成真实的任务，经历完整的劳动过程，对于重点操作步骤可以反复练习，强化精益求精、追求卓越的工匠精神。在这个阶段，教师既要做好协调工作，帮助和鼓励学生，根据学生的需要进行答疑、解惑，也要注意适当地放手，让学生自主操作、实践。教师要注意观察学生的表现，看他们是否完成了预设的任务、是否掌握了必要的技能等；要保护学生在劳动实践过程中的好奇心和探究欲望，鼓励学生进行创造性劳动，使学生得到更多的自主发展空间。在这个阶段，教师还要注重学生规范意识、质量意识、专注品质和合作意识等的培养。强化规范意识，注重按照规范的流程与方法安全操作；强化质量意识，注重引导学生关注细节，每个步骤、环节都要精准到位；强化专注品质，注重引导学生随时评估与监控操作行为，做到眼到手到心到，有始有终；强化合作意识，引导学生学会分工合作，体悟构建平等、和谐的劳动合作关系的重要性。

4. 反思阶段指导

在劳动反思阶段，围绕劳动过程体验、成果评价、价值体认，引导学生理解劳动实践的价值与意义，感悟劳动成果来之不易，养成反思交流的习惯。鼓励学生以身边劳动表现优异的同学和普通劳动者为榜样，发现自身优势与不足。组织学生开展成果展示、讨论、演讲、辩论等活动，通过讲述劳动故事、撰写劳动日志、制作劳动微视频等方式进行反思交流。

综合实训

1. 结合研学旅行实际，个人根据"三步五环教学法"，试讲一堂研学旅行课程，并录制讲课视频，发送到电子邮箱 siteven@163.com 中，供本书再版使用。

2. 从本单位邀请五六人，组成研学旅行试讲课（说课）小组，根据研学新课要求，开展试讲课（说课）比赛活动。

3. 根据当地要求，参加一次所在地省市县研学旅行课程试讲课（说课）大赛。

研学旅行导游服务

第七章

研学旅行导游带团服务规范

● **本章导读**

根据《导游服务规范》(GB/T 15971—2023)和《研学旅行服务规范》(LB/T 054—2016)要求,本章我们重点阐述:研学旅行前的服务准备;研学旅行中的迎接服务、交通服务、住宿服务、用餐服务、研学服务;研学旅行后的离站服务和后续工作;最后列举了部分案例,并做了一一点评。

 **管理之花**

一片丹心系研学,太行山上唱战歌
——晋城博物馆研学旅行的开拓者张建军

张建军,1974年4月出生,山西陵川人,大学本科,中共党员,晋城市文物保护研究中心主任、文博副研究馆员,晋城市第五届、第六届、第七届政协委员,文化界知名学者,开创了许多创造性、引领性的工作,为晋城文物和博物馆研学旅行事业做出了突出贡献。

他是"太行古堡国际论坛""东西方古堡对话"等国际性区域文化交流活动的发起人。近年来积极倡导并践行太行古堡申报世界遗产工作,赢得了国内外专家学者的高度关注。该项工作提案还受到了李克强同志的批示。

张建军对博物馆讲解员开展研学旅行指导师培训

他考证出抗日名曲《在太行山上》诞生于太行之巅的陵川佛山，填补了该战歌诞生的空白，受到了中央党史办、文化部等的认可，唱响了新时代研学旅行的战歌。

他积极带领晋城市文物保护研究中心创建全国研学基地，主张并推进打造晋城博物馆、玉皇庙彩塑壁画博物馆、青莲寺古建艺术博物馆古建文物研学金三角工作，同时整合晋城市最有特色的文化研学资源，精心打造研学线路，打造独具地域特色的研学产品。他亲力亲为主持博物馆系统研学旅行指导师培训，提高研学工作人员的职业技能。他多次对导游员、讲解员们强调：每一个研学团队到来，务必做好研学前的迎接准备、研学中的接待服务。需要我们提供交通、住宿、用餐服务的一定要按照国家规定的服务规范做好研学接待服务。同时，也要做好研学后的离馆服务和善后工作。特别是研学中的讲解上课服务，我们一定要将历史文化植入研学课程，努力构建晋城研学课程体系，更好地满足各类研学团队的需求。让博物馆研学旅行与新时代教育完美结合，以研带教，以学育人。在他的带领下山西晋城涌现出一大批优秀的研学旅行专职导游员、研学旅行专职讲解员、研学旅行指导师，太行精神在全国各地遍地开花。

（供稿：晋城市文物保护研究中心）

第一节　接待前的准备

案例导入

导游穿戴像渔民

惠州市惠东县巽寮湾以"水奇清、沙奇白、石奇美"而著称。每到夏季，全国各地学生纷至沓来。北京某研学旅行团来到巽寮湾，一位皮肤黝黑的人上了研学大巴，只见他上身着汗衫，下身穿沙滩短裤，手拿折扇，脚拖"人字拖"，上车后就做了简要的自我介绍，说自己是本团导游，从短裤兜里拽出一个导游证给大家晃了晃，然后又塞进兜里。20分钟的欢迎词，开口旅游腔，满嘴旅游调，说的话题与行程中的研学旅行知识内容没有一点关系，学生似懂非懂。一位学生实在憋不住就问："导游，你是真导游吗？您这儿是不是研学特火，导游都不够用了？"这位导游回答："我是真导游的啦，我们这里的研学好火的啦，太多的学生都来我们巽寮湾的啦。"那位同学笑着模仿着导游的腔调说："细（是）的啦，您刚一上车，我们还以为细（是）个'渔民'出来带团的啦。"全车学生都哄笑起来，导游颇为尴尬。后来的带团过程十分费力，学生很不喜欢。当天下午旅行社根据学校要求更换了该导游。

（本案例由惠州城市职业学院副教授李梅乐、惠州"十佳导游"余俊鑫编写）

案例思考

1. 本案例中导游接待服务存在什么问题？
2. 导游接待研学旅行团需要做好哪些准备？

一、服务要求

（一）熟悉接待计划

接待研学旅行团前，导游应熟悉研学旅行接待计划及相关资料，掌握研学旅行团的基本情况、行程安排、特殊要求和注意事项等细节内容，注意其重点和特点。

（二）备好物品资料

导游应做好证件、票据、导游旗等资料物品的准备并检查导游旗旗面印制的旅行社名称、标志或产品名称，确保字迹清晰、易辨识，无违背公序良俗的文字、符号或图案。导游接收研学旅行团资料时应做好核对登记，以确保研学旅行团的相关资料和票据是适宜和可用的。资料交接记录应予保存。

（三）做好知识准备

（1）导游应根据研学旅行行程安排及研学旅行团的基本情况，熟悉研学旅行目的地相关研学旅行资源、风土人情、法律法规等专业知识。

（2）导游应掌握学生的研学旅行内容知识，并与学校、基地、指导师、项目专家探讨交流研学旅行内容。

（四）及时联络沟通

导游应与相关接待者建立并保持有效沟通，以确保研学旅行接待的相关事宜得到妥善安排。

1. 全陪导游应：

（1）与地接社联系，核对研学旅行接待计划，了解接待工作安排情况。

（2）与研学旅行团联系，建立联系方式，提醒出发时间、地点等研学旅行行程注意事项。

（3）与研学旅行客车司机取得联系，确定会面时间和车辆停放位置。

2. 地陪导游应：

（1）落实研学旅行团的交通、食宿、票务、活动等事宜。

（2）确认研学旅行团所乘交通工具及其准确抵达时间。

（3）与研学旅行客车司机取得联系，确定会面时间和车辆停放位置。

（五）做好形象准备

导游员要做到：仪容整洁，妆饰自然；仪表端庄，着装得体；仪态大方，举止有度。

二、典型案例

案例呈现
案例 7-1：

"跟着孟子去研学"研学团接待前的准备
——导游李颖带团工作日记

时间：12月20日星期日，晴。

地点：温馨家园。

我是一名导游，上周我接到了江山旅行社孙总给我安排的任务，让我明天即12月21日（冬至日）带一个班级43人的研学旅行团队，参加辛丑年祭祀孟子大典。这几天我真的连休息一会儿的空闲都没有啊，我拿到接待计划后就一直在备课。我要熟悉熟悉接待计划、熟悉熟悉研学旅行团的学生的基本情况。物品、资料、联络等轻车熟路，都不是问题，我最担心的就是研学旅行的知识准备。听说这个团队的校长很厉害，很挑剔，招标时几家旅行社的课程都让他给点评得超级稀烂，说不符合教育规律，都是旅游篇，最后他老人家明智地选择了我们江山旅行社。

这次的研学旅行课程主要内容是孟庙孟府考察，主要课程有：学生孟子迎宾情景剧表演、与孟子孟庙孟府有关的中国成语故事调查、孟庙孟府植物辨别、孟庙孟府建筑文化探究、观看祭祀孟子大典、《孟子·七篇》诵读比赛、《孟子·七篇》线装书制作、学习拓片技术和丝网印刷技术。这些内容对我来说也算是轻车熟路，如果按照旅游思路来讲的话，小姐姐我也是滔滔不绝、口吐莲花，好歹咱也是金牌导游，但是要按照研学旅行来讲，我还真有一点点小紧张。好在这一个星期一直泡在学校、孟庙孟府基地。听老师讲课，学老师教法，摸摸学生情况；同基地的讲解员姐妹、专业的研学旅行指导师、孟子研究专家探讨请教，做了前期的提前演练，多多少少掌握了一些学生研学旅行知识。向学校校长请教时，校长还夸我勤奋好学呢，原来校长也不是传说中的凶巴巴。

本次研学旅行带团要做好的重点环节如下，千万不能忘记哦。

一、研学课程要领

（1）本次研学旅行的根本任务是立德树人，培养人才。这和其他研学旅行团一样。

（2）活动性质：是课，是研学旅行，不是旅游。讲成旅游就麻烦了。

（3）带团方法：不能按导游老的讲法，没完没了，要像老师说的一样，多种方法并用。

（4）研学目标：通过学生参加孟子迎宾情景剧表演、与孟子孟庙孟府有关的中国成语故事调查、孟庙孟府植物辨别、孟庙孟府建筑文化探究、观看辛丑年祭祀孟子大典、《孟子·七篇》诵读比赛、《孟子·七篇》线装书制作、学习拓片技术和丝网印刷技术等系列活动，感悟孟子伟丈夫的高贵品格，感受中国儒家思想和精神的魅力，激发学生热爱中国传统文化，弘扬中华民族优秀传统文化，增强中华民族的文化自信，热爱自己的国家。

同时，通过这些研学旅行活动，培养学生的集体凝聚力，培养学生的团队意识、合作精神、增进同学友谊，增强自己的社会责任感，像孟子一样养浩然之气，做一个有担当、有作为的好少年。

明天的全程都要按照这个目标来，我要检查看看他们是不是按照这个要求来讲课，我也要检查最后是否达到这个目标。如果达不到目标，我们要想方设法弥补，不然学校又不满意了。

二、研学对象

（1）徐州某学校初中二年级全体学生。我带3班学生，43人。

（2）学校副校长、政教主任、团委书记、年级主任、班主任和部分带队老师。

学校和我联络对接的是团委渠书记，分管我们这个团。带队班主任是王老师，具体负责协调研学旅行，有事我先同他商量汇报。

三、接待前准备

先罗列出菜单，一会儿逐个检查是否齐全。

1. 物品装备

①导游证；②导游旗；③话筒；④工作服；⑤急救包；⑥水杯；⑦手机；⑧充电器；⑨行程单复印件；⑩学生名单；⑪白纸一沓；⑫收据；⑬合同复印件；⑭大条幅；⑮研学手册。

检查完毕，还好，都在。

早晨起来先看看车上的瓶装矿泉水够不够，一会儿问问司机师傅。天冷，学生不一定喝，但是一定得有。车上的饮水机能烧热水，学生应该都带有水壶吧。

2. 联络核实

（1）已经同司机核实了出发集合时间和地点。明天早晨再打一遍电话核实。

（2）已经同带队班主任老师通过微信核对了行程。明天早晨再打一遍电话核实。

班主任说：学生和家长已经清楚知道出发上车时间和地点，也提醒了师生需带物品、证件，老师们都已经把孟庙孟府当天天气告知学生和其他老师。我放心了。

（3）再次提醒带队老师告知学生和家长，学生和家长全程佩戴口罩，每人备好2个口罩。

明天早晨早起30分钟，再逐个检查，电话核实。

……

差不多了，困了，本小姐姐该睡了，明天早起上团哦。

亚圣孟老保佑，跟您去研学，师生平平安安，活动顺顺利利。

案例评析

与其说这是导游带团前的日记，不如说是导游备忘录或者工作记录。导游从自身实际出发，将前前后后一周的故事都写了出来，写得非常详细感人。数字化智能手机时代，能写日记的人已经不多了，能写这么详细、实用日记的导游就更不多了。好记性不如烂笔头，字里行间，导游用心用情、心血付出可见一斑；只言片语，导游对自己岗位的热爱表现得淋漓尽致，感人至深，是我们每个导游带团学习的楷模。好运总是青睐那些提前准备的有心人，准备如此充分，先贤亚圣如何能不保佑？

（本案例由李岑虎点评）

案例 7-2：

研学旅行团案例：西安研学营高铁站接站

出团前检查装备及物料：小蜜蜂、口哨、导游旗、名单表、研学手册、高铁票等。

车次信息：乘坐 G818 09：30 深圳北站——西安北站

1. 行前准备工作

研学旅行指导师早上 7：30 到达深圳北站，做好迎接学生的准备工作。整理着装，研学旅行指导师旗举起来，站在原先约定的地点等待集合。集合时间是 8：00，陆续有家长把学生送到我们指定的集合点，签到、发放营员证，并简单向家长了解一下学生的基本情况，安全交接，收齐所有学生身份证。

8：00 准时点名，电话告知还未到达的家长学生，人到齐后让学生们排好队，找一个空场地拍摄行前合影。

2. 安检会务工作

安检进站。带领学生排队，学生带好行李和父母告别。进站过安检，进站和过安检时提前和高铁站工作人员沟通好，尽量走人少的通道，或让工作人员单独开一条通道，把票和证件统一交给检票口，让工作人员点人数进站，大多数高铁站是可以开特殊通道的。两名研学旅行指导师要一前一后，过完安检后在安检处旁边集合排队，询问是否所有学生拿齐了行李。后面的研学旅行指导师最后过完安检后要在安检处检查一遍。

组织学生们上洗手间。

行前说明会。找一个安静的候车点给所有学生开简单的行前说明会，控制好时间，预留好开车前 40 分钟的时间，要提前做好候车上车准备。行前说明会大致需要强调一下本次研学营的营规和纪律、安全。这个时候家长都不在身边，学生们第一次这样严肃地开会，要让他们适应团队的融合，进行一些简单的破冰游戏，比如"点状元""团队组建"等迅速融入团队的游戏活动。总共 30 个学生，提前分好小组，共6个小组，让每一组的学生自行选好小组长，并公布小组长的职责。

3. 乘车安排工作

行前会结束后给学生们安排好座位，让学生们记住自己的座位号。

排好队进入站台上车，同样还是需要提前跟闸口工作人员沟通好，提前进站台，不要跟散客乘客排在一起。

列车到达以后，有序组织学生登车，同时提醒学生务必保管好自己的行李物品等。

上车后按自己的座位号对号入座，不可以私自换位，并在名单表上登记好每个学生的座位，方便查人清点人数。

上车后，两位指导师要分工好，协助学生们找到自己的座位，并组织学生把大件行李统一放在一个地方；对名单表和座位清点人数，告知学生们两位导师的座位位置。中途每到达一站，都需要清点一次人数。

（本案例由深圳市百事得导游服务有限公司研学旅行指导师黄涛编写）

案例评析

本案例讲述的是研学旅行指导师在高铁站集合学员，并组织进站、登车，以及高铁沿途的工作流程。我们常说，如果这个阶段顺利度过，这次活动就成功了一半。因为这是老师的第一次亮相，学员和家长对老师的"第一印象"多在此时建立。加上这时老师和学员还不熟悉，高铁站地形复杂人流量大，进站登车安排座位等工作细致烦琐，所以最容易出现问题，需要导游务必耐心细心，严格按照服务流程做好接待，确保接团顺利。

本案例中的工作流程思路严谨、步骤清晰，并注意到细节，再加上组织破冰游戏等个性化安排，是一个不错的工作流程。

（本案例由中国旅行社协会导游专业委员会副秘书长何涛点评）

第二节　接待中的服务

案例导入

惠州市智游研学旅行社有限公司
"快乐去农耕，青春不散场"研学团导游接待服务规范

一、到达集合点服务

（1）确定司机是否到达，未到时要电话确认多久能到达。

（2）车号是否贴好，水和其他物资是否已经在车上。

（3）再次跟对接的班主任老师、研学旅行指导师联系，告知导游本人已到达。

二、集合上车服务

（1）再次跟司机沟通研学旅行目的地路线是否清晰。

（2）预留研学旅行指导师、班主任老师和领导的座位。

（3）检查行李架上的行李是否稳妥放好。

（4）检查师生全员是否系好安全带。

（5）确定当天实到人数，老师是否签名确认。

三、交通工具服务

（1）致欢迎词，介绍自己、车牌号并告知手机号码等。

（2）强调安全、纪律等注意事项。

（3）研学旅行指导师讲解，说明本次研学实践活动的安排，包括活动内容等。

（4）互动环节，要指定两名学生为点名专员，专门负责学生的点名签到，男女各一名。

（5）介绍住宿、餐饮等注意事项。

四、到达目的地服务

（1）每次下车前提醒大家物品随身携带。

（2）强调安排活动、集合时间、集合地点等。

（3）再次提醒大家注意安全。

（4）告诉大家洗手间位置。

五、住宿服务

（1）点好学生人数，强调带好行李，举牌带领学生到分配的宿舍。

（2）根据名单安排学生入住宿舍，登记每间房对应的入住人员，安排学生放行李，安排好住宿，同时安排学生搞好卫生。

（3）告知学生导游、研学旅行指导师的房间号，学生遇到问题要第一时间告知导游、指导师。

（4）要求学生出门要向带队老师报告，老师同意后方可离开，并且要两人以上，随时清点人数，注意观察学生情况，如学生身体不适，必须及时报告基地总负责人。

（5）晚上安排学生按时关灯休息，特别是女生宿舍，要反锁好门，不准男生或其他男性人员来串门，男生宿舍带队老师要求学生不要饮酒和吸烟。

（6）随时与班主任以及负责人保持联系。

六、基地服务

（1）要求导游提前认真熟悉讲解资料。

（2）导游对除草、翻地、育苗这几个项目的知识要理解清楚，配合研学旅行指导师做好讲解服务。

（3）在除草这个区域还要简单讲解水稻知识。

（4）亲自带领学生下田干农活。如：割稻谷，从认识农具和镰刀开始，协助研学旅行指导师现场教学拆分讲解动作要领,"割稻谷时,手要握在稻秆2/3处,太上了不容易使劲,太下了容易割到手",示范拿起镰刀割稻谷,感受丰收的喜悦,达到学校研学目标的要求。

案例思考

1. 请问本案例《研学团导游接待服务规范》中描写细致精准、可操作性强的条款有哪些?

2. 反映该旅行社服务态度温馨、教学细腻的条款有哪些?

一、服务要求

根据《导游服务规范》(GB/T 15971—2023)、《研学旅行服务规范》(LB/T 054—2016)要求,本节我们重点阐述研学旅行中的迎接服务、交通服务、住宿服务、用餐服务、研学服务五部分。

(一)迎接服务

导游在执业过程中应携带电子导游证、佩戴导游身份标识,并开启导游执业相关应用软件,提前到达研学旅行团出发/迎接地点,持旅行社标识迎候,致欢迎词,介绍本次研学旅行行程,提示文明研学旅行等注意事项。

出发时,全陪导游应:礼貌地清点人数,引导学生乘坐约定的交通工具;发放本次研学旅行行程的相关资料和物资等;与地陪导游确认接团的时间和地点。

抵达时,地陪导游应:及时与全陪导游或研学旅行团接洽,确认应接的研学旅行团,核实人数,提醒学生检查并带齐行李;引导学生前往研学旅行客车停车场(点),在车门旁迎候学生;开车前礼貌地清点人数,并进行安全提示;行车途中,做好途中讲解,内容主要包括本地概况、沿途主要研学景观、相关注意事项等。

(二)交通服务

乘坐交通工具时,导游应:

(1)提醒学生乘坐礼仪规范和安全注意事项。

(2)协助学生办妥登机(车、船)票、安检和行李托运等相关手续,提醒学生不应携带违禁物品。

(3)听从乘务人员的安排,协助照顾学生的旅途生活。

(4)告知研学旅行客车的标志、车号、停车地点和开车时间,引导学生有序乘坐,提醒学生系好安全带。

(5)在"导游专座"就座。

(6)学生有需要时,提供必要的帮助或协助。交通工具不能正常运行时,与交通部门、旅行社、学校和基地等保持有效沟通并稳定学生情绪;因公共交通工具原因滞留当地过夜时,协助相关部门安排或请示旅行社和学校妥善安排学生的食宿;学生在公共交通工具上发生突发情况时,配合乘务人员及时处理。

研学旅行客车在高速公路或危险路段行驶时，导游不应站立讲解。

（三）住宿服务

学生抵达饭店时，导游应协助学校办理住店手续，处理入住过程中可能出现的问题，提醒安全注意事项。

（1）全陪导游应：做好分房方案，并按照方案协助学生办理入住登记手续；掌握地陪导游、带队老师和学生的房间号，并告知自己的房间号。

（2）地陪导游应：与饭店保持有效沟通和联系，落实住宿安排；告知学校和学生饭店名称、位置、基本设施和周边设施，饭店住店手续、有关服务项目、收费标准和注意事项，饭店内就餐形式、地点、时间和注意事项，当天或次日研学活动的安排和集合的时间、地点。

（3）若留宿饭店，将房间号告知全陪导游、带队老师，并掌握全陪导游、带队老师和学生的房间号。

（4）安排次日的叫早服务。

离店当天，地陪导游应做好以下工作，全陪导游应予以协助：协助学生办理退房手续、结清有关自费项目；提醒学生携带身份证件和行李等个人物品。

（四）用餐服务

导游应按照研学旅行合同的约定安排用餐，对合同中学生的特殊用餐要求，应提前掌握并做出相关安排。全陪导游应对此实施监督。

就餐时，地陪导游应：提前与餐厅联系，核实订餐情况；简单介绍餐厅和菜肴的特色；引导学生到餐厅入座并介绍有关设施；引导学生文明用餐、使用公筷公勺，提倡"厉行节约，反对浪费"；学生如需另加饮品或菜肴，向其说明类别和价格，并告知学生请学校代表前来办理；随时关注用餐情况，解答学生在用餐过程中的提问，解决出现的问题。

（五）研学服务

在研学旅行前，导游应以研学旅行合同约定的研学旅行接待计划为准核实研学旅行行程，告知学生与研学旅行相关的注意事项，尤其要强调学生的研学旅行安全问题。

在研学旅行过程中，导游应注意学生动向，提醒学生注意安全，特别关注易动学生、低龄学生、残疾学生等特殊人群。导游工作时间不吸烟、喝酒。学生人数超过10人时持导游旗，并保持旗杆直立，旗面位于学生易辨识的位置，不应使用过多或造型怪异的挂饰；暂不使用导游旗时，妥善放置，不应垫坐、玩耍等。

（1）全陪导游应：与各地保持有效沟通，全面落实研学旅行接待计划，并监督各地服务适时到位，如遇现场难以解决的问题，及时请示组团社和学校；适时向研学旅行基地、研学旅行指导师、地接社和地陪导游提出相应的建议和意见；在乘坐交通工具向异地移动途中，适时组织健康的文娱活动或专题讲解。

（2）地陪导游应：提前到达集合地点，并督促司机做好出发前的各项准备工作；

学生出发和每次移动前清点人数；向学生报告当日天气情况和行程活动安排；在抵达研学旅行基地前，向学生介绍本地的风土人情、自然和人文景观及研学旅行基地的概况；在抵达研学旅行基地时，告知学生在研学旅行基地的停留时间、研学活动结束后的集合时间和地点及研学旅行过程中的注意事项；在研学旅行基地活动过程中，根据研学旅行总负责人安排，结合教育服务要求，配合研学旅行指导师，有针对性、互动性、趣味性、启发性、体验性地讲解基地的历史背景、特色、地位和价值等内容；在返程途中，询问学生对当日研学旅行活动安排的意见，回答学生的提问，并预报次日的研学旅行活动日程、出发时间及其他相关事项。

二、典型案例

案例呈现

案例 7-3：

研学旅行服务欢迎词

各位老师、同学们：

大家早上好！孔孟之乡，文化济宁欢迎您！

首先我代表山东弘道研学教育公司和司机李师傅欢迎大家光临济宁参加研学旅行活动！

孔潇敏致欢迎词

我叫孔潇敏，是山东弘道研学教育公司的导游员。坐在驾驶员位置的是我们的司机李师傅，李师傅稳重潇洒，和蔼可亲，安全驾驶已经超过 30 万千米，已经有整整十年的驾龄了，同学们尽管放心。

在今后两天的研学旅行过程中，希望同学们配合我们的工作，还要配合所有研学旅行指导师的工作，并多提宝贵意见和建议。

预祝同学们研学旅行愉快、顺利开心！

案例评析

从该案例的组织结构来看，这是根据全国导游资格现场考试规范化的导游欢迎词改编的。研学旅行团欢迎词组织结构同旅游团欢迎词一样，一般包括问候语、欢迎语、介绍语、希望语、祝愿语五个部分，只是旅游的内容换成了研学旅行的内容。

在实际带团过程中，有的导游不拘形式，别具一格，根据这五个部分，随机发挥，自然流畅，富有创造性，往往起到更好的语言沟通效果。讲解时面带微笑，热情饱满，亲切诚恳，态度自然，声情并茂，有感染力，一开始就为后续的研学旅行服务打下良好的基础。

本案例是一个规范的研学旅行欢迎词，具有借鉴参考意义。

（本案例由李岑虎点评）

案例 7-4：

火车上学生被开水烫伤

晚上十点，某研学旅行团在火车的硬卧车厢里，劳累了一天的研学师生迷迷糊糊，陆续开始进入睡梦之中。一位小学三年级女学生拿着杯子去车厢开水处接开水，因光线昏暗，学生视力又不好，接水太满而溢出，该女生不慎被开水烫伤手背。当时隔了几个铺位的导游员和老师听到学生哭喊以后，立即跑过去，赶紧喊来随团医生、火车上的乘务人员和医护人员。随团医生打开随身携带的医药箱，为其涂抹相应的烧伤烫伤药膏，及时进行救助。好在烫伤面积不算大，救治及时，没有出现较大的伤害事故。导游同学校带队领导做了协商，进行床铺调整，安排该女生住在下铺，同时安排随团的女老师住在受伤女生相邻下铺，安抚陪伴该受伤女生。

处理完后，导游给旅行社领导做了简要汇报。

（本案例由惠州市智游研学旅行社研学旅行指导师刁淦辉编写，李婷改编）

案例评析

外出研学，交通工具上的安全事故时有发生，交通工具的安全教育至关重要。学生在公共交通工具上发生突发伤害情况时，导游员应该首先积极配合乘务人员及时救助处理，给病危受伤的学生提供必要的帮助或协助。与交通部门、旅行社、学校、基地等保持有效沟通并稳定学生情绪，做好安抚工作。本案导游听到学生受伤哭喊，立即跑过去，赶紧喊来随团医生、火车上的乘务人员和医护人员，及时对受伤女孩进行救助，随后又同在场的学校带队领导协商处理，调整了床铺，并安排随团女老师安抚陪伴，处理完后又给旅行社领导做了简要汇报。整个服务流程有条不紊，规范合理。

不过，交通工具的安全，不仅包含安全事故的处理，还包括安全事故的前期预防和教育。回过头来，我们还是要反思一下，当学生乘上交通工具的前后，我们导游是否提前履行了安全教育、安全告知义务，告知后，我们又是否对低龄儿童进行了进一步的安全监督管理服务。《导游服务规范》指出："在研学旅行过程中，导游应注意学生动向，提醒学生注意安全，特别关注易动学生、低龄学生、残疾学生等特殊人群。"否则我们还是要承担相应的责任。

（本案例由李婷点评）

案例 7-5：

开展研学旅行安全教育

某学校计划组织小学部1500余名学生开展一次研学旅行活动，遂将研学活动的执行安排交给一家研学旅行机构，双方签订了活动合同。为了此次活动的安全出行，学校针对研学活动中所涉及的安全问题以及出行注意事项对所有老师及学生开展了安全教育讲座，并要求全体老师针对本次研学活动再次开展安全教育主题班会，把安全问题烙印在老师和学生心中。此外学校还要求班主任必须将研学旅行安全教育的内容发送至家长群中，让学生在家长的引导下加深对研学安全出行重要性的认识。

研学机构有针对性地对导游、研学旅行指导师进行授课和安全教育等内容培训，此外还配备了当天专职的安全管理人员，全程负责研学活动的安全应急处理与安全应急预案的实施，在充足的准备中研学机构对于本次研学活动信心满满。活动开始当天，虽然也发生了许多意外突发事件，但导游、研学旅行指导师、学校老师以及学生由于不断接受了前期的研学活动安全教育，在面临突发事件时能够沉着冷静，积极配合，顺利地结束了一天的研学活动。

（本案例由文化和旅游部人才中心研学旅行指导师考评员郝滢屹提供）

 案例评析

一次研学活动安全有序地顺利开展，一定离不开研学安全知识的宣传和教育以及研学活动组织方和执行方的努力。本案例中，旅行社、研学机构和学校在活动开展前都分别对相应人员进行了研学安全教育，三方在人员统筹和配备上以保证学生安全为前提，才能使导游、研学旅行指导师、学校老师以及学生遇到突发事件积极配合，顺利完成1500余名数量庞大的学生的户外研学活动。由此可见，研学活动前期的安全准备工作对于提高风险的防范、判断和化解能力，减少研学旅行过程中的失误，促进研学旅行的安全开展具有重要意义。

（本案例由郝滢屹点评）

案例 7-6：

导游要仔细勘察住宿和研学活动现场

材料一：研学旅行基地宿舍的吊扇

某研学旅行团学生带着兴奋的心情走进研学旅行团基地酒店客房，八人一室房间，新刷的白墙，新置的双人高低床，还有新床单等。然而就在学生大厅分完房，准备去房间入住时，全陪导游突然走进来通知："各位同学和老师们，请暂时先不要入住房间，房间正在清理。请在大厅和会议室休息等待，接到通知之后才能入住房间。谢谢配合。"这是怎么回事儿呢？

原来导游走进宿舍，抬头发现每个宿舍都安装了两个吊扇，距离高低床顶层很近，顶层的学生不小心就能碰到。于是导游立即向旅行社汇报，向学校带队领导汇报。旅行社领导责令导游马上跟学校带队负责人协商，下通知让所有学生撤出宿舍。

导游和学校领导迅速找来宿舍老板严肃质问："我们前几天刚来看过，没有吊扇的，你什么时候装上了吊扇？"这位老板解释说："我是担心学生太热，所以才买了吊扇，昨天我们加班加点刚刚安装上去。"导游哭笑不得："我的老板啊，你睁眼看看，学生睡在高层床上，你的吊扇一开，学生伸一下胳膊，会有什么样的后果？万一出现人身伤害事故咱们谁能承担起这个责任啊？"

在导游和学校领导的监督下，一个小时该基地房间的所有吊扇被卸了下来，研学的学生们可以安睡啦。

材料二：参加农耕研学活动的师生被蚂蚁咬

2021年夏，在惠州市龙门县某水稻基地，旅行社导游和研学旅行指导师带初中一年级学生去往稻田进行农耕活动。正走在田埂上，突然一个男生叫道："我踩到蚂蚁窝啦！"导游和指导师走到被咬的学生跟前一看，很多小黑蚂蚁爬在这个男生的运动鞋上，导游马上让该学生到远离蚂蚁窝的地方坐下，让其他同学让开，并赶忙帮他脱掉鞋子，几十个黑色小蚂蚁竟然爬到白色的袜子上。脱掉袜子，只见脚背又肿又红，导游在帮助学生清理蚂蚁的过程中，手臂也被咬多处。喊来随团医生。医生当即打开药箱，拿出酒精消毒液擦拭，遭蚂蚁咬的导游和学生两人皮肤又痒又有点儿疼。基地派车把学生和导游送往附近医院救治，医生做了救治处理。医生说，幸好你们处理及时，不然被蚂蚁咬过的皮肤肿胀能长达两个多月，引发各种感染，甚至有生命危险，那就麻烦了。

（本案例由惠州市智游研学旅行社研学旅行指导师吕进杰编写）

案例评析

中小学生研学旅行应坚持"安全第一、预防为主"的原则，尽一切努力杜绝或减少研学旅行活动中住宿、饮食、交通等突发事件的发生，尽一切努力把研学旅行活动参与人员生命、财产的损失降到最低限度。无论是基地的设施设备、学生活动的区域还是有可能存在危险的地方都要引起高度重视。

"材料一"中的导游，是一位有着强烈责任感的细心导游。前期旅行社和学校双方都来过住宿酒店勘查现场，认为住宿条件满意并确定了这个酒店承接研学师生住宿服务。然而，突发性事件还是出现了，热心的老板担心学生太热，所以增加了吊扇，没想到也增加了安全隐患。细心的导游来到酒店，再次勘察住宿现场，发现隐患，马上汇报旅行社、学校，要求酒店立即整改，确保学生的安全。

"材料二"中的蚂蚁窝，在前期勘探时一般不会注意到它的存在，偏偏在研学旅行中就是这个小小的蚂蚁窝出了问题。有经验的导游知道蚂蚁虽小，伤害力却大，于是就奋不顾身地驱赶蚂蚁，抢救学生，并及时送往附近医院救治，才避免了威胁学生生命健康的安全问题。

以上案例起到警示作用。研学机构应以安全为基本要求，导游要时时绷紧安全这根弦儿，预防意外发生。

1. 导游应提前对住宿营地、活动基地进行实地考察，消除不当设施以及蚁窝、蜂窝等安全隐患，确保研学师生安全。

2. 导游应对参加研学旅行活动的学生进行多种形式的安全教育，应提供安全防控教育知识手册；召开行前说明会，对学生进行行前安全教育。

3. 导游应在研学旅行过程中对学生进行安全知识教育，根据行程安排及具体情况及时进行安全提示与警示，强化学生安全防范意识。

4. 导游应随时观察学生动态，避免学生进入存在危险的地方。

（本案例由李梅乐点评）

案例 7-7：

研学机构应制定交通安全服务应急预案

某研学机构中秋节当天组织了一次户外研学旅行活动。上午，研学旅行指导师和司机师傅按时到达集合地点，准备迎接家长和学生前往某景区进行研学旅行活动。路途中，司机师傅因不熟悉路况，走错了路，比原计划路线要晚30分钟，但由于中秋假期，出行人员较多，再加上大巴体积过大，经过一段狭长的道路时，造成了道路拥堵。其他车辆因为赶时间不停鸣喇叭，甚至还有些车辆的司机破口大骂，现场一片混乱，家长和孩子们则坐在大巴上进行等待，研学旅行指导师只能耐心安抚家长和孩子的情绪，并向公司汇报实情。此时研学机构没有采取任何的措施，只好打电话等待交警前来疏通。等道路顺利通行的时候，到达景区比原计划的时间晚了整整2.5个小时。由于行程时间有限，原计划活动只能匆匆了事，家长一致表示此次活动体验感十分不好，一大半的时间都花在路上了，表示下次再也不会选择该机构出行了。

（本案例由郝滢屹提供）

 案例评析

研学旅行交通安全应急预案，是针对研学旅行过程中有可能发生的突发交通安全事件所做出的处理方法。本案例是一场没有旅行社、没有导游参与的研学旅行活动。研学机构选择中秋组织活动，应该预料到交通堵塞等问题的发生，所以应事先做好交通安全应急预案，以免影响活动的开展。研学旅行指导师进行汇报时应该及时做出交通安全应急对策，如果延误时间太长可征求家长是否变更行程或减少相应活动，采取策略及时补救，每次活动的开展要做到"活动有方案，行前有备案，应急有预案"。

在此，我们提醒研学旅行机构，第一，尽量同有组织研学旅行团经验的旅行社合作，千万不要自己一揽子挑，唱独角戏。研学旅行大舞台唱的本是学校、基地、旅行社、研学公司共同合作的戏，不是哪一家单独的活动，不能一口自己吃成个大胖子，不然遇到困难没人帮。第二，研学公司一定要有专业的导游团队，如果没有自己的专业导游，哪怕向旅行社借调也是很好的做法。导游处理突发性事件的经验要远远超过研学旅行指导师，研学旅行指导师主要的任务是教学业务服务，出了突发性事件仅仅依靠研学旅行指导师，往往只能抱头哭泣。

（本案例由郝滢屹点评）

案例 7-8：

转移途中学生违纪造成交通事故

某学校与某研学机构签合同，组织六年级学生 300 人前往 A 地进行为期 2 日的研学旅行活动，机构委派小王作为六年级一班研学旅行指导师，小邵为辅助老师。按照合同约定，研学旅行活动如期举行。

第一个研学点结束后开始转向第二个研学点。在组织学生集体通过第二个研学点前的马路时，小鲁、小刚两位男同学因琐事发生口角，周围同学老师没有及时发现并制止，后衍生至为动手打架行为。小刚因恼怒将小鲁推倒在路边，因小鲁被小刚推倒，导致书包被甩飞至马路中央。小鲁同学上前捡书包，不料，在刚刚跨进马路主路两三步的时候，路的左侧突然飞驰来了一辆吉普车，将小鲁撞倒。

（本案例由郝滢屹提供）

 **案例评析**

导致小鲁同学发生交通事故的悲剧的原因，一方面是学生对于交通安全意识不强；另一方面，导游、带队老师和研学旅行指导师在活动管理上疏忽大意导致学生发生意外。

研学团在向异地移动途中，恰恰是突发性事件出现的最好空隙，事故多发时段。导游要提醒学校领导、带队老师、研学旅行指导师、志愿者、安保人员等所有参与研学旅行服务的工作人员，坚守岗位，集中精力保护学生的安全；提醒并要求学生务必遵守好交通规则，对可能出现的安全隐患，应及时提醒，果断阻止。经过路口处时导游要加强纪律管理，阻止、防止学生在马路边追逐打闹，适时组织健康的文娱活动或专题讲解，把学生的注意力转移到沿途活动中，防止学生打闹，预防交通安全事故发生。

（本案例由郝滢屹点评）

第三节　接待后的工作

案例导入

2024年4月，全国旅游标准化技术委员会发布《导游服务规范》（GB/T 15971—2023），附件中出现《导游服务质量评价表》，请看看表格思考问题。

表 A.1　导游服务质量评价表

导游姓名：

评价项目		非常好	好	一般	差	非常差
服务能力	思想素质					
	技术技能					
	业务知识					
	职业形象					
服务表现	准备工作处理					
	接送行服务					
	交通服务					
	住宿服务					
	用餐服务					
	游览服务					
	购物服务					
	文化娱乐服务					
	后续工作处理					
	入出境服务					
突发事件和常见问题处理	旅游合同的变更或解除					
	丢失证件或物品					
	丢失行李或行李损坏					
	旅游者走失					
	自然灾害					
	旅游者伤病、病危或死亡					
	旅游者食物中毒					

第七章 / 研学旅行导游带团服务规范

续表

评价项目		非常好	好	一般	差	非常差
突发事件和常见问题处理	传染病疫情					
	社会骚乱等群体性事件					
	接待纠纷					
总体评价						

意见和建议：

评价人：□旅游者 □聘用导游单位　　　签名：　　　　联系电话：　　　　填写时间：

注：未涉及的项目可不评价。

 案例思考

1. 表格中能体现接待前、接待中的导游服务项目有哪些？结合实际开展一次自评活动。

2. 你认为表格中接待后的导游服务有哪些项目？

一、服务要求

研学旅行团结束本地的研学旅行活动后，导游的工作主要包括离站服务和后续工作两个方面。

（一）离站服务

离站送客时，导游应致欢送词，并征求师生对研学旅行接待服务的意见。

（1）全陪导游应：协助地陪导游做好离站服务；提醒学生清点行李、妥善保管随身携带的证件和贵重物品；引导学生在候机楼（候车室、候船室）休息等候，并按机场（火车站、码头）的安排组织乘机（车、船）。

（2）地陪导游应：提前确认或落实联程/返程交通票据，以确保学生能按时启程；带领学生提前抵达机场（火车站、码头）；协助学生办理乘机（车、船）手续、行李托运，并引导通过安检。

（二）后续工作

1. 处理遗留问题

导游应认真、妥善处理学生留下的问题，包括行李延误、破损、遗失的协助处理，保险报案取证的协助处理等，按有关规定办理学生临行前托办的事项。必要时宜向旅行社请示。

215

2. 总结工作

导游服务工作完成后，导游应：做好工作总结，填写并向旅行社递交《导游日志》，若接待过程中发生重大事故，详细报告事件经过，提交相关证明材料；按照财务规定结清有关账目；归还所借旅行社的物品。

二、典型案例

 案例呈现

案例7-9：

研学旅行服务欢送词编写技巧

在大巴离开基地时，导游要致欢送词，以加深与学生的感情。致欢送词的语气应真挚，富有感染力。欢送词的内容主要包括：

①感谢语：对学生及学校、基地、老师的合作表示感谢，有项目专家导游、司机的，也要一一提出感谢。

孔潇敏致欢送词

②惜别语：表达友谊和惜别之情。

③征求意见语：诚恳地征询意见和建议。

④致歉语：若研学旅行活动中有不尽如人意之处，可借此机会表示真诚的歉意。

⑤祝愿语：表达美好的祝愿，期待再次相逢。

 案例评析

从本案例研学旅行服务欢送词编写组织结构来看，这是根据全国导游资格现场考试的导游欢迎词结构改编的。规范化的研学旅行团欢送词组织结构同旅游团欢送词一样，一般包括感谢语、惜别语、征求意见语、致歉语和祝愿语五部分。在研学旅行带团实践中，我们可以结合自己的实际，创造性地编写出有个性化的欢送词，给研学旅行留下延绵无穷的回味。

案例7-10：

误车与误车之后的措施

某团计划于8月17日从A市海滨研学旅行基地赶到C市，乘16：01的火车回到自己的家D市，正常车程一个半小时，原定12：00准时上车，开车途中吃中餐，预计12：40可以用完午餐。可是到了出发时间，学生们还在海边认认真真地编织渔网，地陪导游小刘也临时担任研学旅行指导师角色，陶醉在编织渔网教书育人的快乐之中，忘记了出发时间。包括带队老师没有一个人提醒准时集合上车。等到课程结束时已经12：30，小刘赶紧催促学生集合，一直到12：40，学生们才登上了车。

小刘当即在车上说："别小看我们延误了40分钟，有可能出了基地就会遇上堵车时段。"不幸被小刘言中，过了下午1：00，海滨基地开始塞车。雪上加霜的是，在路过C市前面的城市B市地带时，高速路又遇到交通事故导致塞车。导游小刘心急如焚，不时向旅行社老总直接汇报情况。到了下午3点，还没进到C市，车还慢慢地走在B市地带，初步判断研学团到达C市误车已成定局。

好在旅行社老总经验丰富，他确定了大巴所在的位置，电话指挥小刘从最近的高速口下来，不去C市而是直奔前站B市火车站，提前在B市火车站上车。有了老总遥控指挥和正确的应急预案，小刘带全团41人于下午3：40时赶到B市火车站。老总早就安排旅行社票务中心负责人提前补好了从B市火车站到C市火车站的票，火车站工作人员开通绿色通道做好了迎接准备，终于使全体学生顺利登上了回D市的火车。

（本案例由惠州市观光旅行社导游龙海燕编写）

案例评析

这是一起典型的误车责任事故。事故的主要原因是导游小刘讲课拖堂，忘记了离开基地的集合时间，导致不能正常到达预定的火车站，不能准时乘上预订的火车。幸好旅行社老总做了应急处理，避免了更大的经济损失。因此做好研学旅行团误车事故的预防和应急处理十分重要，也是导游必备的服务技能。

预防误车事故，导游应做到以下几点：

（1）认真核实车票的车次、日期、时间，及在哪个车站乘车等。

（2）如果票据未落实，接团期间应随时与接待社有关人员保持联系。没有行李车的研学团在看到智能手机电子票据信息并核实无误后，导游应立即告知带队老师或学生，通过手机查看订票信息，核对相关内容。

（3）离开当天不要安排研学团到地域复杂、偏远的研学点开展研学旅行活动；不要安排学生自由活动；提醒研学旅行指导师和学校带队老师不拖堂，按时下课，及时结束研学旅行活动。

（4）留有充足的时间去车站，要考虑到交通堵塞或突发事件等因素。

（5）保证按规定的时间到达车站。乘火车要提前1小时到达火车站。

对误车事故的处理，导游要根据实际误车程度，做好以下应急措施：

1. 研学团正在去往车站，将成事故的应急措施

（1）与车站取得联系，请求等候，讲明研学团的名称、人数，现在何处，大约何时能够抵达车站。

（2）如取得同意，导游人员要立即组织学生尽快赶到车站。

（3）同时向旅行社、学校汇报情况，请求帮助协调。

（4）同时还需要向各个有关部门、有关人员（如交通车队、行李员、研学车司机等）讲清学生误车情况和补救办法，并说明请求协助的事项。

2. 已成事故的处理办法

（1）导游应立即向旅行社、学校、基地领导及有关部门报告并请求协助。

（2）导游、旅行社、基地尽快与车站联系，争取让学生乘最近班次的交通工具离开本站，或采取包车厢或改乘其他交通工具前往下一站。

（3）稳定研学团师生的情绪，安排好在当地滞留期间的食宿、研学等事宜。

（4）及时通知下一研学旅行站，对日程做相应的调整。

（5）向研学团师生赔礼道歉。

（6）写出事故报告，查清事故的原因和责任，责任者应承担经济损失并受相应的处分。

（本案例由李梅乐、高霞点评）

专家访谈

今日话题：导游如何转型成为一名优秀的研学旅行指导师

特邀嘉宾：文化和旅游部人才中心研学旅行指导师考评员、河南师范大学新联学院副教授、国家金牌导游赵芳鋆

专家心语：研学旅行指导师不同于教师、不同于导游，但又同时具有这两种职业岗位的职业属性和要求。因此，研学旅行指导师既承担了为人师表的角色责任，又要具有导游工作的基本能力。对于具有丰富旅游工作经验的导游朋友们来说，如何转型成为一名优秀的研学旅行指导师，我认为：

首先，读懂与理解。读懂国家教育部门的相关文件，深刻理解研学旅行广义与狭义的概念，理解教育的本质属性、第二课堂活动的意义；了解以"教育+旅游"形式推动的研学旅行的市场规律、研学旅行指导师在整个研学旅行活动中扮演的角色。

其次，学习与掌握。研学旅行指导师在活动中需要对研学课程的专业知识和相关技能进行适当的讲解，还负责对学生进行一定的指导，帮助学生顺利完成所学课程内容。指导师的核心任务是如何引导学生高效地学习。它不同于导游负责的任务，导游的核心任务主要是通过旅游活动与讲解艺术让游客获得美好的体验感，形式不一。因此，研学旅行指导师不但要具有导游工作所需要的组织能力、协调能力、沟通能力、旅游知识的讲解能力，还要学习研学旅行组织与服务活动、研学旅行基地运行、研学旅行安全防控、研学旅行教育改革方向和相关理论、中小学生教育规律及不同学科的专业知识等内容。

最后，专注与提升。一名优秀的研学旅行指导师应具有课程设计、课程组织实施、课程评价的教育教学专项能力，具有独立开展前置课程进课堂的计划、组织能力和讲解水平。能够独立组织实践课程、拓展类课程的开展。研修心理学、教育学的相关知识，认识中小学生在情绪、同伴交往、亲子关系等方面不同的心理特点。

综合实训

1. 导游给全团留下良好第一印象的重要环节是欢迎词，请写一篇欢迎词。
2. 请以您实际带团的研学旅行活动为例，录制10分钟的研学旅行团队住宿服务视频。
3. 请按照六年级学生研学旅行活动特点，制订一个红色研学旅行接待前的准备方案。
4. 结合具体研学旅行课程，研学旅行指导师接待前要准备哪些物品？
5. 结合实际，编写出导游送研学旅行团方案。
6. 请以您实际带团的研学旅行活动为例，录制10分钟的研学旅行带团服务视频。
7. 请自行打印出下面的表格，对自己每次的带团服务进行自我评价。

导游服务满意度评价表（旅游者填写）

团名：　　　　　　团号：　　　　　　导游姓名：

评价项目	评价内容	非常满意	满意	一般	不满意	非常不满意
政治思想	热爱祖国，遵纪守法					
	爱岗敬业，诚实守信					
仪表仪态	仪容整洁，自然得体					
	举止文明，待客有礼					
服务能力	服务周到，行程安排合理					
	知识丰富，讲解准确生动					
	站点衔接到位，组织协调高效					
	提醒安全事项，引导文明旅游					
	应对问题沉着，应变处理妥当					
	尊重师生个人隐私，维护师生合法权益					
	尊重师生个性化需求，提供恰当辅助服务					
	服务总体评价					

意见和建议：

评价人签名：　　　　　　联系电话：　　　　　　填写时间：

注：未安排的项目可不评价。

研学旅行导游服务

第八章
突发事件和常见问题的处理技能

● **本章导读**

本章依据新版《导游服务规范》，采用"理论＋案例"的方式，首先向导游概括地介绍了研学旅行过程中突发事件和常见问题的处理原则，然后重点介绍了研学旅行中的突发事件和常见问题处理规范，是研学旅行指导师和导游必须掌握的内容。这一章是整个研学旅行导游服务的重点章节，也是研学旅行服务质量的根本保证。

 导游之花

国家金牌导游何涛谈突发性事件处理

中国旅行社协会导游专委会副秘书长、文化和旅游部《导游服务规范》国家标准修订课题项目组专家、文化和旅游部人才中心研学旅行指导师考评员、国家金牌导游、第一批全国优秀导游员、深圳市导游协会党支部书记、深圳职业技术学院管理学院客座教授何涛，从事旅游和研学旅行工作多年，有着十分丰富的处理突发性事件经验。

她常说："学生的事无小事，在研学旅行中，突发事件常有发生，常见的问题也层出不穷。无论是带团的导游员，还是指导师，如何预防突发性事件和常见问题的发生、发生后又如何处理这些问题，是我们每一个研学旅行指导师和导游必须掌握的基本服务技能，也是整个研学旅行服务质量的根本保证。为了祖国的未来，为了学生，我们始终要把学生的安全放在第一位，学生的利益高于一切。"

当谈到导游在研学旅行中处理突发事件和常见问题应遵循什么样的原则时，她认为：

第一，以人为本，救援第一。以保障学生生命安全和身体健康为根本目的，尽一切可能为学生提供或协助提供救援、救助服务。

第二，及时报告，加强沟通。立即向旅行社和学校报告突发事件或问题发生情况，请求指示，并保持信息

国家金牌导游何涛

畅通，以便随时沟通与联系。情况紧急或发生重大、特别重大研学旅行突发事件时，宜依法直接向有关部门报告。

第三，依法依约，合理可能。依照法律法规或合同约定处理突发事件，并满足学生合理且可能实现的需求。

第一节　学生走失的处理技能

 案例导入

学生上厕所，大巴却走了

露露是小学三年级的学生，在国庆节前一周，学校组织了本校学生参加当地研学旅行活动，露露同学也很高兴地参加了本次研学旅行活动。在活动中，露露同学积极帮助同学，善于思考，也收获了新知。一天的研学快要接近尾声，在等待大巴期间，导游组织学生排队，并点好人数，随后就与一旁的同事聊了起来。在站队期间，露露同学突然感到肚子不舒服，因为太急，露露没有与任何人说，就独自去了卫生间。这时来接学生回学校的大巴恰巧到来，导游并没有重新点人数，就催促学生急急忙忙地上车了，上车后也没有再次清点人数，就让司机师傅开车回程了。露露同学从卫生间出来，发现老师和同学们都不在，就急忙忙地四处寻找，跑了一圈都没发现老师和同学们，露露同学急得哭了起来。这时其他同学都已经返回学校了。直到同学们都进了教室坐在座位上，老师才发现有位同学不见了，随后紧急寻找。露露的哭声引来了景区基地工作人员的注意，经过了解知道了事情的经过。经过景区基地的联系找到了研学机构的导游，才把露露同学接到学校，这才避免了其他事故的发生。

（本案例由郝滢屹编写）

 案例思考

1. 本案例中导游的做法是否恰当？为什么？
2. 本案例告诉我们怎样才能避免学生走失事故的发生？
3. 发现学生走失后导游应该怎么做？

一、处理规范

（一）走失预防

要避免学生走失事故的发生，导游首先必须做好学生走失的预防。

第一，及时地做好提醒工作。提醒学生记住基地、接待社的名称，研学车的车

号和标志,住宿饭店的名称、电话号码,带上饭店的店徽等。导游尽可能与学生互留手机号码。集体开展研学旅行时,导游要及时提醒学生不要走散;师生自由活动时,要有带队老师陪同,提醒师生不要走得太远;不要回饭店太晚;不要去热闹、拥挤、秩序混乱的地方。

第二,做好各项活动的安排和预报。在出发前或研学车离开饭店后,导游要向学生预告一天的行程,上、下午研学点和吃中、晚餐餐厅的名称和地址。到研学点后,在研学点导览示意图前,导游要向学生介绍研学旅行线路,告知研学车的停车地点,强调集合时间和地点,再次提醒学生记住研学车的特征和车号。

第三,导游要时刻和学生在一起,经常清点人数,不能看到有带队老师和指导师,自己就放松安全教育,更不能把学生的安全教育全部推给带队老师和指导师。

第四,导游要与学校带队老师、研学旅行指导师密切配合。导游和学校带队老师要主动负责做好研学团的服务工作。

(二)走失处理

导游在发现学生走失后,应按以下规范要求处理:

(1)向其他学生了解情况,并由全陪导游安排研学团队代表与其共同寻找学生,同时与基地、景区、住宿经营者等可能有线索的旅行辅助人联系,地陪导游带团队继续研学旅行。

(2)及时向旅行社报告,反映学生走失详细情况,取得指导与帮助,并通知走失学校和学生家属。

(3)走失 24 小时仍未找到的,立即向走失地公安机关报案,寻求帮助。

(4)如果学生是未成年人、残疾人等特殊人群的,立即报警。

(5)学生走失发生在境外的,领队应及时向当地警方报案,并向中国驻当地使领馆或政府派出机构报告,在其指导下全力做好学生走失的应对处置工作。

二、典型案例

案例呈现

案例 8-1:

学生悄悄脱离研学旅行团队擅自行动而走失

12 月 20 日,苏州华夏游学教育公司组织初一的学生来全国第一批研学实践教育基地孟子故里两孟景区参加"学孟子养浩然之气——祭祀亚圣先师孟子研学旅行主题活动"。21 日冬至,研学团队在孟庙景区亚圣殿前参加祭祀孟子大典后,从孟庙景区西门走进孟府景区,此时带队老师发现团队中少了琪琪和乐乐两名女生。带队老师查看周围均看不见两个学生的影子,给学生打电话手机处于关机状态。带队老师立即告诉地接导游,地接导游立即安排随行实习导游、全陪导游和带队老师一起返回孟庙景区和其他地方寻找，其他学生则由地接导游和景区基地研学旅行指导师带领继续开展研学旅行活动。

20分钟以后，在亚圣殿门前终于找到了琪琪和乐乐。原来两位学生在参加祭祀孟子大典时，看到有个演员姐姐舞姿动作优美，很想跟她学习传统舞蹈。演出结束后，她俩就直接去后台寻找心中的那位演员姐姐，现场值勤人员不让观众进入后台，她俩磨蹭了一会儿也没有见到那位演员姐姐。再回头时发现老师和同学们都已经走了，她俩也不知道去哪里找自己的团队，想联系班主任，她俩的手机也没电了，聪明的琪琪和乐乐就只能懊丧地待在原地等待老师前来认领寻找。找到她俩后，老师对学生做了简单的批评，全陪导游对学生做了安慰，并牵手领着她俩进入研学旅行团队，继续参加《孟子》诵读活动。

案例评析

本案例是学生在研学点走失的安全事故。出现这种情况，导游正确的做法是：

（1）了解情况，迅速寻找。全陪导游人员应立即向其他学生、研学点工作人员了解情况并同带队老师分别迅速寻找。全陪导游和带队老师要密切配合，一般情况下是全陪导游、带队老师分头去找，地陪导游、其余学校老师、指导师带领其他学生继续研学。

（2）寻求帮助。在经过认真寻找仍然找不到走失者后，应立即向研学点的派出所和管理部门求助。

（3）与饭店联系。在寻找过程中，导游人员可与饭店前台、楼层服务台联系，请他们注意该学生是否已经回到饭店。

（4）向旅行社报告。如采取了以上措施仍找不到走失的学生，导游应向旅行社及时报告并请求帮助，必要时请示有关领导，向公安部门报案。

（5）做好善后工作。找到走失的学生后，导游人员要做好善后工作，分析走失原因。如属导游人员的责任，导游人员应向学生赔礼道歉；如果是其他工作人员的责任，导游人员先代表其他工作人员向学生道歉，然后提醒其他工作人员；如果责任在走失者，导游人员也不应指责或训斥对方，而应对其进行安慰，讲清利害关系，提醒以后注意。

（6）写出事故报告。若发生严重的走失事故，导游人员要写出书面报告，详细记述学生走失经过、寻找经过、走失原因、善后处理情况及学生的反映等。

本案例导游善后工作没有做好，只是安抚了学生，牵手领入团队，继续参加活动，并没有分析学生走失原因和责任，也没有再对其他学生进行安全教育，没有对相应服务人员、老师进行安全管理措施改进和过错弥补，也没有向旅行社和学校及时报告，更没有书面的事故报告。能否引以为戒，避免类似的事情再次发生，还是一个未知数。

（本案例由李岑虎点评）

第二节　学生丢失证件或物品的处理技能

 案例导入

研学旅行中学生证、身份证丢失

5月，北京某中学高中二年级150名学生来山西进行为期四日的研学旅行。在研学旅行团队抵达山西后，其中一名学生向随团导游小李反映，自己随身的一个小包丢了，包里有自己的身份证、学生证。这位学生当时非常着急，一直在哭，情绪很不稳定，完全回忆不起来具体到过哪些地方。导游立即向旅行社领导和学校领导做了汇报，并将情况发布在研学工作微信群，让旅行社工作人员备案，并联系学生所乘坐的列车，请车上人员协助寻找。然后，导游小李把这位学生带到旁边安静的地方进行交流安抚，待学生情绪稍微稳定了之后，跟随研学旅行团队正常进行研学旅行活动。同时，回到团队中导游再次提醒所有学生，检查自己的物品，并妥善保管，身份证件交由每车的带队老师统一管理。经过导游、研学旅行指导师和学校老师的共同努力，整个研学旅行团圆满完成了四天的研学旅行课程。返回太原当天，旅行社早就安排好专门的工作人员接待，提前带着丢失证件的学生到火车站公安制证窗口办理了临时身份证，凭临时身份证登上了返回的列车。

回校一周以后，导游电话了解到，学校已经为学生补发了学生证，公安部门也为学生办理了身份证。

（本案例由山西新方向国际旅行社导游李芬编写）

 案例思考

1. 请把本案例中学生证件丢失后导游小李暖心的做法写出来。
2. 结合自己工作实际谈谈运用数字化技术的好处。

一、处理规范

学生丢失证件或物品时，导游应稳定学生情绪，详细了解丢失情况，协助寻找，同时报告旅行社和学校，并按以下规范要求处理。

（一）境内丢失

学生在境内丢失证件或物品时，导游应：

（1）由旅行社开具丢失证明。丢失证件的，开具身份证明；丢失物品的，开具物品遗失证明，以备向保险公司申请办理理赔事宜。

（2）导游应协助学生向公安机关报失。

（二）境外丢失

学生在境外丢失证件或物品时，领队应：

（1）丢失证件的，协助学生向当地警方报失，在取得丢失证明后向中国驻当地使领馆、政府派出机构等有关证件办理部门申请新证件，办理相关离境手续。

（2）丢失物品的，由当地旅行社开具证明，协助学生向当地警方报失，开具物品遗失证明，以备离境时海关查验或向保险公司申请办理理赔事宜。

二、典型案例

案例呈现

案例 8-2：

飞机落地，学生找不到托运行李

暑假期间，导游罗哲滢带领某小学乐队成员前往天津参加研学旅行活动。在出发前，罗哲滢特意在出行前召开了研学旅行前说明会议，对本次出行天津开展研学旅行进行了充分的安全教育、提醒工作，并交代了出行安全注意事项。出发当天，所有人准时前往机场。在飞机落地后，一起前往行李托运处领取行李，这时有位学生找不到托运行李。在等待一段时间后依然没有行李出来，在安慰好其他学生后，罗哲滢马上带领丢失行李的学生凭机票和行李牌到机场行李查询处登记办理行李丢失手续，并由丢失行李的学生填写《行李丢失登记表》，随后罗哲滨立即向旅行社、接待机构领导和有关人员进行了汇报，并与机场、上一站接待机构、有关航空公司等单位联系，积极寻找。经过半个小时的追查，终于寻找到了行李箱。随后罗哲滨受到了家长、旅行社、全研学机构的赞扬。

案例评析

在研学旅行中，学生丢失证件或物品的事情时有发生，丢失证件或物品事故有些是由于学生个人马虎大意造成的，也有些是由于相关部门的工作失误造成的。一旦发生学生财产安全事故，导游人员要做到态度积极、头脑冷静、行动迅速、设法补救。如果有线索，应迅速与有关部门联系查找，把损失降到最低限度；如果查找不到，应迅速向组团社或接待社报告，向有关部门报案，并协助学生根据有关规定办理必要的手续。导游人员必须认识到，不论是在哪个环节出现的问题，都是我方的责任，应积极设法负责查找。

1. 仔细分析，查找线索

如果学生在机场领取行李时找不到托运行李，则很有可能是上一站行李交接或机场行李托运过程中出现差错。这时，导游应马上带领失主凭机票和行李牌到机场行李查询处登记办理行李丢失手续，并由失主填写《行李丢失登记表》。导游立即向接待社领导或有关人员汇报，安排有关人员与机场、上一站接待社、有关航空公司等单位联系，积极寻找。

2. 做好善后工作

（1）主动关心失主，对因丢失行李给失主带来的诸多不便表示歉意，并积极帮助其解决因行李丢失而带来的生活方面的困难。

（2）随时与有关方面联系，询问查找进展情况。

（3）若行李找回，及时将找回的行李归还失主。若确定行李已丢失，由责任方负责人出面向失主说明情况，并表示歉意。

（4）帮助失主根据有关规定或惯例向有关部门索赔。

（5）事后写出书面报告。写出事故的全过程，包括行李丢失的原因、经过、查找过程、赔偿情况及失主和其他团员的反映。

（本案例由李岑虎点评）

第三节 学生丢失行李或行李损坏的处理技能

案例导入

高二学生刘震，参加完为期四天的苏沪杭江南风情研学旅行，从上海虹桥站乘G1822动车到洛阳龙门下车，洛阳龙门站是终点站，到站时间是21：16。刘震下车后登上接团的大巴，这时发现自己的电脑包找不到了，忘在了火车行李架上。刘震立即报告带队班主任老师，老师马上告诉随团导游小阳，请求帮忙解决。导游小阳看着缓缓启动的大巴和黑夜的路灯，然后慢慢地说："这里是咱们这趟车的终点站，你们先下车，然后直接去火车站行李处查询，我带着团先走，你们再打的回家。"说完就请司机打开车门，让班主任老师和刘震下车自行处理。班主任老师和刘震望着茫茫黑夜和缓缓离去的大巴，感到了被抛弃的孤独。

案例思考

1. 本案导游小阳的做法是否妥当？为什么？
2. 本案导游正确的做法应是怎样的？

一、处理规范

学生丢失行李或行李损坏时，导游应稳定学生情绪，详细了解丢失或损坏情况，同时报告旅行社和学校，并按以下规范要求处理：

（1）查明丢失行李或行李损坏的运输区间，协助学生办理报失或报损登记手续。

（2）将学生后续行程安排告知承运人，同时在研学旅行过程中，应与承运人保持联系与沟通，督促承运人及时查找丢失行李，非运输期间丢失行李的，参照丢失物品处理规范。

（3）在查找丢失行李期间，协助学生购置生活必需品，提示其保留发票等购货凭证，并协助学生处理索赔事宜。

（4）可以确认责任者的，协助学生向责任方索赔，并办理相关事宜；难以确认责任者的，协助学生开具有关证明，以便向保险公司申请办理理赔事宜，并视情况向有关部门报告。

（5）学生在境外机场丢失行李或行李损坏的，领队应及时协助学生通过机场的行李查询台或承运人的行李服务柜台查询和申报，并视丢失行李是否找回或行李损坏情况办理相关索赔或理赔事宜。

二、典型案例

 案例呈现

案例8-3：

研学旅行活动很好，就是行李箱被挤压损坏

6月28日，山西省太原某中学高一学生智博，在老师和导游小珠的带领下，乘飞机参加福建省泉州市"世遗泉州的经济文化展——福见泉州·美好生活"主题研学旅行活动。学生从太原武宿国际机场出发飞往泉州晋江国际机场，一路顺利畅通。

三天的研学旅行，同学们现场考察体验了古法复原南宋末年泉州自主建造的"福船"模型、非遗传承作品制作、工艺美术大师艺术展，还参加了南音、木偶等非遗项目和茶道、香道表演体验……丰富多彩的研学旅行内容，让这场研学旅行活动展示了世遗泉州的文化的独特魅力，"十个一"故事——"一块会说话的石头""一抔会生活的泥土""一片神奇的叶子""一双闯世界的鞋""一匹不简单的布"……精练的文字精彩演绎了处处散发宋元文化魅力的泉州，以及"晋江经验"的生动实践。让内陆的学生开阔了视野，见证了海上丝绸之路的繁荣和中华民族的富庶与伟大。

6月30日研学旅行活动结束，从泉州晋江国际机场出发返回太原武宿国际机场，返回温馨家园。学生们兴高采烈下飞机取行李时，小邱拿到行李后，发现自己的行李箱少了一个轮子，无法正常使用。无独有偶学生小邓也发现自己的箱杆拉不出来，原来飞机运输中行李箱被挤压变形。两个学生的高兴劲一下子消失得无影无踪，尽管是跟了自己几年的皮箱，可是一旦损坏了还是很心疼啊，这么一大堆行李怎么放啊，他们脸上剩下的是抱怨和万千愁绪。

两个学生报告给带队老师，带队老师打电话立即告知全陪导游小珠。导游小珠听到后快步来到行李提取处查看，她先安慰学生："别担心，别害怕，我带你们找机

研学旅行导游服务

场行李服务柜台，办理报损登记手续，给你们换新的。"两个学生半信半疑，忐忑不安，抱着箱子跟着导游来到机场行李服务柜台。导游向工作人员说明情况，让学生出示了身份证、登机牌、乘机电子客票和托运行李票以及受损的箱子。导游提醒两位同学说："箱子里的东西还有没有损坏？"两位同学立即检查其他行李，小邱没有发现损坏现象，小邓的一个玻璃杯子出现裂纹。工作人员查看后说："两位同学，对不起，由于我们的失误给你们带来了很多麻烦，我们公司决定对你们进行赔偿。请问你们是要钱还是要一个类似的新箱子？要钱给你们钱，要箱子给你们箱子。"小邱和小邓非常开心和高兴，完全超出了他们的想象，连忙异口同声地说："要箱子。"然后工作人员对小邓说："您的杯子有购买发票吗？"小邓说："没有，当时购买时花了40元钱。"工作人员赔给了小邓一个新杯子，小邓很满意。两位学生填完报损登记表后，机场工作人员立即给了两位每人一个崭新的行李箱。小邱和小邓把旧箱内的物品全部转移到新的行李箱里，事情圆满结束。事后，导游小珠向旅行社和学校领导做了汇报，双方领导对小珠的做法都很满意。

（本案例由福建海丝八闽研学旅行有限公司王小珠口述，施云峰编写）

案例评析

外出研学旅行学生行李损坏时，学生都是烦恼着急。此时，如果导游能及时稳定学生情绪，帮助学生解决了行李损坏问题，那么学生又增加了新的研学旅行知识——行李损坏时的解决办法，增加了新的人生阅历，该学生的收获往往大于正常学生的研学旅行收获。

本案例导游小珠听到学生行李损坏后快步来到行李提取处查看。她先安慰学生，然后带着学生协助他们到机场行李查询处，并向工作人员说明情况，让学生出示了相关证据。并提醒学生再次检查其他行李是否受损，协助两位学生填完报损登记表后，现场完成学生行李损坏索赔事宜，事后给旅行社和学校领导做了汇报。小珠规范、细腻、快速、及时的整个服务流程受到全校师生的赞誉。

研学旅行活动开展得很好，行李箱损坏事故处理得也很好。推陈出新，锦上添花，旅行社、航空公司、学校、研学旅行基地好评如潮。

（本案例由李岑虎点评）

第四节　学生遭遇自然灾害的处理技能

案例导入

4月，导游小丰带领32名高中生参加长白山天池探究研学旅行团。在研学旅行团去往攀岩天池的前一天，该团学生问导游攀岩天池是否要多添加衣服，小丰根据以往经验说不用添加衣服。但是第二天登上天池时，突然下起了鹅毛大雪，气温骤然下降。当时很多同学听信导游的话，没有多带御寒衣服，致使不少学生耳、鼻及手脚严重冻伤。下山后完成活动任务，导游和师生各自返回。学校安排车辆把受伤师生紧急送往医院，其中11名师生经医院诊断为重度冻伤。为此，该团师生及家长投诉导游小丰和旅行社，要求小丰和旅行社承担医治冻伤等费用，并赔偿因此造成的损失。小丰所在旅行社接到投诉后，认为此次冻伤事故完全由于小丰的工作失误所致，应由其个人负责，旅行社不承担任何责任。小丰则认为冻伤事故是由于天气突然变化所致，自己无法预见，属于不可抗力，因此不承担法律责任。

案例思考

1. 导游小丰对师生冻伤事故是否承担责任？为什么？
2. 小丰所在的旅行社是否承担责任？为什么？
3. 面对可能发生的自然灾害，导游怎样预防？
4. 当学生遭遇自然灾害时，导游怎么恰当处理？

一、处理规范

当学生遭遇自然灾害，导游应沉着应对，并按以下规范要求处理：

（1）及时报警并向旅行社和学校报告，同时向学生预警，引导学生采取相应的安全防范措施，立刻带领学生撤离灾区。

（2）学生遭受人身损害的，根据现场的条件，引导学生开展自救和互救，防范二次伤害，等待救援。

（3）稳定学生情绪，及时将事件发生的时间、地点、原因、经过等情况报告旅行社、学校和相关部门，取得指导和帮助。

（4）在境外因自然灾害导致学生伤亡的，领队应及时向中国驻当地使领馆或政府派出机构报告，并在其指导下全力做好事故应对处置工作。

二、典型案例

案例呈现

案例8-4：

研学教室上课时楼下浓烟四起突燃大火

某年冬天，某研学机构聘请导游员梁方倍带领某校初中八年级（4）班的学生乘车前往某研学旅行营地进行研学活动。在研学旅行营地5楼的研学教室上课时，楼下浓烟四起，突燃大火。学生们看到后顿时手足无措，乱作一团。有几名男同学甚至准备打开窗户，从窗户一跃而下逃离火场，还好梁方倍及时制止，才没有酿成惨剧。

导游梁方倍让学生们安静下来,对学生们进行安抚,随后紧急拨打了119报警电话,报告了详细地址和所处楼层等详细情况。梁方倍让学生们迅速用自己未喝完的水打湿毛巾或衣物,并捂住口鼻,以防中毒、窒息,随后带领学生们有序向上面楼层走去。在等待119消防警察到来的时候,梁方倍一直在安抚和稳定学生的情绪。随后消防警察到来,迅速扑灭了火灾,师生们得以安全脱险。研学机构人员、学校老师、家长到来,对梁方倍给予了热烈的掌声。研学机构也与导游梁方倍签订了长期劳动合同,作为研学机构的长期合作导游,并对梁方倍的行为给予了高度赞扬。

(本案例由郝滢屹编写)

案例评析

从本案火灾的处理方法来看导游梁方倍稳重机智、服务规范,研学各方好评如潮。导游除了掌握火灾突发灾害的应急处理办法以外,还要做好火灾事故的预防教育工作。

1. 做好提醒工作

提醒学生不要携带易燃、易爆物品;不乱扔火种,不要吸烟,更不能躺在床上吸烟。只有这样,才能尽可能地减少火灾。

2. 熟悉饭店的安全出口和转移线路

导游人员带领学生进入教室或基地饭店后,在介绍教室或基地饭店内的服务设施时,必须介绍楼层的太平门、安全出口、安全楼梯的位置,并提醒学生进入房间后,看懂房门上贴的安全转移线路示意图,掌握一旦失火时应走的线路。

3. 牢记火警电话

导游人员一定要让学生牢记火警电话(119);掌握学校带队老师和全体学生的房间号码,一旦火情发生,能及时通知学生。

万一发生了火灾,导游人员应首先报警;迅速通知学校带队老师及全体学生;配合工作人员,听从统一指挥,迅速通过安全出口疏散学生;最后,判断火情,引导学生自救。如果情况危急,不能马上离开火灾现场或被困,导游人员应采取的正确做法如下:

(1)千万不能让学生搭乘电梯或慌乱跳楼,尤其是在三层以上的学生,切记不要跳楼。

(2)指挥学生用湿毛巾捂住口、鼻,身体重心尽量下移,使面部贴近墙壁、墙根或地面。

(3)告诉学生必须穿过浓烟时,可用水将全身浇湿或披上用水浸湿的衣被,捂住口鼻,贴近地面蹲行或爬行。

(4)告诉学生若身上着火了,可就地打滚,将火苗压灭,或用厚重衣物压灭火苗。

(5)告诉学生大火封门无法逃脱时,可用浸湿的衣物、被褥将门封堵塞严,或泼水降温，等待救援。当见到消防队来灭火时，可以摇动色彩鲜艳的衣物为信号，寻求救援。

（6）学生得救后，导游人员应立即组织抢救受伤者；若有重伤者应迅速送往医院，有人死亡，按有关规定处理；采取各种措施安定学生的情绪，解决因火灾造成的生活方面的困难，设法使研学旅行活动继续进行；协助领导处理好善后事宜；写出翔实的书面报告。

（本案例由李岑虎点评）

案例 8-5：

深港澳台学子在暴雨中体验寻根之旅，安阳人民送真情！

"真的是非常感谢！非常感谢！要不是你们安阳旅游人热心地帮我们安排，600多个学子恐怕很难安全乘上火车，我们一定会再来安阳的！"组团社负责人激动地说。

想要明白这句话，还得从头说起。

满怀着对红旗渠的向往、对殷墟的憧憬、对甲骨文的好奇，来自深港澳台的600多名学子于7月18日晚上抵达林州，他们期待着开启人生游学的第一幕。

然而此时的安阳正值汛期，接连几天的阴雨天气终于在19日上午拉响警报：从7月18日12时至19日12时，安阳市普降暴雨，全市平均降雨量66.4毫米，部分区域水深在膝盖以上。尤其是林州市、安阳县受雨水影响巨大，有些地方甚至发生山洪灾害。

在这样严峻的自然灾害面前，是继续选择前往红旗渠参观，还是选择将孩子转移到更加安全的市区？这成了摆在安阳旅游人面前的一道难题。

经过与组团社、深圳方代表的沟通协调，最终选择保证孩子们的安全，将他们转移到市区，继续他们的研学旅程。尽管如此，为了不让孩子们留有遗憾，主办方在车上动情地为学子们讲述了红旗渠的故事，使当天雨中研学成为一道亮丽的风景线。

认真临摹甲骨文

当日下午，专车伴随着阵雨来到殷墟，四地学子在中华民族薪火传递圣地殷墟临摹甲骨文。

来自深圳的刘宇航同学找到了自己姓氏的甲骨文，了解到了中华姓氏文化，在此深刻体会到了中华民族的"同根同源"。

学子们认真听讲

安阳师范学院老师苗利娟对学子们讲述了三千年前那个辉煌的商朝，如何屹立东方位列于四大文明古国。深港澳台四地的学子们纷纷表示受益良多，现实经历和亲眼所见深化了对中国文字的认识，更加感受到殷墟和甲骨文的博大魅力。

参观殷墟

来自台湾的刘承娟同学第一次来到安阳,在殷墟地下博物馆藏品中感到了熟悉和亲切,殷墟的讲解员向其讲述了殷墟发掘的藏品流传香港、台湾的故事。

"安阳是一座历史悠久、文化灿烂的城市,是中国八大古都之一,文化底蕴厚重,作为一名学生,我会将自己看到的、学习到的向身边的人讲述,让更多的朋友有机会来安阳学习甲骨文化。"刘承娟说。

按照预定方案,研学游团队将于19日晚乘车离开安阳,旅游局工作人员精心策划了一场极具安阳特色的欢送会,并从19日早上就开始布置现场,希望能为远道而来的学子们献上一场完美的演出。

哪知,铁路局的一个紧急通知,再次将演出计划搁置!

京广线焦作路段受山西洪水影响导致铁路塌方,一时间还不能给予明确的通行时间!这也就意味着,600多名孩子不能如期乘车!

面对如此棘手的问题,旅游局领导高度重视,立即成立应急小组,谨慎研判局势,要求一定要千方百计解决孩子们的后顾之忧。

600多名学子,让他们安身何处?火车站附近是否有充足的客房?如果没有该如何解决?一系列问题如同窗外的倾盆大雨,压得人难以喘息。

"越是困难越要克服!"这是安阳旅游人工作的信条。旅游局工作人员积极与车站附近的酒店协调商洽,就近安排全部学子的住宿问题。有的工作人员家里遭受洪水侵袭仍执意为孩子们的事四处奔波。当孩子们都顺利入住酒店,用完晚餐安心睡下,安阳旅游人才稍稍松了一口气。

但是事情并未画上句号。为了及时获取铁路方面的最新消息,安阳旅游人积极与铁路局相关负责人沟通,进入备战状态,手机保持全天通畅。局领导及十余名工作人员整夜加班待命。由于当时汛情极为严重,局领导又在凌晨带领几名工作人员赶赴防汛第一战线,配合相关部门展开防汛工作。

20日凌晨5时许,一个电话再次拨动了安阳旅游人的神经。深港澳台研学游专列的火车到站时间终于敲定了!

然而,持续的强降雨天气严重影响了市区交通,如何保证这么多学子的出行安全?

"亲赴现场,维持交通!"旅游局领导当即拍板

领导带队,员工紧随,组织安全秩序维持小组,开辟专用通道,方便每位学子安全进站上车;由安兴长带领旅游局工作人员负责旅游大巴的停放、研学旅游团从停车点到进站口的引领和交通疏导工作;由刘超英、冯敏带领旅游局政务导游负责研学旅游团从进站口到站台的引领和秩序维持工作;其他工作人员负责与旅游团的信息沟通及学子们的安全工作。在旅游局工作人员的安排协调下,600多名孩子安全有序地进入站台,登上离别安阳的火车。

"虽然这次来安阳研学旅游遇到了百年不遇的暴雨,在暴雨围城的情况下,为我们的行程做了周密的调整，为我们联系酒店，提供最新资讯，疏导交通，并安全送行到车站，让我们打心眼里感谢安阳旅游人。虽然这次研学游因天气状况没能去红旗渠学习，但是热情好客的安阳人民协调多方力量，为我们提供便利，让我们感受到了家人般的温暖。我们一定还会再来安阳，领略太行秀美风光，感受古都文化底蕴、学习红旗渠自力更生的创业精神！"共青团深圳市委员会组织与宣传部饶部长说。

引导学生入站

"真的是非常感谢！非常感谢！要不是你们热心帮助，我们真不知道咋安排这么多学子上火车。我们一定会再来安阳的！"组团社负责人贺东方在火车上动情地说。

目送深港澳台的600多名学子安全离开，安阳市旅游局工作人员一路护送

在站台上，目送来自深港澳台的600多名学子安全离开，每一位旅游人的内心都无比轻松。但他们更明白旅游业对于安阳发展的重要性：2016年，安阳市被国家旅游局授予首批"中国研学旅游目的地"，研学旅游品牌的创立，将有利于催生安阳市旅游新业态，助推安阳市旅游转型升级。

"深港澳台火车专列600名学子来安阳，标识着安阳研学旅游正走向国际化。"研学旅游专家、《中国报道》主编杨秀珍评价道。此次深港澳台研学游团队是近几年接待的港澳台市场游客数量最多的一次，而深港澳台研学游团队的成功接待、研学活动的圆满完成对于安阳旅游开拓港澳市场、珠三角市场以及台湾市场有着非常重要的意义。我们相信，依靠一群有细心有热心有爱心的旅游人，以及社会各部门的协调配合，安阳的旅游业一定会发展得更美好！

（本案例来自搜狐网 旅游资讯 2016-07-21 18：07）

案例评析

掩卷沉思，泪流满面，安阳旅游人深深地感动着我，文中的所谓"旅游人"更多的是我们导游的化身。我没有记者高超的渲染煽情能力，也没有作家犀利的点评剖析文采，只有对研学旅行事业的热爱，对安阳导游的敬仰和崇拜。

深港澳台的600多名学子满怀着对红旗渠的向往、对殷墟的憧憬、对甲骨文的好奇，乘着满载希望和梦想的列车来到林州，期待着开启人生研学旅行的第一幕。

然而林州市受雨水影响巨大，有些地方山洪暴发。在这样严峻的自然灾害面前，为保证孩子们的安全，安阳导游协调各方改变研学旅行内容，变更研学旅行行程，取消红旗渠考察项目，将孩子们转移到安全的市区，继续他们的研学旅程。四地学子在中华民族薪火传递圣地殷墟临摹甲骨文；聆听殷墟讲解员讲述殷墟发掘和藏品流传香港、台湾的故事；听大学老师讲述三千年前辉煌的商朝历史。受洪水影响特色欢送会演出计划搁置、铁路塌方600多名学子滞留不能如期乘车。在旅游局的领导下导游们积极与车站附近的酒店协调商洽，就近安排全部学子的住宿问题。有的导游家里遭受洪水侵袭仍执意为孩子们的事四处奔波，让孩子们都顺利入住酒店。安阳导游积极与相关部门配合展开防汛工作、开辟并服务研学专列专用通道、引领疏导旅游大巴的停放秩序、保护孩子们的安全，最后目送孩子们安全有序地登上离别安阳的火车。

主办方打心眼里感谢安阳旅游人、感谢热情好客的安阳人民，我认为他们更多的是感谢我们英雄的安阳导游。安阳导游是一个英雄的导游群，这是一个有担当、有作为、可信赖、可托付的导游群。安阳导游面对突发性洪水自然灾害，遵循导游服务规范，坚持"以人为本，救援第一"原则，尽一切可能为学生提供或协助提供救援、救助服务；全程全时段及时报告，请求指示，加强沟通，保持信息畅通，并满足学生合理且可能实现的需求，为中国导游树立了永远的丰碑，高高耸立在中国研学旅行导游服务的天空。

（本案例由李岑虎、程秋云点评）

第五节　学生伤病的处理技能

学生出现了水土不服

山东邹城某小学四年级男生图图（化名）跟随学校研学团外出参加"杭州四日研学旅行"活动。在研学的第三天，图图出现食欲不振、恶心呕吐、乏力现象。在浙江博物馆查看良渚文化、河姆渡遗址出土的文物时，图图无力地倒在地板上。全陪导游阿芳立即汇报旅行社，建议学校让学生停止了研学旅行活动，然后和带队老师一起将学生带回基地酒店休息，并不停地安抚学生。到达基地宾馆后图图又出现腹痛腹泻情况，导游喊来酒店医护人员，查看图图四肢和前胸皮肤有大片斑丘疹，基地酒店决定派车立即把图图送往医院救治，医疗费由酒店先行垫付，阿芳和带队老师陪同前往。途中阿芳给旅行社和学校做了汇报。后经医院医生检查，确定图图出现水土不服的症状，随后进行了治疗。其间，阿芳多次和学生交流，让学生不要紧张，保持情绪稳定，积极配合医生和老师治疗。

（本案例由邹城市人民医院刘翠娟编写）

 案例思考

1. 请把本案例中导游阿芳的做法写出来。
2. 导游阿芳的服务，哪些方面值得我们学习？

一、处理规范

（一）学生伤病

学生意外受伤或患病时，导游应及时了解情况，不应擅自给患者用药。如有需要，应陪同患者前往医院就诊，并按规定履行报告义务。

研学旅行中的伤员急救模拟演练

（二）学生病危

学生病危时，导游应立即拨打急救电话求救，或协同学校老师送病人去医疗急救机构或医院抢救，或请医生前来抢救，并及时报告旅行社和学校。

患者如系国内外急救组织的投保者，应协助学生和家长及时与该组织的代理机构联系，并报告旅行社。

在抢救过程中，导游应按以下规范要求处理：

（1）详细地记录患者患病前后的症状和治疗情况，尽量保留相关诊断治疗证明副本，要求学校代表在场。

（2）随时向旅行社和学校反映情况并及时通知或提请旅行社通知患者亲属。

（3）如患者系外籍人士，协助患者通知其所在国驻华使领馆。

（4）妥善安排好其他学生的活动，地陪导游带团继续研学旅行。

学生病危发生在境外的，领队应及时向中国驻当地使领馆或政府派出机构报告，并在其指导下，全力做好学生抢救工作。

（三）学生死亡

（1）导游应立即向旅行社和学校报告，由地接社按照国家有关规定做好善后工作，同时应稳定其他学生情绪，并继续做好其他学生的接待工作。

（2）学生非正常死亡的，导游应注意保护现场，并及时向当地公安机关报案。

（3）学生死亡发生在境外的，领队应及时向当地警方报案，同时向中国驻当地使领馆或政府派出机构报告，并按旅行社的安排处理相关事宜。

（4）导游应协助学生家属向保险公司办理理赔事宜。

二、典型案例

案例呈现

案例8-6：

研学旅行中学生出现感冒，导游给学生服下感冒冲剂

六年级学生小明，12岁，暑假期间跟随学校组织的研学旅行团去内蒙古草原参加为期四天的研学旅行活动。到达目的地的第二天早晨，导游小王叫醒他去吃早餐时，小明不愿起床，述说自己头痛、咽干、自觉发烧、浑身酸痛无力。导游小王摸了摸孩子的额头，感觉到有点发烧，可以初步判断小明出现了感冒症状。小王一边安慰学生，一边从自己包里拿出了两包中成药感冒颗粒冲剂，替学生冲泡好，然后又拿出一支抗病毒口服液，一并让学生喝下去。安排餐厅专门给学生熬了易消化的西红柿鸡蛋小米粥，补充营养。学生吃过饭后，安排带队老师专人照护，让学生继续参加研学旅行活动。

（本案例由刘翠娟编写）

案例评析

外出研学旅行，因自然环境的改变，常常引发学生患病。学生患病时导游如何提供规范化处理服务，是对导游突发事件处理技能的考验。学生患病时导游要做好四个方面的问题：①导游应及时了解情况；②不应擅自给患者用药；③如有需要，应陪同患者前往医院就诊；④并按规定履行报告义务。

本案中学生小明感冒，导游员小王及时了解查看；小王安慰学生；拿出了药让学生喝；又安排餐厅加营养餐；安排带队老师照护；让学生继续参加活动。这六个环节从关心学生的角度来看，都显得温馨暖人，无懈可击。尤其是安慰学生、专门加餐、专门照护三个动作更能打动师生家长之心，爱生爱客之心、爱岗敬业之情可圈可点。然而，导游小王不是医护人员，且无行医执业资格，擅自给学生患者用药环节违背导游服务规范，而且全文都没有出现导游小王给旅行社汇报的情节，实在是担当过头，有点胆大妄为了。幸好孩子安然无恙，好心善良的导游小王逃过了一劫。

（本案例由李岑虎点评）

案例 8-7：

学生意外受伤引发骨折

今年三月，兖州某校初二女生曹阳阳（化名）参加学校组织的研学实践活动。在研学实践营地的第二天，进行体能攀爬活动时，曹阳阳因动作不规范手滑不慎摔下来，右前臂撞到地面一硬质器械上，手腕、前臂剧烈疼痛，不能活动，并出现肿胀青紫。导游小静和带队老师立即背着曹阳阳快步跑着送往营地卫生室查看。营地卫生室医生初步判断曹阳阳前臂很可能发生了骨折，用纱布绷带等进行了初步固定。研学实践营地派车由老师照护送往附近的市人民医院就诊治疗，同时导游小静将情况电话告知了旅行社经理，带队老师报告给学校领导，并电话通知了曹阳阳的家长。在导游小静和老师的协调下，研学实践营地承担了曹阳阳所有的医疗费用和其他相应费用。

（本案例由刘翠娟编写）

案例评析

以上案例是在研学旅行期间发生的比较严重的意外事件。为了保障学生的人身安全，必须要全面做好学生的安全保障工作。出发前做好随团导游、老师、安全员、志愿者等研学旅行服务人员的安全救护技能教育和实操培训，一旦发生类似骨折的安全事故，我们千万不能惊慌，医护人员到来之前，导游、指导师、学校老师、随团医生、安保人员等要通力合作，立即开展救助，仔细做好创伤的现场救护工作。

创伤的现场救护主要包括判断骨折、止血、包扎、骨折固定、搬运伤员和送往医院几个方面。

1. 判断骨折

首先要考虑伤者受伤的原因，如果是车祸伤、高处坠落伤等原因时，一般骨折的可能性很大。其次观看一下伤者的情况，如伤肢出现反常的活动，肿痛明显，撞击部位畸形，则骨折的可能性很大，如骨折端已外露，肯定已骨折。最后，在判断不清是否有骨折的情况下，应按骨折来处理。

注意：如果发现骨折，不要盲目搬动，更不要背着乱跑，避免二次损伤。

2. 止血

受伤者如出血量较大，用无菌纱布包扎，现场没有无菌纱布先用干净的纱布、毛巾或手帕进行压迫止血，再以宽的布带缠绕固定，要适当用力但又不能过紧。不要用电线、铁丝等直径细的物品止血。如果是大血管出血，直接压迫不能控制，就要用到止血带。基地现场没有专用的止血带可以就地取材，从衣服上撕一段宽一些布条代替进行绑扎止血。上肢出血时，止血带应放在上臂的中上段，不可放在下 1/3 或肘窝处，以防损伤神经。下肢出血时，止血带宜放在大腿中段，不可放在大腿下 1/3、膝部或腿上段。上止血带时，要放置衬垫。绑扎止血，每 30~60 分钟松解一次，防止缺血时间过久。

3. 包扎

对骨折伴有伤口的患者，应立即封闭伤口。最好用清洁、干净的布片、衣物覆盖伤口，再用布带包扎；包扎时，不宜过紧也不宜过松，过紧会导致伤肢的缺血坏死，过松则起不到包扎作用，同时也起不到压迫止血的作用。如有骨折端外露，注意不要将骨折端放回原处，应继续保持外露，以免引起深部感染。

4. 骨折固定

在进行骨折部位的固定时，不可强行复位，简单固定不移位即可。尽可能保持伤肢固定位置，不要任意牵拉或搬运患者。固定的器材最好用夹板，如无夹板可就地取材用树枝、书本等固定。在没有合适器材的情况下，可利用自身固定，如上肢可固定在躯体上，下肢可利用对侧固定，手指可与邻指固定。如果伤处有异物扎入不要拔除，做好固定就可以。固定处都要写上固定的具体时间。

5. 搬运伤员

单纯的颜面骨折、上肢骨折，在做好临时固定后可搀扶伤员离开现场。膝关节以下的下肢骨折，可背运伤员离开现场。颈椎骨折，可一人双手托住枕部、下颈部，维持颈部伤后位置，另两人分别托起腰背部、臀部及下肢移动。胸腰椎骨折，则需要一人托住头颈部，另两人分别于同侧托住胸腰段及臀部，另一人托住双下肢，维持脊柱伤后位置移动。髋部及大腿骨折，需要一人双手托住腰及臀部，伤员用双臂抱住救护者的肩背部，另一人双手托住伤员的双下肢移动。

6. 送往医院

保护骨折断端并固定好后，立即送往附近医院，或者等待120急救车前来救治。伤员在车上宜平卧，如遇昏迷患者，应将其头偏向一侧，以免呕吐物吸入气管，发生窒息。

本案例中"导游和带队老师立即背着曹阳阳快步跑着送往营地卫生室查看"这个做法是不恰当的。未判断伤者是否骨折，也未进行包扎固定，"背"和"跑"都会给伤者造成第二次伤害。正确的做法是：现场有随团医生的，让随团医生现场处理；现场没有医生的，导游、老师等服务人员检查判断是否骨折，如果骨折则请求营地医生前来救治，或者固定骨折后送往附近医院，或者等待"120"急救车前来救治。

值得庆贺的是导游小静在处理程序上做得都很及时到位，现场救护、送往营地卫生室查看、协助营地派车送往医院就诊治疗、将情况汇报给旅行社和学校、通知家长、协调医疗费用等都符合导游处理突发事件应遵循的"以人为本，救援第一""及时报告，加强沟通""依法依约，合理可能"原则。

（本案例由刘翠娟、李岑虎点评）

案例 8-8：

学生身患疾病发生身亡事故导游怎么处理？

秋天，某小学组织六年级全体学生去某少年军事拓展基地参加少年军事研学旅行活动，研学时间总共是 5 天，导游员小刘全程陪同提供导游服务。第三天下午的野营拉练课，基地指导师要求全班同学环山坡跑 1500 米，学生季季是其中的一员。当指导师问及学生是否有不适合参加长跑的疾病时，全班无一人报告。季季跑到 1000 米时，突然跌倒在地，口吐白沫，导游、指导师和学校带队老师急忙将季季送往医院抢救，但最终抢救无效，一条鲜活的生命离开人世。原来，从外表看，季季身体状况良好，其本人及家长也从未对学校、旅行社和该少年军事拓展基地说明季季身体患有什么疾病。实际上，医院检查出，季季从小患有先天性心脏病，在跑步时，因血液循环加快，心血管破裂，导致心脏大出血。

在整个的治疗救护过程中，导游小刘一直在医院守护，及时向旅行社和学校报告。确定季季无法抢救后，根据旅行社安排，收取了相应证据，提醒基地应注意保护现场，打电话向当地公安机关报案。同时，协调基地做好善后工作，同时稳定其他学生情绪，并继续做好其他学生的研学旅行服务工作。

案例评析

本案例中学生本来就有特殊疾病，但是学校和基地均不知情，且学生、学生父母或者其他监护人也从未告知学校和基地。研学旅行现场指导师再次问及学生是否有不适合参加长跑的疾病时，季季也没有报告。季季病发后，导游协同其他老师送往医院抢救、导游医院守护、及时报告、收取证据、提醒保护现场、向公安机关报案、协调做好善后工作、稳定学生情绪、继续服务等环节，基本符合导游服务规范，并无原则性不当之处。不过全文没有提及向家长告知环节，可能为事故后续的处理留下隐患。

本案例告诉我们，研学旅行过程中学生的生命安全至关重要，特异体质的学生引发的事件后果很严重，学校、基地、旅行社和家长应予以高度重视。

第一，学校要通过开班会和家长会，及时掌握学生特异体质的情况，并及时告知旅行社和导游。

第二，导游带团前要提前了解学生身体状况，摸清特异体质学生情况。导游、指导师在安排研学旅行活动时，根据学生的具体身体状况对活动量加以调整，开展适合学生身体状况的活动，不损害学生的身体健康。

第三，导游要提醒家长不能对学校隐瞒孩子的病史。家长一定要与学校、旅行社联合，保护孩子的安全，让孩子健康成长。

第四，学生要懂得自我保护。根据自己的年龄和认知能力，懂得自我保护，当知道自己是特异体质之后一定要及时告知导游、老师，以便得到救治。

第五，导游、指导师对可能危及学生人身、财产安全的研学旅行项目认真履行告知、警示义务，避免对学生造成人身损害和财产损失。

（本案例由李岑虎点评）

第六节　学生食物中毒的处理技能

案例导入

学生研学途中发生细菌性集体食物中毒

7月22日晚，四川省内江市第二中学参加暑期研学旅行的368名学生和20名带队老师，在乘坐北京西开往重庆西Z95次列车返程途中，39名学生在列车上陆续出现拉肚子、呕吐、发烧症状。

导游非常重视，立即喊来旅行社研学活动负责人，负责人迅速将情况上报北京总公司，并与列车长商量，将有食物中毒症状的学生在就近车站下车，并告知附近车站医院派遣救护车将学生及时送往医院。列车长上报铁路局，中国铁路郑州局集团有限公司第一时间启动了突发公共卫生事件应急预案，并开辟救护车进出站绿色通道，积极配合相关救治工作。23日深夜零点左右，火车到达郑州站后，24人被紧急移交郑州火车站，随后送往市内5家医院进行救治。经卫生部门初步诊断，为细菌性集体食物中毒。列车从郑州火车站发车后，又有15名学生后续发病，先后在汉口站、恩施站移交救治。

全程几个陪同导游不停地给旅行社、学校领导汇报。导游、带队老师始终陪伴出现身体不适的学生，还有几个导游住在医院协调陪护。承办研学旅行的北京某旅行社以营员的安全为第一要务，全额承担了本次事件涉及的学生医治的所有费用。同时，责令负责该研学团的机构对所有用餐地点进行紧急排查，并积极配合各方展开排查工作；要求该研学团的负责人和导游注意观察学生情况，发现学生有身体不舒服的情况立刻上报。截至7月25日零点，所有发病营员体征平稳并已陆续康复出院、返程，研学公司配合有关部门开展后续调查及善后工作。

（本案例根据中国国家铁路集团有限公司官方微博、内江市教育局官方微博、北京某公司公告材料整理改编）

案例思考

1.学生研学途中发生细菌性集体食物中毒重大突发性事件，牵动千家万户，牵动党和政府各部门。突发性事件发生后，旅行社、学校、铁路、医院迅速安排救助，办理住院手续，查明原因。导游、老师、列车员、医护人员等坚持"以人为本，救援第一"的原则，以保障学生生命安全和身体健康为根本目的，全力以赴，尽一切可能为学生提供或协助提供救援、救助服务。作为导游你从本案例中受到什么启发和教育？

2. 本案例导游和旅行社的做法为我们处理食物中毒突发性事件提供了哪些宝贵的借鉴经验？

一、处理规范

当学生发生食物中毒时，导游应按以下规范要求处理：

（1）立即与当地医疗机构联系救助事宜，并设法催吐，同时对食品进行留样，取得学生呕吐物的样本。

（2）将学生送至医疗急救机构或医院进行救治，并保留相关证据。

（3）及时向旅行社、学校及其所在地研学旅行主管部门、发生地研学旅行主管部门和疾病预防控制机构报告，反映学生食物中毒的详细情况。

（4）学生食物中毒发生在境外的，领队应及时向中国驻当地使领馆或政府派出机构报告，并在其指导下，全力做好食物中毒应对处置工作。

二、典型案例

案例呈现

案例8-9：

外出吃海鲜可能引发食物中毒

高中学生小颖暑假跟随学校研学团去日照市参加研学旅行活动，午饭和团队一起用餐时，又另外在饭店外面的门口买了其他零食享用，下午在返回住处路上出现恶心、肚子痛，要求停车要去趟厕所，回来后仍感觉不舒服，并出现了呕吐、头晕、出汗等症状。导游询问小颖中午就餐情况，得知她吃了大量海鲜、凉皮等食物，导致拉肚子情况发生。如果你正好是本次的带队导游，发现学生出现这种情况又该如何处理呢？

随团医生刘大夫告诉导游，根据学生饮食史和出现的胃肠道症状，首先考虑有可能是出现了食物中毒的情况。一旦发现学生出现上吐下泻、腹痛等食物中毒症状，导游首先应立即让学生停止食用可疑食物，同时拨打120。在急救车到来之前，可采取以下自救措施：

1. 在进食后的4~6小时内尽快排出毒物，可以采用催吐的方法以减少毒物的吸收。

2. 大量饮水后用手刺激咽喉部引起呕吐反射将有毒食物排出，尽可能多地将胃内残留的食物清除。

3. 之后喝一些纯牛奶保护胃黏膜同时也会阻止毒素的吸收。

4. 频繁的呕吐腹泻会造成身体脱水，精神不佳，注意要让其平躺休息，不要给予任何止吐止泻的药物，暂时不要吃任何东西，可以喝些水，糖水、盐水都可以。

5. 严重者尽快送到就近医院诊治，避免出现中毒加重和严重脱水的症状发生。

6. 另外还应做好学生的心理疏导，避免产生焦虑恐惧等不良情绪影响身体免疫力。

（本案例由刘翠娟编写）

我们认为除了现场协助医护人员对患者开展救助以外，同时导游要对食品进行留样，取得学生呕吐物的样本；将学生送至医疗急救机构或医院救治时，要保留相关证据；及时向旅行社、学校报告，由领导决定是否向其他部门报告。

为避免食物中毒事件的发生，需要导游提前做好食物中毒的预防，从源头上遏制食物中毒。安排学生去卫生有保障、有餐饮经营资质的研学旅行餐厅就餐；提醒学生不要在小摊上购买食物；学生在交通工具上需要加餐，安排专人去有食品经营资质、信誉好的大型商场购买，并留下购买发票等凭证；如用餐时发现食物、饮料不卫生或有异味变质，应立即要求更换，并要求餐饮负责人出面道歉赔偿，必要时向旅行社领导汇报，请旅行社追究餐厅的责任，保证将学生的人身和生命安全永远放在第一位。

（本案例由李岑虎点评）

第七节　学生遭遇传染病疫情的处理技能

劝返中风险地区来客

2021年底，广东某旅行社接了一个从上海来的团队。此时上海属于低风险地区，且团队出发前所有成员均已做了核酸检测，并持有健康绿码。

飞机落地后，导游员顺利接到学生，大巴在前往宾馆途中，上海当地发布了疫情通告，有3名被感染的本土案例。此时，学生的健康码已带上星号。导游员与学生确定了他们在上海活动的区域，确定与疫情发生地的距离，并将情况第一时间报告给旅行社计调，重新测试学生体温并做登记。

到达宾馆后，导游员没有让学生下车，而是联系宾馆相关管理人员，与当地防疫部门取得联系，配合当地防疫工作，测试核酸，并且在核酸报告未出来之前，限制活动范围在房间内,由宾馆餐厅送餐至房间,减少活动。核酸报告出来后,告知学生每天必须测试体温,用消毒酒精洗手,活动期间佩戴口罩,并保持安全社交距离。根据防疫部门的相关指导意见,由旅行社出面,对学生进行劝返工作。

(本案例由余俊鑫编写)

案例思考

1. 导游员的做法是否正确?为什么?
2. 假如你是本团导游员你应如何处理?

一、处理规范

当学生遭遇传染病疫情时,导游应按以下规范要求处理:

(1)立即暂停研学旅行活动,在第一时间向旅行社、学校及其所在地、疫情发生地研学旅行主管部门报告,并及时向附近的疾病预防控制机构报告详细情况,配合开展学生防疫、安抚和宣传解释工作。

(2)有关部门认为应对学生进行防疫检查的,立即将学生送至当地疾病预防控制机构或有关部门指定的其他场所。

(3)学生经查实确患传染病的,遵照有关部门意见,协助学生进行隔离或采取其他措施,并通知其亲属。

(4)关注目的地疫情防控动态,宜根据疫情发展情况,按旅行社和学校的安排,调整或变更研学旅行行程。

(5)如患者系外籍人士,按我国规定由公安机关令其提前出境的,协助患者办理相关离境手续。

(6)传染病疫情发生在境外的,领队应及时向中国驻当地使领馆或政府派出机构报告,并在其指导下,全力做好传染病疫情应对处置工作。

二、典型案例

案例呈现

案例8-10:

研学旅行中发生传染病疫情怎么办?

材料:次密接触者来过研学基地,研学活动也被迫终止

2021年冬天,西安某实验中学前往某景区研学旅行基地开展研学活动。上午,研学活动有序开展,学生在一片欢声笑语中度过了愉快的半天研学时光。中午吃过午餐后,有警察和医疗队的人员对景区研学旅行基地进行了封闭。导游从疫情防控人员处得知,早上有一名新型冠状病毒的无症状感染次密接触者来过景区研学旅行基地，要求所有人都要进行核酸检测，导游立即停止了研学活动，并立即向学校和旅行社做了汇报。

随后景区研学旅行基地和疫情防控部门相关工作人员安排全体师生等待疫情检查，导游对学生们进行安抚，让学生们听从疫情防控部门的意见，戴上口罩，保持一米的距离排队接受核酸检测。学生们安静地排着队，导游穿梭其间，并与学生们互相鼓励，积极配合医护工作者的工作。核酸采样结束后，导游带领学生们来到研学教室，等待检测结果的同时，给同学们讲述新型冠状病毒的预防办法，做好每天体温症状监测、戴口罩、勤通风、不聚集，按要求检测核酸等，保证学生身体健康。

核酸检测报告出来后，师生们全部呈阴性，并没有新冠病毒的感染者，但是根据疫情防控部门要求更改研学旅行活动的内容和方式，坚决杜绝聚集发生，同时将所有人员信息详细核实并登记，要求学校、基地和旅行社做好学生的心理疏导工作。

按旅行社和学校的安排，导游变更终止了研学行程，所有师生在导游的带领下安全回到了家中，听从疫情防控部门意见在家进行14天的自我隔离，居家线上开展相应的研学旅行课程。

同时，导游协同其他部门对这次因不可抗力导致的研学旅行活动终止行为做了后续的退费和处理。

（本案例由余俊鑫编写）

案例评析

本案例，面对新冠肺炎疫情，导游稳重冷静，处置及时得当，其做法值得我们参考。

1. 必须保持高度警觉性，发现问题立即向旅行社、学校及其所在地、疫情发生地主管部门报告。

2. 坚决服从疫情指挥部门下达的要求，同时按照防控要求落实相关的防控措施，配合开展学生防疫工作。

3. 有关部门认为应对学生进行防疫检查的，立即协助学校将学生送至当地疾病预防控制机构或有关部门指定的其他场所。如果学生经查实确患传染病的，遵照有关部门意见，协助学生进行隔离或采取其他措施，并通知其亲属。

4. 同时做好学生的心理疏导，及时做好学生安抚和宣传解释工作，保证就地隔离管控期间学生有一个良好健康的心态，有一个积极应对事情的精神面貌。

5. 按旅行社和学校的安排，根据疫情发展情况，调整、变更或终止研学旅行行程。

6. 不去中高风险地区参加研学旅行，不接来自中高风险地区的学生团队。

7. 协同其他部门及时做好后续的退费和处理工作。

（本案例由李梅乐、李岑虎点评）

第八节　接待师生及家长纠纷的处理技能

 案例导入

8月，浙江某旅行社的导游员小孙带一个研学团赴鲁迅故里绍兴参加绍兴文化研学活动，住宿绍兴某酒店。这天中午，当学生们兴致勃勃地从研学基地回来用餐时，一位学生发现餐厅所上菜肴中有一条虫子。顿时一桌学生食欲全无，有的还感到恶心。学生们当即找到导游员小孙，气愤地向他投诉，要求换家餐馆用餐。面对愤怒的学生投诉，导游员小孙首先代表旅行社和饭店向全体学生表示歉意，然后很快找来该饭店餐饮部经理，向他反映了情况，并提出解决问题的建议。餐饮部经理代表饭店向学生做了诚恳道歉。同时，让服务员迅速撤走了这盘菜，为了表示歉意，还给学生加了一道当地风味特色菜。面对导游员小孙和餐饮部经理真诚、积极的态度，学生们谅解了饭店餐厅的失误，也不再提出换餐馆的要求。

案例思考

1. 本案例中的导游员小孙及时得体地处理了学生的投诉，其意义如何？
2. 面对学生的投诉，导游员应怎样受理和处理呢？

一、处理规范

当导游与师生或师生与接待者发生接待纠纷时，导游应按以下规范要求处理：

（1）遵循研学旅行合同，防止矛盾扩大化，处理问题讲求有理、有利、有节，稳定学生情绪，引导学生理性维权。

（2）做好书面记录，保存书证、物证、电子数据等证据，以利善后工作。

（3）及时向旅行社和学校报告，反映接待纠纷的详细情况，并按旅行社要求采取必要的措施。

（4）尽量保障后续行程的执行，维护师生和旅行社的合法权益。

二、典型案例

 案例呈现

案例8-11：

家长大闹基地，导游处理投诉及时调解，不扩大矛盾

4月，福建某研学旅行基地酒店，三年级某班男生布布与本班两名同学路路和营营在第二层楼梯口嬉戏玩耍,路路用脚绊布布,布布不慎摔倒了,肩部先碰到楼梯,然后从楼梯滚下。布布起来后,当时没有什么明显感觉,就继续参加随后的活动。第二天下午,布布肩部锁骨疼痛难忍,全陪导游小黄发现后,及时向学生了解情况,查问受伤原因后,立即报告旅行社和学校,并和带队老师一起,带着受伤的学生去附近医院检查,发现锁骨骨折,右胳膊肌腱受伤,需保守治疗,不用住院,治疗费共花费三千三百元,医生说后续还要进一步治疗。

全陪导游小黄带着学生前往医院检查治疗,地接导游小时听后,立即同班主任一起找到其他两名学生问明情况,又调取当时基地酒店监控,向值勤老师进行核实,这三位学生之前在楼梯上嬉戏玩耍,确实有相互推搡、使绊动作,致使布布摔倒,实际情况和布布叙述一致。真相调查清楚后,地接导游报旅行社和学校同意,协助学校立即召集涉事学生家长到研学旅行基地,商议处理此事。

布布的爷爷听到学校通知后,来到基地,看到自己的孙子用白纱布吊着胳膊,又是心疼又是气愤,要直接找那两个推搡布布的学生问情况,并扬言也打断那孩子胳膊,吓得路路和营营躲在老师后面,不敢作声,老师一下子蒙在一边不知所措。导游小黄上前劝说,挡在路路和营营前面。布布的爷爷看到导游保护伤害自己孙子的两个学生,一下子火冒三丈,对着导游暴跳如雷,出言不逊。同时他拿出手机,扬言打市长热线电话12345、状告学校、状告旅行社、状告基地。小黄含泪倾听,声声道歉。这时学校领导、旅行社领导和另外两个学生家长也及时赶到,前来劝阻。把家长们带到酒店总经理接待室,泡茶、端水果,一顿安抚,布布的爷爷消了一大半气。

学校领导、基地领导和导游耐心地向家长们讲述布布受伤的具体情况,讨论如何处理。路路家长和营营家长看到布布受伤心里也都异常难受和内疚,都向布布的爷爷道歉,当即表示全部承担布布的治疗费和后期的治疗费,并把各自带来的营养品给布布的爷爷表示慰问。基地免除了布布的研学费用,并送给布布一台学习机表示慰问。校长当即表示指派专门的后勤工作人员照顾布布在学校的生活,并向布布赠送了一套崭新的校服。布布的爷爷此时气也消了一大半,对自己的鲁莽表示害羞,说孩子的爸爸妈妈常年外出工作,把孩子托付给自己和老伴,恐怕孩子有个三长两短无法向孩子的爸爸妈妈交代,所以情绪有点过激。他对事情的处理先是客气一番,然后满意接受,并感谢学校、基地和其他家长,感谢导游及时劝阻没酿成殴打学生的大祸。当了解到导游小黄全程陪同孩子去医院治疗时,布布的爷爷起身向小黄鞠躬道歉。

在小黄的建议下三方家长、基地、学校共同签订了处理协议。

(本案例由施云峰根据当事人口述编写)

 **案例评析**

本案例中布布的家长大闹基地,导游处理投诉案件圆满成功,给我们提供了良

好的借鉴经验。

（1）耐心倾听，不与争辩。在接受学生和家长投诉时，导游要保持冷静，耐心倾听，不管学生和家长的脾气多大，态度多差，也不管投诉的事情是大是小，出入多大，都要让其把话说完，要善于听其弦外之音，并请教学生和家长自己的理解是否正确，以体现对其尊重。同时做好必要的记录，捕捉学生和家长投诉的要点，既让学生和家长感到导游听取投诉的态度是真诚的，是愿意帮助他们解决问题的，又为导游确定投诉问题的性质和严重程度提供依据。必要时可请学生和家长签名留据，为妥善解决提供帮助。若学生和家长投诉时，态度蛮横、气氛紧张、无任何缓和余地，导游无法同其交流下去，则可有礼貌地提出建议，另找时间再谈。万不可火上浇油，直接怒怼，激化矛盾。

（2）表示同情和理解，不盲目做出承诺。对于学生和家长的投诉，导游要设身处地地从学生和家长的角度着想。因为在学生和家长看来，他们投诉的都不是一般的小问题，而是直接关系到其利益的大事。因此，导游要表现出充分的同情和理解，要采取适当的言语来缓和学生和家长的情绪和现场气氛。

（3）调查了解，有理有据。导游要对投诉的问题进行全面的调查了解，并同有关方面进行核实，在此基础上根据事实进行处理，不要匆忙地做出判断。

（4）办理及时，不要拖延。遵循"谁的问题谁负责"，争取"就地消化，现场解决"。当协商达成一致后，导游要提醒双方办好必要的手续，复印一份自己留存。因为有些学生和家长当时同意了有关单位的赔偿数额和解决办法，但事后一想又觉吃亏，研学旅行结束后再次投诉，甚至上诉法院。若不保留证据，所做工作便付诸东流。即使研学旅行期间有些投诉未得到解决，导游也应将有关证据和原始记录转交学校、基地、旅行社，也可为进一步协商解决问题提供有益的依据。

（5）及时调解是处理投诉最直接、最有效、最简单易行的方法。导游要善于运用调解方法化解矛盾。

（6）对一些重要投诉或导游无力解决的问题要及时报告学校、基地、旅行社，不可私自做主。

（7）导游要督促基地、学校、酒店、交通等单位对安全工作高度重视，周密安排，严格落实。更要关注监控不到的时间阶段、空间区域，不能留下安全监管盲区。

（本案例由李岑虎点评）

 专家访谈

今日话题：研学旅行安全防控

特邀嘉宾：惠州城市职业学院副教授、高级导游李梅乐

专家心语：

优秀的研学旅行指导师在组织、指导开展研学体验活动的同时，更需保证研学旅行的安全。研学旅行作为一个开放性的课堂，面向的群体主要是中小学生，要始

终坚持"安全第一"的原则。作为研学旅行指导师，对旅行中可能发生的安全隐患、天气与交通、食品卫生、疾病预防等，要结合所去的旅行目的地，有一个清晰的认识，全程进行安全防控工作，尤其是突发性事件的预防十分重要，不要等到事情发生了再去补救。万一发生要全力以赴地处理好一切安全防控，确保活动安全顺利进行。

我们认为：具备安全意识，拥有安全处理能力是研学旅行指导师的一个重要素质，同时也要具有深厚的教育情怀及优秀的教学技能，才能履行神圣的研学旅行教育、教学职能。

李梅乐老师谈研学旅行安全防控

综合实训

1. 结合个人带研学旅行团工作实例，谈谈学生走失的处理方法。
2. 结合个人带研学旅行团工作实例，谈谈学生丢失证件或物品的处理方法。
3. 结合个人带研学旅行团工作实例，谈谈学生丢失行李或行李损坏的处理方法。
4. 结合个人带研学旅行团工作实例，谈谈引导学生面对自然灾害个人自救的方法。
5. 结合个人带研学旅行团工作实例，谈谈学生伤病的处理方法。
6. 结合个人带研学旅行团工作实例，谈谈学生食物中毒的处理方法。
7. 结合个人带研学旅行团工作实例，谈谈学生传染病疫情的处理方法。
8. 结合个人带研学旅行团工作实例，谈谈接待研学旅行纠纷的处理方法。

参考文献

1. 李岑虎．研学旅行案例选评［M］．北京：旅游教育出版社，2021．
2. 李岑虎．新时代劳动教育课程设计［M］．北京：旅游教育出版社，2021．
3. 李岑虎．研学旅行课程设计［M］．2版．北京：旅游教育出版社，2020．
4. 王彬，李岑虎．北京红色研学旅行课程指南［M］．北京：旅游教育出版社，2021．
5. 李岑虎，甄鸿启．中小学研学旅行教师指导用书［M］．郑州：文心出版社，2021．
6. 全国导游人员资格考试教材编写组．导游业务［M］．北京：旅游教育出版社，2020．
7. 中华人民共和国教育部网．关于推进中小学生研学旅行的意见［S］．教基一〔2016〕8号．
8. 中共中央 国务院关于全面加强新时代大中小学劳动教育的意见．
9. 大中小学劳动教育指导纲要（试行）．
10. 中小学综合实践活动课程指导纲要．
11. 中小学教育惩戒规则（试行）．
12. 学生伤害事故处理办法．
13. 普通高中课程方案．
14. 义务教育课程方案和课程标准．
15. 中华人民共和国民法典．
16. 中华人民共和国旅游法．
17. 中华人民共和国未成年人保护法．
18. 中华人民共和国教育法．
19. 中华人民共和国教师法．
20. 最高人民法院关于审理人身损害赔偿案件适用法律若干问题的解释．
21. 最高人民法院关于审理旅游纠纷案件适用法律若干问题的规定．
22. 研学旅行服务规范（LB/T 054—2016）．
23. 导游服务规范（GB/T 15971—2023）．
24. 关于对拟发布机器人工程技术人员等职业信息进行公示的公告．